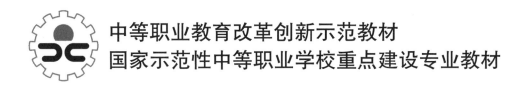

中等职业教育改革创新示范教材
国家示范性中等职业学校重点建设专业教材

Qiche Fadongji Diankong Xitong
汽车发动机电控系统
Guzhang Zhenduan Shixun Jiaocai
故障诊断实训教材

（第二版）

中国汽车工程学会　组织编写

汪胜国　陈建惠　主　编

人民交通出版社股份有限公司
China Communications Press Co.,Ltd.

内容提要

本书是国家示范性中等职业学校重点建设专业教材,针对一汽丰田卡罗拉车型的结构特点,重点介绍了发动机电控系统常见故障的诊断操作与排除方法。

本书适合中等职业学校汽车运用与维修专业师生教学使用。

图书在版编目(CIP)数据

汽车发动机电控系统故障诊断实训教材 / 汪胜国,陈建惠主编. —2版. —北京:人民交通出版社股份有限公司,2017.7

ISBN 978-7-114-14020-4

Ⅰ.①汽… Ⅱ.①汪… ②陈… Ⅲ.①汽车—发动机—电子系统—控制系统—故障诊断—中等专业学校—教材 Ⅳ.①U472.43

中国版本图书馆CIP数据核字(2017)第164153号

国家示范性中等职业学校重点建设专业教材

书　　名:	汽车发动机电控系统故障诊断实训教材(第二版)
著　作　者:	汪胜国　陈建惠
责任编辑:	李　良
出版发行:	人民交通出版社股份有限公司
地　　址:	(100011)北京市朝阳区安定门外外馆斜街3号
网　　址:	http://www.ccpcl.com.cn
销售电话:	(010)59757973
总 经 销:	人民交通出版社股份有限公司发行部
经　　销:	各地新华书店
印　　刷:	北京市密东印刷有限公司
开　　本:	880×1230　1/16
印　　张:	15
字　　数:	386千
版　　次:	2010年9月　第1版 2017年7月　第2版
印　　次:	2022年1月　第2版　第3次印刷　累计第10次印刷
书　　号:	ISBN 978-7-114-14020-4
定　　价:	33.00元

(有印刷、装订质量问题的图书由本公司负责调换)

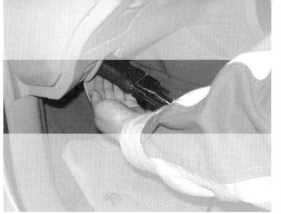
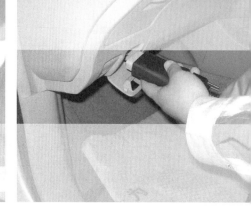

国家示范性中等职业学校重点建设专业教材

专家委员会

专家委员： 赵丽丽　朱　军　李东江　刘　亮　林邦安　王志勇
　　　　　　卞良勇　焦建刚

编写委员会

编写委员： 陈建惠　黄元杰　顾雯斌　陆志琴　孟华霞　方志英
　　　　　　方作棋　王成波　忻状存　颜世凯　林如军　王瑞君
　　　　　　汪胜国　麻建林　徐宏辉

序

我国的汽车保有量急剧增加，公路交通建设快速发展，这对汽车维修等汽车后市场的发展提出了更高的要求。近年来，尽管我国职业教育取得了很大的成就，但是有些职业院校的教学并没有完全反映企业的实际需求和学生的职业发展规律。职业教育的"职业性"不强，这已成为困扰职业教育适应行业企业发展需要的瓶颈问题。

事实上，这并不是我国所独有的问题，世界各国和地区也都在通过不同手段探索相应的解决方案。20世纪末，大众、宝马、福特、保时捷等六大国际汽车制造巨头曾在德国提出过一个《职业教育改革七点计划》，建议职业教育应在以下七个方面做出努力：

1. 加强文化基础教育——为青年人的生涯发展打下良好基础，包括掌握基本文化基础和关键能力。

2. 资格鉴定考试中加强定性评估——将职业资格鉴定与企业人力开发措施结合起来，资格考试按照行动导向和设计（Shaping）导向的原则进行。

3. 传授工作过程知识——职业院校应针对特定的工作过程传授专业知识，采用综合性的案例教学，并着力培养团队能力。

4. 学校和企业功能的重新定位——通过学校和企业的共同努力，提高职业教育质量：学校是终身学习的服务机构，企业成为学习化的企业。

5. 采用灵活的课程模式——通过核心专业课程奠定统一而扎实的专业基础，必要时包含具有地方和企业特征的教学内容。

6. 职业教育国际化——建立学校教育和企业培训质量互认，促进各国职业资格证书的可比性和透明度。

7. 促进校企合作的发展——企业和职业院校合作创办高水平职业教育机构，促进贴近工作岗位的职业教育典型实验和相关研究。

这一建议至今看来都有十分重要的借鉴意义。职业院校以市场和需求为导向的课程和教材建设，应当从专业所面向的职业工作任务出发，明确学习目标和学习内容，从而为学生的就业和职业生涯发展奠定必要的基础，这不论是在理论上还是实践上都面临着巨大的挑战。这里不仅要引入先进的职业教育理念，需要丰富的职业实践经验，而且需要把先进、实用的技术有针对性地与职业院校的教学工作有机结合起来。

中国汽车工程学会组织编写的这套教材在以上方面进行了有益的探索。教材充分利用了"蕴藏在实际工作任务的教和学的潜力"，按照工作组织安排学习，可以为学习者提供面向实际的学习机会。希望这套教材的出版不但能帮助职业院校更快、更好、更容易地培养出社会亟需的技能型人才，而且也能为我国职业教育的教学改革提供有价值的经验。

北京师范大学职业与成人教育研究所

第二版前言

本套教材第一版的编写是由中国汽车工程学会汽车应用与服务分会与宁波市鄞州职业高级中学于2010年合作完成的。中国汽车工程学会汽车应用与服务分会的指导专家主要从"教什么"入手，结合一线教师企业调研提炼汽车维修的"典型工作任务"，之后围绕这些典型工作任务逐项提升教师自身的动手能力；在帮助教师熟练掌握维修技能后，指导他们将典型工作任务转化为学习任务，并据此设计课程，编写教材，解决了"怎么教"的问题。教材自出版以来，反馈良好，已数次重印。

近年来，汽车行业飞速发展，职教改革不断深入，对汽车专业的教学提出了新的要求，因此，我们于2016年下半年启动了本套教材的修订工作。本次修订结合了一线教师教学过程的总结与企业实践的思考，对第一版中部分不尽合理的操作步骤做了调整，对表述不规范的地方做了修改，对读者反馈的问题做了梳理，使内容更加规范合理，更加贴近教学要求，旨在为汽车职业教育教学提供更好的服务。

本套教材的内容包含了最基本的汽车维护实训项目，最典型的发动机维修、发动机电控系统故障诊断、汽车底盘和车身电器检测实训项目，以及为完成以上维修项目所必须掌握的汽车维修基础技能实训项目。在实训项目的选取上，本套教材紧扣中等职业学校汽车维修专业的培养目标，充分体现"必需、够用"原则，同时完全贴合教育部"全国职业院校技能大赛"中职汽车维修专业的比赛项目。

本套教材图文并茂地展现了技能教学的全过程，极大提升了教学的形象化和直观化，同时在每个步骤中都有要领提示，强化了汽车维修作业的规范性和作业技巧。在教学过程中，注重体现了汽车服务企业的5S管理，以使学生在掌握技能的同时提高职业素养。在每个任务的后面还给出了技能考核的参考标准，以便于教学效果的考评。

本书由汪胜国、陈建惠担任主编。

限于编者的经历和水平，书中难免有不妥或错误之处，敬请广大读者批评指正，提出修改意见和建议，以便再版修订时改正。

编　者
2017年2月

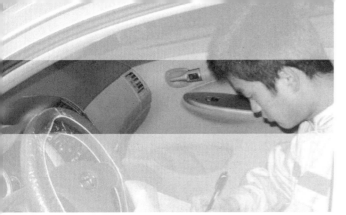

目录 CONTENTS

任务1 前期准备
- 一、任务说明 ……………………………… 1
- 二、技术标准与要求 ……………………… 1
- 三、实训时间：10min ……………………… 1
- 四、实训教学目标 ………………………… 1
- 五、实训器材 ……………………………… 1
- 六、教学组织 ……………………………… 1
- 七、操作步骤 ……………………………… 2
- 八、考核标准 ……………………………… 8

任务2 读取故障码、冻结帧和数据流数据
- 一、任务说明 ……………………………… 10
- 二、技术标准与要求 ……………………… 10
- 三、实训时间：15min ……………………… 10
- 四、实训教学目标 ………………………… 10
- 五、实训器材 ……………………………… 11
- 六、教学组织 ……………………………… 11
- 七、操作步骤 ……………………………… 11
- 八、考核标准 ……………………………… 25

任务3 发动机电控系统常见故障诊断与排除
- 一、任务说明 ……………………………… 26
- 二、技术标准与要求 ……………………… 26
- 三、实训时间：30min/每个故障任务 …… 26
- 四、实训教学目标 ………………………… 26
- 五、实训器材 ……………………………… 27
- 六、教学组织 ……………………………… 27
- 七、一汽丰田卡罗拉车型发动机电控系统零件位置及电路图 …… 27

- 八、故障类型 ……………………………… 29
  - （一）曲轴位置传感器的故障诊断与排除 …………………………… 29
  - （二）凸轮轴位置传感器的故障诊断与排除 …………………………… 40
  - （三）进气温度传感器的故障诊断与排除 …………………………… 54
  - （四）质量空气流量计的故障诊断与排除 …………………………… 68
  - （五）加速踏板位置传感器的故障诊断与排除 ……………………… 84
  - （六）节气门位置传感器的故障诊断与排除 …………………………… 104
  - （七）喷油控制电路的故障诊断与排除 …………………………… 121
  - （八）点火控制电路的故障诊断与排除 …………………………… 134
  - （九）VVT-i控制电路的故障诊断与排除 …………………………… 150
- 九、考核标准 ……………………………… 170

任务4 尾气检测
- 一、任务说明 ……………………………… 172
- 二、技术标准与要求 ……………………… 172
- 三、实训时间：20min ……………………… 173
- 四、实训教学目标 ………………………… 173
- 五、实训器材 ……………………………… 173
- 六、教学组织 ……………………………… 173
- 七、操作步骤 ……………………………… 174
- 八、考核标准 ……………………………… 183

任务5 工位整理

- 一、任务说明 …………………………184
- 二、技术标准与要求 …………………184
- 三、实训时间：5min …………………184
- 四、实训教学目标 ……………………184
- 五、实训器材 …………………………184
- 六、教学组织 …………………………184
- 七、操作步骤 …………………………185
- 八、考核标准 …………………………191

附 录

- 一、P0010故障代码诊断作业
   记录表之一 ………………………192
- 二、P0010故障代码诊断作业
   记录表之二 ………………………194
- 三、P0102故障代码诊断作业记录表………196
- 四、P0122故障代码诊断作业记录表………198
- 五、P0343故障代码诊断作业记录表………200
- 六、P0352故障代码诊断作业记录表………202
- 七、P0354故障代码诊断作业记录表………204
- 八、P0368故障代码诊断作业记录表………206
- 九、P2122故障代码诊断作业记录表………208
- 十、P2123故障代码诊断作业
   记录表之一 ………………………210
- 十一、P2123故障代码诊断作业
   记录表之二 ………………………213
- 十二、P2127故障代码诊断作业
   记录表之一 ………………………215
- 十三、P2127故障代码诊断作业
   记录表之二 ………………………217
- 十四、P2127故障代码诊断作业
   记录表之三 ………………………220
- 十五、P2128故障代码诊断作业记录表………222
- 十六、P2138故障代码诊断作业
   记录表之一 ………………………224
- 十七、P2138故障代码诊断作业
   记录表之二 ………………………227
- 十八、电路综合故障诊断作业记录表 ……229

任务 1　前期准备

一　任务说明

做好汽车维修和诊断前的准备工作是很有必要的。整洁的工作场地、有条理的生产组织和职业化的形象，是实现轻松、快捷和可靠（安全）工作的关键。"整顿、整理、清扫、清洁、自律、安全"的"6S"操作规范，是每个优秀维修人员应具备的基本条件，而且是在工作过程中应时刻遵守的准则。

二　技术标准与要求

（1）掌握基本作业流程，熟悉作业步骤；
（2）规范前期准备工作的操作要求；
（3）工作区域必须配置有效的灭火器。

三　实训时间　10min　★★

四　实训教学目标

（1）了解汽车维修作业前准备工作的重要性；
（2）熟悉维修和诊断前的基本工作内容及任务；
（3）掌握汽车诊断仪器的连接方法及使用维修工具、设备的注意事项。

五　实训器材

工具车

一汽丰田卡罗拉车型

其他工具及器材：
翼子板布、前格栅布、座椅套、地板垫及转向盘套；车轮挡块、诊断仪器、尾气分析仪、尾气抽气管、维修手册、作业工单、抹布等。

六　教学组织

1　教学组织形式

每辆车每次安排两名学生参与实训操作。当教师发出"开始"口令后，第一位学生开始操作，第二位学生根据作业流程表及评分表的步骤对第一位学生的操作过程进行跟踪记录。其他同学则通过视频实况观察第一位学生操作的每一个作业步骤，记录其不足之处。当第一位学生操作完成后，负责跟踪记录的第二位学生根据作业流程表及评定记录,对第一位操作的学生进行评定,其他通过视频实况观察的学生则进行补充互评。最后,教师进行总结点评。

② 实训教师职责

操作前,讲解作业步骤和安全注意事项。下达"开始"口令后,在各工位间交叉监视、检查、指导并纠正错误。在每位学生操作完成后进行总结点评。

③ 学生职责变换

学生实行职责变换制度。当第一位学生操作完毕后,第二位学生开始进行操作前的准备工作,当教师再次发出"开始"口令后,第二位学生开始进行实际操作。而第三位学生仍然根据作业流程表及评分表的步骤进行跟踪记录,其他同学则通过视频实况进行观察记录。依此循环,直至所有学生操作完成。

七 操作步骤

1 清洁工作场地,做好操作前的安全检查工作。

提示:

(1)干净整洁的工作场所能使操作人员心情舒畅,能够提高工作效率,有利于安全作业;
(2)作业现场应准备有效的灭火器材;
(3)检查现场是否存在易燃易爆物品;
(4)作业现场应具备良好的通风和照明。

2 一汽丰田卡罗拉汽车的准备。

提示:

车辆的合理放置将有利于教师在实训的整个过程中及时、准确地观察学生的操作过程,掌握作业动态。

3 诊断设备的准备与检查。

提示:

检查所需的诊断设备和各种附件是否齐全,为检测诊断做好充分的准备。

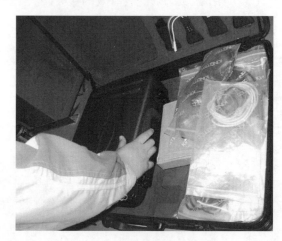

4 仪器选择:金德KT600汽车故障诊断系统。

提示:

不同的车辆应选择与之相匹配的检测诊断插头,否则,操作系统将无法进入诊断模式。

5 相关作业工具的检查与准备。

提示：

整理必需的工具，并将其放置于工具车上，以有利于提高工作效率。

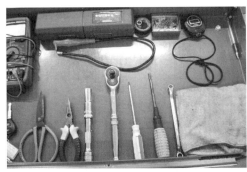

6 维修资料的准备：维修资料为丰田卡罗拉1ZR-FE发动机维修手册。

提示：

准备好维修手册，能帮助学生正确查阅相关作业内容，规范作业操作流程。学生通过查阅维修手册中的技术参数并与实际测量数据进行对比，能更快捷地确认故障范围。

7 废气分析仪的准备与预热。

提示：

诊断操作前，应当先将仪器预热，再进行泄漏检查等各项准备工作，并设置选择测量方式，才能进行正确的废气测量。

8 安放车轮挡块。

提示：

（1）正确安放车轮挡块能防止车辆意外移动；
（2）左右前轮前端和左右后轮后端都必须安放车轮挡块。

9 插入废气抽气管。

提示：

发动机工作时产生的有害气体必须及时排出室外，这有利于操作人员的身体健康。

10 车辆信息检索与记录。

（1）生产日期：2009年12月。
（2）制造商：天津一汽丰田。
（3）车型：TV7161GLD。
（4）识别码：LFMAPE2C190153551。
（5）发动机型号：1ZR。

提示：

了解车辆的识别代码，能够正确掌握汽车的生产年份等相关的车辆信息。

任务 1 前期准备

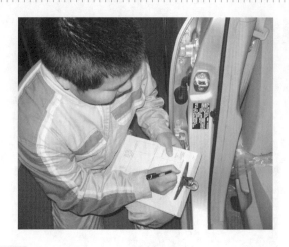

11 现场安全确认。

> **提示：**
>
> 作业现场不需要的设施以及无关人员可能会产生安全隐患，必须及时地进行安全确认。

12 将驾驶室侧车门打开，然后将点火开关置于"ON"位置，再将驾驶人侧车窗玻璃降下，然后关闭点火开关。

> **提示：**
>
> 打开驾驶室侧车门前，应按压车钥匙的开锁键，解除防盗设置。将车窗玻璃降下的目的是防止维修人员在车外工作时，中央控制门锁动作，车门自动落锁而将车钥匙锁在车内，导致维修人员无法进入车内。

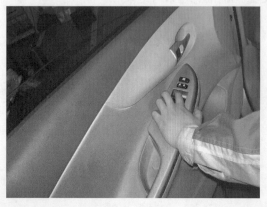

13 从工具车上取出座椅套、地板垫及转向盘套。

> **提示：**
>
> 检查座椅套、地板垫及转向盘套是否干净清洁，是否完好无损，否则应更换。

14 将地板垫放置在驾驶室地板上。

> **提示：**
>
> 地板垫放置位置必须正确，切勿倒置或倾斜。

15 安装座椅套。

> **提示：**
>
> 安装座椅套时，应摆放均匀，防止因用力过猛导致其损坏；安装座椅套时，坐垫四周也应防护到位。

16 安装转向盘套。

提示：

　　安装转向盘套时，转向盘下端和内侧也应防护到位，防止因用力过猛而使转向盘套损坏。

17 确认变速器挡位杆置于停车"P"挡位置。

提示：

　　机械式变速器挡位杆应置于空挡位置，确保发动机起动时车辆的安全，防止出现窜车，避免意外事故的发生。

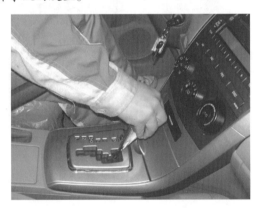

18 拉紧驻车制动器。

提示：

　　确保安全，防止车辆发生溜车及意外事故。

19 稍稍用力扳动发动机舱盖锁扣拉手。

提示：

　　不要用力过大，防止拉手损坏。当听到发动机舱盖第一道锁扣松动的响声后，松开发动机舱盖拉手。

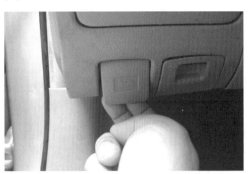

20 开启发动机舱盖。

提示：

　　将右手伸入机舱盖与前格栅处的空隙处，打开发动机舱盖第二道锁扣，左手提升发动机舱盖。切勿在未打开第二道锁扣时用猛力扳动舱盖，以防锁扣损坏，导致发动机舱盖变形。

21 支承发动机舱盖并确保支承稳定可靠。

提示：

　　必须将支承杆插入到发动机舱盖规定的支承孔内，否则，舱盖滑落会造成人身伤害和车辆损坏。

任务 1　前期准备

22 从工具车上取出翼子板防护垫及前格栅防护垫，将汽车两侧的翼子板、前照灯及前格栅表面保护好。

提示：

防护垫靠磁铁被吸附在车身上。因此，当防护垫接近车身表面时，应注意将防护垫与车身软性贴合，在操作时不允许听到磁铁与车身表面接触时的清脆的金属碰撞声。

23 取出金德KT600诊断仪器。

提示：

诊断仪器是检测设备，精密度较高，需轻拿轻放，防止碰撞。

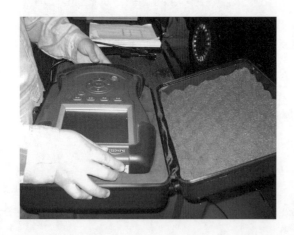

24 正确选择诊断插头。

提示：

根据不同的车辆选择不同的诊断插头，能够确保检测诊断工作顺利进行。不恰当的选择会使诊断无法进行，甚至使操作系统无法进入诊断模式。

25 将测试延长线的一端插入KT600的测试插口中，锁紧两侧的固定螺栓，确保连接正确。

提示：

诊断仪器的插口和测试延长线的插座都具有方向性，二者必须吻合，否则，将造成二者无法连接并导致诊断测试插口损坏。

26 将测试延长线的另一端连接至诊断测试接头，锁紧两侧固定螺栓，确保连接正确。

提示：

诊断测试插头和测试延长线的插座同样具有方向性，二者必须吻合，否则，将造成二者无法连接并导致诊断测试插头损坏。

27 检查发动机机油液位高度。

提示：

做好发动机起动前的机油液位检查工作，是为了避免发动机起动后没有足够的机油润滑，造成机件损坏。如果机油液位在下刻度线以下，则必须加注机油。

28 检查冷却液位高度。

提示：

发动机起动前，检查冷却系统中的液位高低是必要的。其目的是避免发动机在无冷却液或冷却液不足的情况下运转，否则因温度升高而造成机件磨损。

29 检查蓄电池接线柱是否松动。

提示：

蓄电池接线柱松动，会导致车辆供电不畅，造成车辆各电控系统出现异常故障。

30 检查蓄电池电压。

提示：

蓄电池电压值应在标准范围之内。如低于标准电压的下极限值，则应对其进行充电或更换。蓄电池标准电压值：12.0~12.6V。

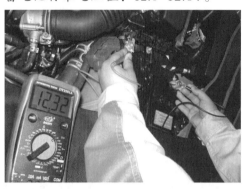

31 打开车辆诊断插座盖板。

提示：

（1）盖板为塑料制品，表面有OBD-Ⅱ的字样，打开时不要用力过大，防止其损坏；

（2）某些车辆的诊断插座，在变速器挡位防尘罩的下方或发动机舱内。不同品牌车辆的诊断插座的位置，需根据车辆使用说明书或相关的维修手册的描述来确认。

32 确认点火开关置于断开（OFF）位置。

提示：

点火开关关闭时操作会更安全，可保护诊断仪器免遭电流的冲击。

将诊断测试接头插入车辆的诊断插座中。

提示：

诊断插头与诊断插座均具有方向性。因此，插诊断插座时要做到准确无误，小心操作，防止诊断插头或插座损坏。

 检查诊断插头电源指示灯是否亮起。

提示：

当诊断插头电源指示灯不亮时，应检查车辆诊断插座的电源线和搭铁线是否正常，或检查诊断插头是否损坏。

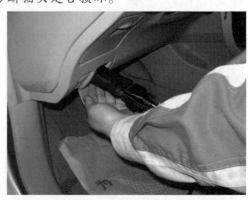

35 将KT600诊断仪器放置于座椅垫上或仪表台上。

提示：

诊断仪器置于电源关闭状态。

八 考核标准

考核标准表

考核时间	序号	考核任务	满分	评分标准	得分
10min	1	清洁工作场地	5分	酌情扣分	
	2	诊断设备的检查与准备	5分	操作不当扣5分	
	3	相关工具的检查与准备	5分	操作不当扣5分	
	4	维修资料的检查	5分	操作不当扣5分	
	5	废气分析仪的准备与预热	5分	操作不当扣5分	
	6	安放车轮挡块	4分	操作错误扣4分	
	7	插尾气抽气管	4分	操作错误扣4分	
	8	车辆信息检索与记录	5分	操作错误扣5分	
	9	现场安全确认	2分	操作不当扣2分	
	10	降下车窗玻璃	3分	操作不当扣3分	
	11	将地板垫放在驾驶室地板上	3分	操作不当扣3分	
	12	安装座椅套	3分	操作不当扣3分	
	13	安装转向盘套	2分	酌情扣分	
	14	确认变速器挡位杆置于停车"P"挡位置	5分	操作不当扣5分	

续上表

考核时间	序号	考 核 任 务	满分	评 分 标 准	得分
10min	15	拉紧驻车制动器	4分	操作不当扣4分	
	16	拉动发动机舱盖拉手	2分	操作不当扣2分	
	17	开启发动机室舱盖	3分	操作不当扣3分	
	18	支承发动机室舱盖并确保牢固可靠	3分	操作错误扣3分	
	19	安装两侧的翼子板布垫	3分	操作错误扣3分	
	20	安装前格栅布	1分	操作错误扣1分	
	21	正确选择诊断插头	5分	操作不当扣5分	
	22	连接仪器测试延长线和诊断插头	3分	操作不当扣3分	
	23	检查发动机机油液位	3分	操作不当扣3分	
	24	检查冷却液位	2分	操作不当扣2分	
	25	检查蓄电池接线柱是否松动	3分	酌情扣分	
	26	检查蓄电池电压	3分	操作不当扣3分	
	27	打开车辆诊断座盖板	2分	操作不当扣2分	
	28	确认点火开关处于断开位置	2分	操作不当扣2分	
	29	将诊断插头插入车辆诊断插座中	3分	操作不当扣3分	
	30	检查诊断插头电源指示灯是否亮起	2分	酌情扣分	
	31	遵守相关安全规范		因违规操作造成人身和设备事故的，总分按0分计	
		分数合计	100分		

任务 1 前期准备

任务2　读取故障码、冻结帧和数据流数据

一　任务说明

1 概述

汽车故障诊断包含"诊"和"断"两个环节。汽车故障诊断的过程就是由诊断技术人员从汽车的故障现象出发，熟练应用各种检测设备对汽车进行全面综合的检测，完成"诊"的环节，然后通过对汽车原理与结构的深刻理解，对测试结果进行综合分析后，再对故障部位和原因做出确切的判断，完成"断"的环节。

汽车诊断的目的是判断汽车的故障部位和原因，并对检测参数做出定量分析。汽车诊断包括技术检测、性能试验和结果分析三个部分。技术检测的主要任务是通过测试仪器和设备对汽车的诊断参数进行测量。性能试验的主要任务是对被检测系统进行功能性动态试验，通过改变系统的状态进行对比试验分析，旨在发现系统故障与诊断参数之间的关系。结果分析的目的，是对诊断的最终结果做出因果关系的客观分析，也就是对故障生成的原因机理与故障现象特征之间的必然联系，以及故障现象与诊断参数之间的内在联系进行理论分析。

2 故障代码的分类

故障代码可分为：当前性故障码、历史性故障码、虚假性故障码、相关性故障码等。

3 数据流分析法

数据流分析法可分为：值域分析法、时域分析法、因果分析法、关联分析法、比较分析法等。

4 冻结帧的分类

冻结帧数据共有五组，分别为：故障发生前每0.5s设置的3组冻结帧数据、故障发生时设置的1组冻结帧数据和故障发生后0.5s设置的1组冻结帧数据。

二　技术标准与要求

（1）正确读取故障码、冻结帧、静态和动态的数据流，并进行分析与判断；
（2）掌握检测的基本操作流程，熟悉作业步骤；
（3）能熟练正确地使用故障诊断仪器，能熟练查阅车辆维修手册。

三　实训时间　15min　

四　实训教学目标

（1）了解汽车故障诊断仪器的功能和组成，掌握汽车故障诊断仪器的使用方法；
（2）熟悉汽车故障诊断仪器控制面板上各选择开关和功能按键的作用；
（3）掌握读取故障码、冻结帧、静态和动态数据流的操作方法，并对相关数据进行分析。

五 实训器材

一汽丰田卡罗拉车型

KT600诊断仪器

其他工具及器材:

翼子板布、前格栅布、座椅套、地板垫及转向盘套;车轮挡块、诊断仪器、尾气抽气管、维修手册、作业工单、抹布等。

六 教学组织

1 教学组织形式

每辆车每次安排两名学生参与实训操作。当教师发出"开始"口令后,第一位学生开始操作,第二位学生根据作业流程表及评分表的步骤对第一位学生的操作过程进行跟踪记录。其他同学则通过视频实况观察第一位学生操作的每一个作业步骤,记录其不足之处。当第一位学生操作完毕后,负责跟踪记录的第二位学生根据作业流程表及评定记录对第一位操作的学生进行评定,其他通过视频实况观察的学生则进行补充互评。最后,教师进行总结点评。

2 实训教师职责

操作前讲解作业步骤和安全注意事项,下达"开始"口令后,在各工位间交叉监视、检查、指导并纠正错误。在每位学生操作完成后进行总结点评。

3 学生职责变换

学生实行职责变换制度:当第一位学生操作完毕后,第二位学生开始进行操作前的准备工作,当教师再次发出"开始"口令后,第二位学生开始进行实际操作。而第三位学生仍然根据作业流程表及评分表的步骤进行跟踪记录,其他同学则通过视频实况进行观察记录。依此循环,直至所有学生操作完成。

七 操作步骤

▲ 第一步 读取静态故障码

1 打开点火开关,不起动发动机。

提示:

打开点火开关后,应检查仪表板的故障指示灯及相关的警告灯是否正常点亮。

任务 2 读取故障码、冻结帧和数据流数据

2 按压KT600诊断仪器电源开关，系统自检后进入主菜单。

提示：

各种诊断仪器的电源开关设置位置各不相同。某些诊断仪器则无电源开关，打开点火开关后就直接进入诊断仪器主菜单。

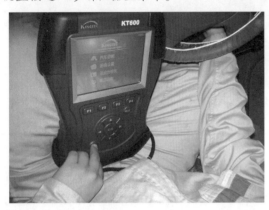

3 选择主菜单中的"汽车诊断"模块，系统进入诊断程序。点击选择某汽车相应的图表即可对该车进行诊断。

提示：

（1）操作时，应根据车辆型号选择对应的车型图表。否则，系统将无法进入诊断系统；

（2）选择菜单时，也可采用仪器背面自带的触摸笔，点击相对应的屏幕区域进入诊断系统；

（3）熟悉汽车图表有助于操作人员快速进入汽车诊断。

4 选择"TOYOTA"一汽丰田车型图表，按"OK"键，系统进入"中国车系"。

提示：

正确选择车型，可减少不必要的重复操作，提高工作效率。

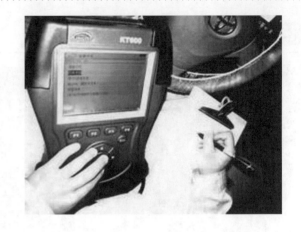

5 选择菜单中的"带CAN系统车型"或"新车"，按"OK"键确认，系统进入下一菜单。

提示：

升级仪器诊断程序后，可能会导致菜单的显示内容与之前不一致，这是正常现象。需要正确选择运用。

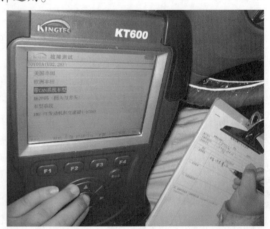

6 选择菜单中的"COROLLA"，按"OK"键确认，系统进入下一菜单。

提示：

引导式的菜单能帮助学生更快、更好地学会操作诊断仪器。

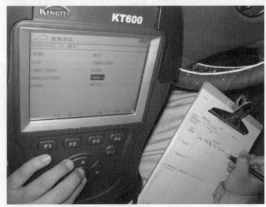

选择"COROLLA（GL）"，按"OK键"确认，系统进入"ENGINE AND ECT"窗口。

提示：

如果选择错误的车型，则系统可能无法进入诊断系统。

 选择当前故障码，按"OK"键确认，系统进入故障代码的查找，并显示查找结果。

提示：

故障码的读取是故障诊断的第一步，对确认故障的范围具有很大的帮助。

 诊断仪器显示故障代码和代码定义内容：

P0010 凸轮轴位置"A"执行器电路（组1）。

提示：

（1）由于诊断程序开发的原因，有些仪器在读取故障代码时，只显示故障代码而不显示代码定义内容，需要查阅相关维修资料确认代码定义内容；

（2）本任务的故障诊断检测均以P0010故障代码为范例。

 按"ESC"键，退出"故障代码"菜单。

提示：

按"ESC"键一次，退出当前菜单。切勿连续按压"ESC"键，避免重复操作。

★第二步　读取冻结帧数据流

1 再次进入"ENGINE AND ECT"窗口，选择"冻结帧数据流"菜单，按"OK"键确认。

提示：

读取静态冻结帧数据流有助于确认故障出现时，车辆是运行还是停止，发动机是暖机还是冷机，空燃比是大还是小，以及与故障代码相关的其他数据。

 仪器进入"冻结帧"菜单。

菜单显示:

(1) DTC设置前冻结3组数据;

(2) DTC设置时冻结1组数据;

(3) DTC设置后冻结1组数据。

选择故障发生前0.5s"多帧数量-1"组,按"OK"键确认。

提示:

发生故障前的冻结帧数据一般是正常的,在诊断过程中可作为参考数据。

3 读取冻结帧菜单中"多帧数量-1"组的基本测试数据。

Injector (Port)	2.43	ms
IGN Advance	6.5	(°)
Engine Speed	628	r/min
Vehicle Speed	0	km/h
Coolant Temp	85	℃

 提示:

上述基本测试数据均为正常。

[KINGTEC 故障测试 screen]

Injector (Port)	2.43ms
IGN Advance	6.5°
Calculate Load	37.3%
Vehicle Load	21.6%
MAF	2.15mg/s
Engine Speed	628r/min
Vehicle Speed	0km/h
Coolant Temp	85℃

4 读取冻结帧"多帧数量-1"组菜单中除基本测试数据外的反映故障代码特征的相关数据。

Intake Air	30	℃
Air-Fuel Ratio	1.00	
MAF	2.15	mg/s
Vehicle Load	21.6	%

 提示:

相关的反映故障代码特征的相关数据也均未发现异常。

[KINGTEC 故障测试 screen]

Intake Air	30℃
Air-Fuel Ratio	1.000
Purge Density Learn Value	-0.000
Evap Purge Flow	0.0%
Evap (Purge) VSV	0.0%
Knock Correct Learn Value	14.0℃
Knock Feedback Value	-3.0℃
Accelerator Position No.1	17.3%

5 按"ESC"键,退出"多帧数量-1"组。

 提示:

按"ESC"键一次,退出当前菜单。切不可连续按压"ESC"键,否则,将会退出所有子菜单,造成重复操作。

Injector（Port）	2.43ms
IGN Advance	6.5°
Calculate Load	37.3%
Vehicle Load	21.6%
MAF	2.15mg/s
Engine Speed	628r/min
Vehicle Speed	0km/h
Coolant Temp	85℃

6 选择故障发生时的"多帧数量0"组，按"OK"键确认。

※ 提示：

"多帧数量0"组的数据与"多帧数量-1"组的数据可能有所不同。通过数据比较，可以判断故障发现前后发动机不同的工作状态。

8 读取冻结帧"多帧数量0"组菜单中除基本测试数据外的反映故障代码特征的相关数据。检测结果显示相关冻结帧数据均未见异常。

※ 提示：

冻结帧任务中各项数据比较多，但重点检查与故障代码特征相关的数据。

7 读取故障发生瞬间冻结帧菜单中的基本测试数据。

Injector (Port)	2.43	ms
IGN Advance	6.5	(°)
Engine Speed	628	r/min
Vehicle Speed	0	km/h
Coolant Temp	85	℃

※ 提示：

故障发生前后的冻结帧数据均相同且正常，说明该故障对冻结帧的基本测试数据无明显影响。

9 按"ESC"键，退出"多帧数量0"组和冻结帧菜单。

※ 提示：

按"ESC"键一次，退出当前菜单。

任务 2 读取故障码、冻结帧和数据流数据

★ 第三步　读取静态数据流

1 在"ENGINE AND ECT"菜单中，选择"读数据流"子菜单，按"OK"键确认。

提示：

在不起动发动机状态下检测静态数据流。

2 在数据流菜单中，正确读取与故障代码特征相关的静态数据并记录。检测结果显示相关静态数据均未见异常。

提示：

在众多的静态数据流中，重点读取与故障代码特征相关的静态数据并与标准数据进行比较。

3 按"ESC"键，退出"数据流测试"菜单。选择"清除故障码"任务，按"OK"键确认。

提示：

按"ESC"键一次，退出当前菜单，然后选择上、下键将菜单移到相应的选择项处。

★ 第四步　清除故障码

执行清除故障代码命令。

提示：

清除故障代码命令将自动执行。

▲ 第五步　再次读取故障代码

1 按"ESC"键，退出"清除故障码"菜单，再次选择"当前故障码"，按"OK"键确认。

※ 提示：

在未起动发动机的状态下检测静态数据流。按"ESC"键一次，退出当前菜单。

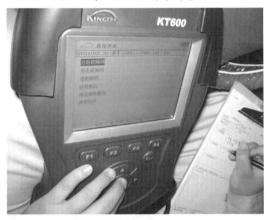

2 再次读取故障代码。显示故障代码和代码定义内容：P0010 凸轮轴位置"A" 执行器电路（组1）。再次显示的故障代码相同，则发动机电控系统存在当前性（永久性）的故障。

※ 提示：

如果再次读取的故障代码与之前的故障代码不相同，则P0010为当历史性的故障代码。

3 连续按"ESC"键，退出所有子菜单至诊断仪器"汽车诊断"主菜单界面。

※ 提示：

也可采用仪器自带的触摸笔连续点击屏幕右下角的"ESC"字符处，退出所有子菜单。

4 关闭诊断仪器电源开关。

※ 提示：

按"电源开关"键一次，关闭诊断仪器。切勿连续按压，防止诊断仪器再次无故起动。

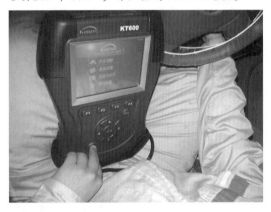

5 关闭点火开关，确认点火开关置于"OFF"位置。

※ 提示：

关闭点火开关时，观察仪表板各指示灯是否全部熄灭。

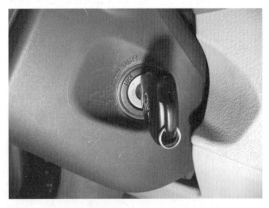

第六步 检查相关零件的安装状况

目视检查各传感器、执行器的安装状态是否正常。视需要徒手检查、修复各连接器端子的脱落现象或接触不良状态。

提示：

重点检查与故障特征相关的传感器或执行器的安装连接状况。

第七步 起动发动机确认故障症状

1 确认车辆周围环境安全，符合起动要求。

提示：

起动前，再次确认变速器挡位杆是否置于空挡位置，驻车制动器是否已拉紧。出于安全考虑，对于配置自动变速器的车辆，起动发动机时须踩踏制动踏板。

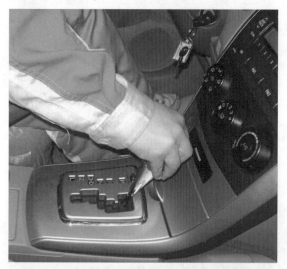

3 观察发动机在不同运行状态时的故障症状和现象。

提示：

观察发动机在低速运转时，转速是否偏高或偏低；中、高速时，发动机加速性能是否良好；反应是否迟缓。

2 起动发动机时，观察起动是否困难，并确认故障症状或现象。

提示：

起动时间应小于5s，如在规定时间内无法起动，则需等待30s后再起动。

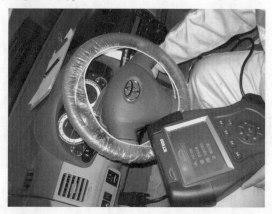

观察仪表板的故障指示灯显示状态。

提示：

若故障指示灯亮，则发动机电控系统存在相关性或永久性故障；若故障指示灯不亮，则发动机电控系统可能正常，或存在间歇性、偶发性故障。

🌲 **第八步　读取动态故障码**

1 按压KT600诊断仪器电源开关，系统再次进入诊断系统主菜单。

2 再次选择主菜单中的"汽车诊断"模块，按"OK"键确认。

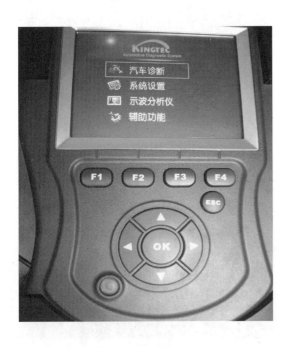

3 系统进入诊断测试菜单，选择方向键确认"TOYOTA"一汽丰田车型图表。

 按"OK"键，系统进入"中国车系"。

提示：

诊断仪器程序升级后，菜单的显示界面可能与之前不相同，需要再次确认。

5 再次选择菜单中的"带CAN系统车型"或"新车",按"OK"键确认。系统进入下一菜单。

6 选择菜单中的"COROLLA",按"OK"键确认。系统进入下一菜单。

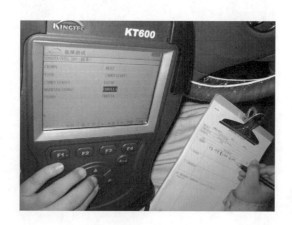

7 选择"COROLLA(GL)",按"OK"键确认。系统进入"ENGINE AND ECT"菜单。

8 选择"当前故障码"栏目,按"OK"键确认。系统再次进入故障代码的查找,并显示"查找结果"。

9 再次显示故障代码和代码定义内容。P0010凸轮轴位置"A"执行器电路(组1)。

 提示:

再次显示相同的故障代码和代码定义内容,则系统存在永久性故障。

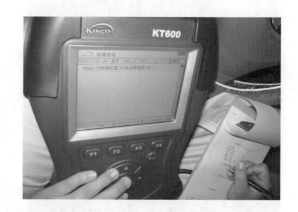

10 按"ESC"键,退出"故障代码"显示菜单。

第九步 读取动态冻结帧

1 再次进入"ENGINE AND ECT"菜单，选择"冻结帧数据流"菜单，按"OK"键确认。

2 仪器进入"冻结帧"菜单。

菜单显示：
（1）DTC设置前冻结3组数据；
（2）DTC设置时冻结1组数据；
（3）DTC设置后冻结1组数据。

选择故障发生后0.5s时多帧数量1组，按"OK"键确认。

3 读取冻结帧任务中的基本数据。

Injector (Port)	2.43	ms
IGN Advance	6.5	(°)
Engine Speed	628	r/min
Vehicle Speed	0	km/h
Coolant Temp	85	℃

上述冻结帧的基本数据均正常。

 提示：

基本数据正常并不代表系统正常。

4 读取冻结帧任务中除基本测试数据外的反映故障代码特征的相关数据。

VVT Aim Angle (Bank1)	0.00%
VVT Change Angle (Bank1)	0.0DegFR
VVT OCV Duty (Bank1)	0.0%

上述相关冻结帧数据均正常。

 提示：

读取故障发生后反映与故障代码特征的相关数据对故障诊断有直接的帮助。

5 按"ESC"键，退出"多帧数量1"组。

上述相关冻结帧数据仍然正常。

提示:

反映故障代码特征的相关冻结帧数据正常并不代表系统正常。

6 再次选择"多帧数量0"组,按"OK"键确认。

8 按"ESC"键,退出"多帧数量0"组及冻结帧任务菜单。

7 读取并记录发生故障瞬间冻结帧中除基本数据以外的反映故障代码特征的相关数据。

VVT Aim Angle（Bank1） 0.00%
VVT Change Angle（Bank1） 0.0DegFR
VVT OCV Duty （Bank1） 0.0%

▲ 第十步 读取动态数据流

1 在"ENGINE AND ECT"菜单中,选择"读数据流"菜单,按"OK"键确认。

提示:

在发动机起动状态下检测动态数据流。

2 在数据流测试菜单中，正确读取与故障代码特征相关的动态数据。

Injector （Port）	2.56	ms
IGN Advance	9.0	（°）
Engine Speed	655	r/min
Vehicle Speed	0	km/h
Coolant Temp	91	℃
VVT Aim Angle	（Bank1）	0.00%

提示：

上述动态数据流均显示正常。

3 按"ESC"键，退出"数据流测试"菜单，选择"清除故障码"任务，按"OK"键确认。

▲ 第十一步　再次清除故障码

执行清除故障代码命令。仪器显示：清除故障码命令已经执行。

▲ 第十二步　再次读取故障码

1 按"ESC"键，退出"清除故障码"菜单。再次选择"当前故障码"菜单。按"OK"键确认。

2 再一次读取故障代码。诊断仪器显示：P0010 凸轮轴位置"A" 执行器电路（组1）。诊断仪器再次显示同一故障代码。则系统存在永久性(当前性)的故障。

提示：

重复出现同一个故障代码和代码定义内容，则此故障为永久性故障。

第十三步　关闭诊断仪器

1 连续按"ESC"键，退出所有子菜单至诊断仪器初始界面状态。

2 关闭诊断仪器电源开关。

3 关闭点火开关，使发动机熄火。

4 查阅维修手册或技术资料。根据故障代码的含义和冻结帧、数据流的测量数据，查阅相关的标准参数和技术资料，确认测量数据是否符合要求，从而初步确认故障的范围。

提示：

分析判断测量数据的准确性是故障诊断的关键。而查阅相关技术资料能帮助维修人员更快地确认诊断和维修思路。

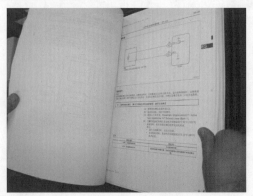

八 考核标准

考 核 标 准 表

考核时间	序号	考 核 任 务	满分	评 分 标 准	得分
15min	1	打开点火开关，开启仪器电源	2分	酌情扣分	
	2	正确进入相关子菜单	6分	操作不当扣6分	
	3	正确读取并记录故障码	6分	操作不当扣6分	
	4	正确读取并记录定格数据	6分	操作不当扣6分	
	5	相关数据流确认与记录	6分	操作不当扣6分	
	6	故障码清除	2分	操作错误扣2分	
	7	再次读取并记录故障码	6分	操作错误扣6分	
	8	正确退出相关子菜单	5分	操作错误扣5分	
	9	关闭仪器电源及点火开关	2分	操作错误扣2分	
	10	相关器件安装状态检查	5分	操作不当扣5分	
	11	正确起动发动机	2分	操作不当扣2分	
	12	检查发动机运行状态	5分	操作不当扣5分	
	13	记录发动机不同的运行状态	5分	操作不当扣5分	
	14	故障灯指示状态观察及记录	3分	酌情扣分	
	15	各种仪表是否正常	2分	酌情扣分	
	16	再次正确进入相关子菜单	6分	操作不当扣6分	
	17	再次正确读取并记录故障码	5分	操作不当扣5分	
	18	再次正确读取并记录定格数据	5分	操作不当扣5分	
	19	再次读取相关数据流并记录	6分	操作不当扣6分	
	20	再次清除故障码	2分	操作错误扣2分	
	21	再次读取并记录故障码	6分	操作错误扣6分	
	22	正确退出相关子菜单	5分	操作错误扣5分	
	23	关闭仪器电源及点火开关	2分	操作错误扣2分	
	24	遵守相关安全规范		因违规操作造成人身和设备事故的，总分按0分计	
分数合计			100分		

任务 2 读取故障码、冻结帧和数据流数据

任务 3　发动机电控系统常见故障诊断与排除

一　任务说明

1 故障诊断的基本流程

现代汽车发动机电控系统的故障诊断必须使用智能检测仪（故障诊断仪器）。汽车故障诊断的基本流程如下：车辆进入修理车间；客户故障分析；将智能检测仪连接到DLC3（数据链路连接器3），如果仪器显示屏显示检测仪中有通信故障，则检查DLC3（数据链路连接器3）；有任何CAN通信系统的故障代码输出时，则先对CAN通信系统执行故障排除；检查故障代码（DTC代码）、定格数据（冻结帧）和数据流（必要时，记录或打印相关数据）；清除DTC和定格数据；执行目视检查；设置检测模式诊断；确认故障症状模拟症状；再次检查DTC（如无代码，则执行基本检查）、定格数据（冻结帧）和数据流（必要时，记录或打印相关数据）；参考DTC表；检查ECM电源电路；执行电路检查；确认故障；执行零件检查（未确认故障则检查间歇性故障）；识别故障；调整或修理；执行确认测试；结束。

2 基本检查

通过检查DTC未能确认故障时，对所有可能引起故障的电路进行故障排除。大多数情况下，按以下流程进行发动机基本检查可以快速有效地找出故障部位。因此，对发动机进行故障排除时，务必先进行以下的基本检查：

（1）检查蓄电池电压（在发动机停机且点火开关置于OFF位置时，进行此检查），异常则需充电或更换蓄电池；

（2）检查发动机是否转动，异常则根据故障症状进行排除；

（3）检查空气滤清器是否被污染或存在异物，异常则更换空气滤清器或清洁空气滤清器；

（4）检查怠速转速、燃油压力及点火系统的点火状况，如异常则对相关部位进行故障排除；

（5）如以上检查任务均正常，则查阅故障症状表，按故障原因的可能性由大到小的顺序，检查每个可疑部位，必要时，维修或更换有故障的零件或进行调整。

二　技术标准与要求

（1）按维修手册的作业步骤进行故障诊断与排除；
（2）正确读取和记录检测数据；
（3）确认故障范围，正确测量元器件及相关连接器端子，正确选择测量仪器及量程；
（4）正确测量相关连接器端子的线束短路、断路及与车身搭铁状况；
（5）正确分析测量数据，确认诊断结果；
（6）正确判断、确认故障点；
（7）排除故障及修复验证。

三　实训时间　30min/每个故障任务　★★★★★

四　实训教学目标

（1）能熟练使用故障诊断仪器；
（2）能对故障码、冻结帧，静、动态数据流进行分析与判断；

（3）熟练查阅维修手册中相关章节的资料；
（4）掌握基本操作流程，熟悉作业步骤；
（5）熟练运用工具和数字式万用表等仪器设备。

五 实训器材

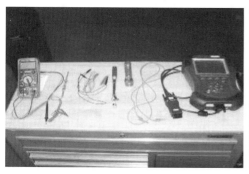

工具车及诊断仪器

一汽丰田卡罗拉车型

其他工具及器材：翼子板布、前格栅布、座椅套、地板垫及转向盘套；车轮挡块、诊断仪器、尾气抽气管、维修手册、作业工单、抹布等。

六 教学组织

1 教学组织形式

每辆车每次安排两名学生参与实训操作。当教师发出"开始"口令后，第一位学生开始操作，第二位学生根据作业流程表及评分表的步骤对第一位学生的操作过程进行跟踪记录。其他同学则通过视频实况观察第一位学生操作的每一个作业步骤，记录其不足之处。当第一位学生操作完毕后，负责跟踪记录的第二位学生根据作业流程表及评定记录对第一位操作的学生进行评定，其他通过视频实况观察的学生则进行补充互评。最后，教师进行总结点评。

2 实训教师职责

操作前讲解作业步骤和安全注意事项，下达"开始"口令后，在各工位间交叉监视、检查、指导并纠正错误。在每位学生操作完成后进行总结点评。

3 学生职责变换

学生实行职责变换制度：当第一位学生操作完毕后，第二位学生开始进行操作前的准备工作，当教师再次发出"开始"口令后，第二位学生开始进行实际操作。而第三位学生仍然根据作业流程表及评分表的步骤进行跟踪记录，其他同学则通过视频实况进行观察记录。依此循环，直至所有学生操作完成。

七 一汽丰田卡罗拉车型发动机电控系统零件位置及电路图

1 一汽丰田卡罗拉车型发动机电控系统ECM端子如右图所示。

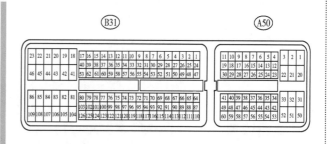

2 发动机电控系统零件位置如下图所示。

3 一汽丰田卡罗拉发动机电控系统电路图如下图所示。

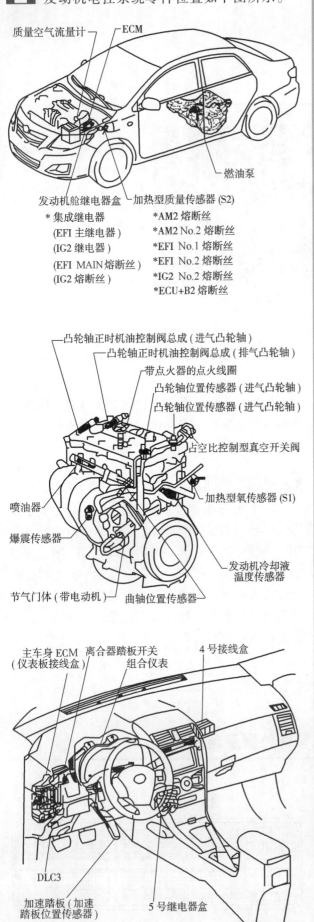

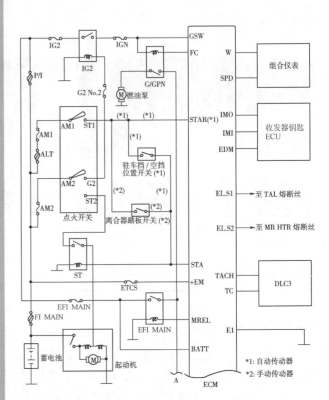

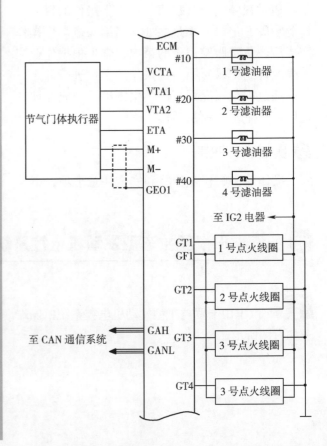

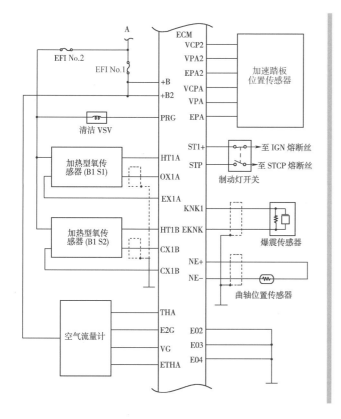
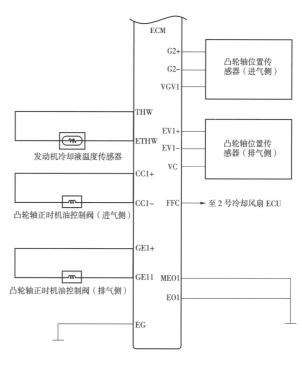

八 故障类型

（一）曲轴位置传感器的故障诊断与排除

♦ 任 务 说 明

  曲轴位置传感器系统包括一个曲轴位置信号盘和一个耦合线圈。信号盘有34个齿，并安装在曲轴上。耦合线圈由缠绕的铜线、铁芯和磁铁组成。曲轴位置传感器安装在发动机前右侧靠近皮带轮的部位。

提示：

传感器安装位置比较隐蔽，须举升车辆后才能观察到。

  信号盘旋转时，随着每个齿经过耦合线圈，便产生一个脉冲信号。发动机每转一圈，耦合线圈产生34个信号。ECM根据这些信号计算出曲轴位置和发动机的转速。使用这些计算结果，可以控制燃油喷射时间和点火正时。脉冲信号如下图的CH2（NE）所示。

提示：

脉冲信号显示为交变电压波形，可用汽车专用示波仪器检测。

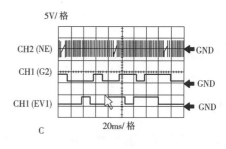

3 曲轴位置传感器系统的电路图如下图所示。

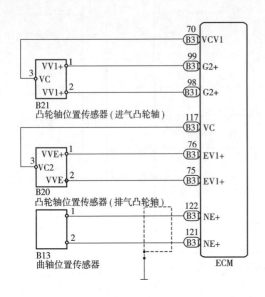

4 当发动机电控系统符合下列条件之一时，产生故障代码和代码定义内容（P0335曲轴位置传感器"A"电路）：

（1）起动时无曲轴位置传感器信号发送到ECM（单程检测逻辑）；

（2）发动机转速为600r/min或更高时，无曲轴位置传感器信号发送到ECM（单程检测逻辑）。

5 产生P0335曲轴位置传感器"A"电路的故障范围如下：

（1）曲轴位置传感器电路断路或短路；

（2）曲轴位置传感器损坏；

（3）曲轴位置信号盘裂纹或变形损坏；

（4）ECM损坏。

🌲 第一步　读取静态故障码、冻结帧和数据流

 打开点火开关。读取静态故障代码。仪器显示无故障代码。系统正常。

提示：

静止状态下，诊断仪器可能无法检测到某些传感器和执行器的故障，因此无故障代码显示。

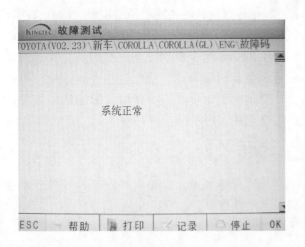

 读取冻结帧数据流。仪器显示：无冻结帧产生。

提示：

系统无故障码，则无冻结帧显示。

3 读取数据流。分析并记录相关的数据流。

提示：

数据流正常。

第二步　确认故障症状

 起动发动机前,确认车辆周围环境是否安全。

提示:

发动机起动前,再次确认变速器挡位杆是否置于空挡位置,驻车制动器是否拉紧;对于自动变速器的车辆,起动发动机时,必须踩下制动踏板。

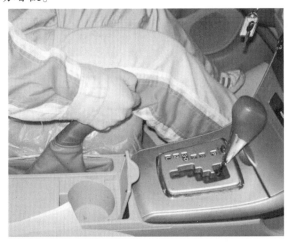

 起动发动机时,观察起动状况,确认故障症状并记录症状现象。

提示:

起动时间每次应小于5s。如在规定时间内无法起动,需等待30s后再起动,如连续三次未能起动,则根据维修手册的"故障症状特征"检查相关任务。

 故障症状特征:发动机能转动,但无法起动。读取故障代码,仪器显示无故障代码。系统正常。

提示:

(1)由于各厂家诊断仪器软件程序开发的不同,某些故障代码在诊断时将无法显示;
(2)连续三次未能起动,故障症状存在;
(3)有些诊断仪器在连续起动三次以上才显示故障代码。

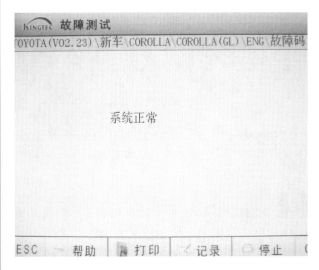

 查阅维修手册或技术资料,确认诊断思路和检查步骤。

提示:

分析判断测量数据的准确性是故障诊断的关键,而查阅相关技术资料,能帮助维修人员更快地确认诊断和维修思路。

5 曲轴位置传感器"A"电路故障诊断流程如下图所示。

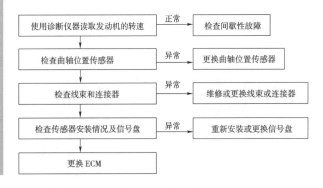

★ 第三步　用诊断仪器检测发动机转速

 再次起动发动机，观察数据流中发动机转速数值。

提示：

起动时间应小于5s。

 实时观察起动过程中诊断仪器显示的发动机转速信号，仪器显示发动机转速为零，曲轴位置传感器无转速信号，不正常。曲轴位置传感器电路系统可能存在断路或短路或搭铁现象。

提示：

（1）在正常情况下，诊断仪器应显示发动机的实际转速信号；

（2）在起动过程中，同时通过观察仪表板中转速表的指针摆动量来估算转速值；

（3）如果显示正确的数值，则检查间歇性故障。

 退出所有子菜单至诊断仪器初始界面状态。关闭诊断仪器电源开关和点火开关。

提示：

（1）切勿在未退至初始界面状态时关闭诊断仪器电源开关；

（2）先关闭诊断仪器电源开关，然后再关闭点火开关。

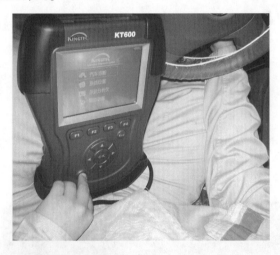

★ 第四步　检查曲轴位置传感器

 断开蓄电池负极接线柱。

提示：

采用梅花扳手将蓄电池负极接线柱的锁紧螺母拧松，然后分离接线柱，确保负极接线柱与蓄电池完全断开。

2 没有线束连接的曲轴位置传感器的前视图如下图所示。

3 曲轴位置传感器检测方法和标准电阻值如下表所示。

标准电阻

检测仪连接	条　件	规　定　状　态
1-2	20℃（68℉）	1850～2450Ω

4 断开曲轴位置传感器连接器。

 提示：

（1）连接器上有保护锁扣，先按压锁扣，当确认锁扣脱离后，稍用力拔下连接器；

（2）断开连接器前，应将车辆举升到一定高度，便于操作人员进入车下工作。

5 观察曲轴位置传感器连接器内部端子是否损坏。

6 用测试延长线连接曲轴位置传感器的1#和2#端子。

 提示：

确保测试延长线连接正确。

7 测量曲轴位置传感器的电阻值。

标准电阻值：1850~2450Ω；条件：20℃。

实际测量电阻值：1922Ω。

测量结果：电阻值在标准范围内。正常。

 提示：

如传感器的电阻值异常，则更换曲轴位置传感器。

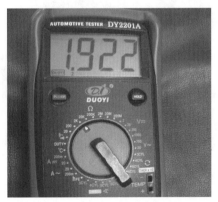

8 检查曲轴位置传感器的安装状况。正常和异常的安装情况如下图所示。

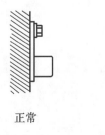 

正常　　　　　异常

9 检查结果：曲轴位置传感器安装正常。

提示：

如果安装不正常，查明原因，修复或更换曲轴位置传感器。

▲ 第五步　检查曲轴位置传感器与ECM的线束和连接器

1 断开ECM连接器。

提示：

连接器锁扣的手柄必须由水平位置向垂直位置方向扳动才能完全解除锁扣装置。不允许在未完全解锁的情况下强行拆除连接器。

2 将ECM连接器放置于合适的位置。

提示：

由于线束及连接器安装位置空间较狭窄，断开ECM连接器时应注意轻提轻放。

3 曲轴位置传感器的连接器和端子的前视图如下图所示。

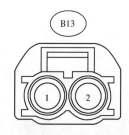

4 ECM连接器和端子的前视图如下图所示。

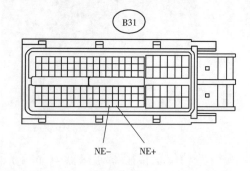

5 断路检查时标准电阻值如下表所示。

标准电阻（断路检查）

检测仪连接	条件	规定状态
B13-1—B31-122(NE+)	始终	小于1Ω
B13-2—B31-121(NE-)	始终	小于1Ω

6 短路检查时标准电阻值如下表所示。

标准电阻（短路检查）

检测仪连接	条件	规定状态
B13-1或B31-122(NE+) -车身搭铁	始终	10kΩ或更大
B13-2或B31-121(NE-) -车身搭铁	始终	10kΩ或更大

7 万用表校验时，量程开关置于电阻挡（20Ω量程挡），将万用表两表笔短接，测出表笔导线电阻值。

提示：

使用数字万用表欧姆量程（200Ω以下）测量电阻时，应先将两表笔短路，测出两表笔导线的电阻值，然后从实际测出的阻值中减去此值，才是实际测量物的真实阻值。不同型号万用表的两表笔导线的电阻值各不相同，测量电阻时必须进行校验。

8 将测试延长线插入曲轴位置传感器连接器B13-1（NE+）端子内。

提示：

不允许用数字万用表的测试表笔直接插入连接器端子内，以防止端子损坏。

9 将检测探针插入ECM连接器B31-122（NE+）端子内。

提示：

不允许用数字万用表的测试表笔直接插入连接器端子内，防止端子损坏。

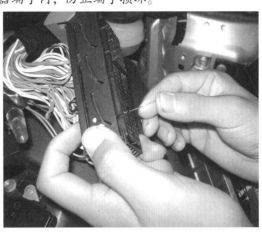

10 用万用表笔连接B13-1（NE+）测试延长线的另一端，另一表笔连接ECM B31-122（NE+）检测探针，进行线束的断路检测。

提示：

确认两测量点接触良好，准确无误。

11 标准电阻值：<1Ω；实际测量值：∞。检测结果异常，不符合规定要求。

结论：故障点确认为曲轴位置传感器B13-1（NE+）与ECM连接器B31-122（NE+）之间的线束断路或连接器损坏。

提示：

再次复测确认故障点。

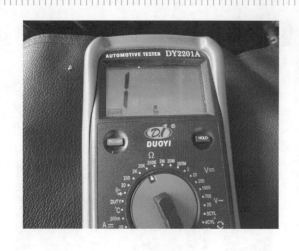

14 标准电阻值：<1Ω；实际测量值：0.05Ω。检测结果符合规定要求。

结论：曲轴位置传感器 B13-2（NE-）与ECM连接器 B31-121（NE-）之间的线束和连接器均正常。

 提示：

（1）实际测量值应减去两表笔导线的电阻值，即为真实电阻值0.32-0.27=0.05（Ω）；

（2）如测量电阻异常，维修或更换线束或连接器。

12 将测试延长线插入曲轴位置传感器连接器 B13-2（NE-）端子内。

提示：

不允许用数字万用表的测试表笔直接插入连接器端子内，防止端子损坏。

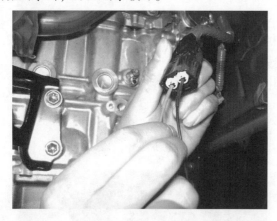

13 以相同方法进行线路的断路检测，测量曲轴位置传感器B13-2（NE-）与ECM连接器 B31-121（NE-）之间线束的电阻值。

提示：

确认两测量点接触良好，准确无误。

15 采用相同方法检测曲轴位置传感器B13-2（NE-）或B31-121（NE-）与车身搭铁的短路状况。

 提示：

确认两测量点接触良好，准确无误。

标准电阻值：10kΩ或更大。实际测量值：∞。检测结果符合要求。

结论：该线束和连接器均正常。

提示：

（1）短路测量时，应将万用表的量程开关调整到10kΩ或更大；

（2）如测量电阻异常，维修或更换线束或连接器。

🌲 第六步 故障排除

查找故障部位，维修或更换线束或连接器。

提示：

维修时应小心谨慎，切勿损坏其他线束。

🌲 第七步 维修后的检测

 再次检测曲轴位置传感器B13-1（NE+）与ECM连接器B31-122（NE+）线束之间的断路状况。

标准电阻值：<1Ω；实际测量值：0.03Ω。检测结果符合规定要求。

结论：线束维修后，电阻值恢复正常。

提示：

实际测量值应减去两表笔导线的电阻值，即为真实电阻值0.30-0.27=0.03（Ω）。

 采用相同方法检测曲轴位置传感器B13-1（NE+）或ECM连接器B31-122（NE+）与车身搭铁的短路状况。

提示：

确认两测量点接触良好，准确无误。

3 标准电阻值：10kΩ或更大。实际测量值：∞。检测结果符合规定要求。

结论：该线束和连接器均正常。

提示：

短路测量时，应将万用表的量程调整到10kΩ或更大。

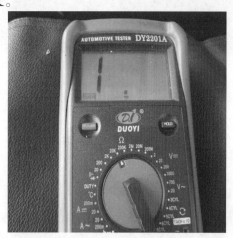

4 检测曲轴位置传感器B13-1（NE+）与B13-2（NE-）线束之间的断路状况。

标准电阻值：10kΩ或更大。实际测量值：∞。检测结果符合规定要求。

结论：线束间和连接器绝缘正常。

提示：

短路测量时，应将万用表的量程调整到10kΩ或更大。

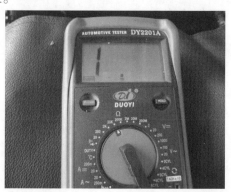

🌲 第八步　维修后的安装

1 重新连接曲轴位置传感器连接器。

提示：

确认连接器连接正常，锁扣落位。

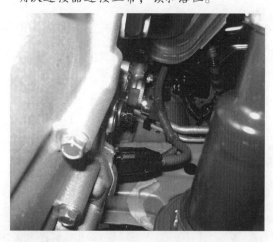

2 重新安装、连接ECM连接器。

提示：

安装时，应先将连接器锁扣的手柄置于垂直位置，然后将连接器轻轻插入ECM插口中，完全插入后，再将锁扣的手柄置于水平位置锁定。不允许在未完全开锁的情况下强行插入连接器。

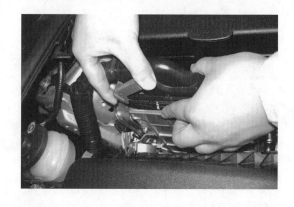

3 确保ECM连接器安装正常。

提示：

再次检查曲轴位置传感器连接器与ECM连接器安装准确无误。

连接蓄电池负极接线柱，并按规定力矩拧紧螺母。规定力矩：5.4N·m。

提示：

先用梅花扳手将固定螺母预紧，然后再用数字式扭力扳手按规定力矩拧紧。

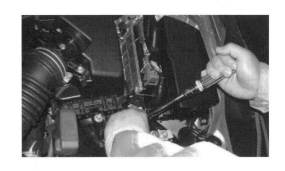

🌲 第九步 修复后故障码和数据流的再次检查

1 再次起动发动机，发动机能正常起动，怠速稳定，中、高速加速性能正常，运行良好。且仪表板的故障灯不亮，故障排除，系统恢复正常。

 再次选择读取故障码，按"OK"键确认。诊断仪器显示：系统正常。

提示：

发动机运行状态下，系统未检测到故障，仪器显示正常。

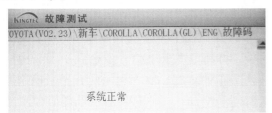

 读取历史故障码。诊断仪器显示：系统正常。

提示：

发动机电控系统未检测到故障，仪器显示正常。

4 选择冻结帧数据流。仪器显示目前没有冻结帧。

提示：

系统无故障码，则无冻结帧显示。

5 在"ENGINE AND ECT"菜单中，选择：读数据流。按"OK"键确认。

Injector(Port)	2.3	ms
IGN Advance	8.5	(°)
MAF	2.18	g/s
Engine Speed	651	r/min
Coolant Temp	86	℃
Intake Air	31	℃

提示：

动态数据流正常。

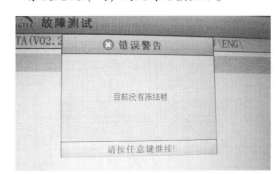

第十步 退出诊断系统

1 连续按"ESC"键。

2 退出所有子菜单至诊断仪器初始界面状态。关闭诊断仪器电源开关。

提示：

（1）切勿在未退至初始界面状态时强行关闭诊断仪器电源开关；

（2）应先关闭诊断仪器电源开关，然后再关闭点火开关。

3 关闭点火开关，使发动机熄火。

提示：

（1）曲轴位置传感器控制电路的故障诊断与排除操作流程到此结束；

（2）如果经测量检查，零部件、安装情况和线束连接器均正常，则应检查以下部位：

①曲轴位置信号盘齿有无裂纹或变形；

②ECM是否损坏。

并对上述部位进行检查诊断。

（二）凸轮轴位置传感器的故障诊断与排除

任务说明

1 进、排气凸轮轴的可变气门正时（VVT）传感器（G信号）由磁铁和MRE组成。VVT凸轮轴主动齿轮上有一个信号盘，信号盘的外圆周上有3个齿。齿轮旋转时，信号盘和耦合线圈间的气隙会发生改变，从而影响磁铁。结果，MRE材料的电阻就会发生波动。进、排气凸轮轴位置传感器安装在汽缸盖的上平面后侧靠近发动机的飞轮端。

2 凸轮轴位置传感器将齿轮旋转数据转换为脉冲信号，并将这些脉冲信号发送到ECM，由ECM来确认凸轮轴角度。ECM利用此数据来控制燃油喷射时间和喷油正时。进、排气凸轮轴位置传感器的脉冲信号如下图的CH1（G2）和CH1（EV1）所示。

脉冲信号可用汽车专用示波仪器检测。

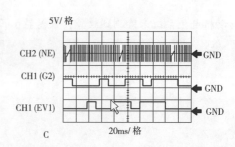

3 凸轮轴位置传感器系统的电路图如下图所示。

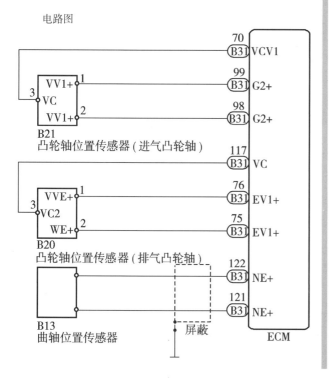

4 当发动机电控系统检测到下列条件之一时，产生故障代码P0342、P0343、P0367、P0368凸轮轴位置传感器"A"/"B"电路低输入或高输入：

（1）凸轮轴位置传感器输出电压为0.3V或更低并保持5s以上（单程检测逻辑）产生P0342、P0367故障代码；

（2）凸轮轴位置传感器输出电压为4.7V或更高并保持5s以上（单程检测逻辑）产生P0343、P0368故障代码。

5 产生以上故障代码可能的故障部位有：

（1）进、排气凸轮轴位置传感器电路断路或短路；

（2）进、排气凸轮轴位置传感器损坏；

（3）进、排气凸轮轴正时齿轮裂纹或变形损坏；

（4）正时链条跳齿；

（5）ECM损坏。

第一步 读取静态故障码、冻结帧和数据流

1 打开点火开关，读取故障代码及代码定义

内容：P0010 凸轮轴位置"A"执行器电路（组1）、P0343 凸轮轴位置传感器"A"电路高输入（B1或单个传感器）。

仪器显示二个故障代码，系统存在历史性或永久性故障代码。

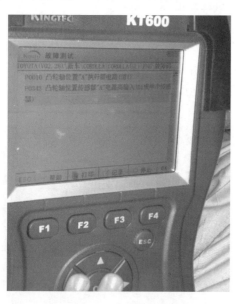

2 读取冻结帧菜单中的基本数据并记录。

Injector (Port)	2.43	ms
IGN Advance	6.5	(°)
Engine Speed	628	r/min
Vehicle Speed	0	km/h
Coolant Temp	85	℃

上列基本冻结帧数据正常。

正确读取故障发生时的基本数据对故障诊断有很大的帮助。

读取冻结帧数据中反映故障特征的相关数据并记录。

MAF	2.15	g/s
Vehicle Load	21.6%	
Intake Air	30	℃
Air-Fuel Ratio	1.000	

提示：

在众多的静态数据流中，重点读取与故障代码相关的数据并与标准数据进行比较。

 读取与故障代码特征相关的静态数据。

O2S B1 S1	0.45	V
O2S B1 S2	0.09	V
Air-Fuel Ratio	1.000	
Coolant Temp	85	℃
MAF	0.20	g/s
Intake Air	16	℃

提示：

静态状态下，各项相关的数据未见异常。

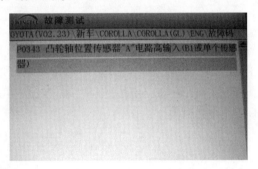

选择"清除故障代码"菜单项，按"OK"键确认，执行清除故障代码命令。

提示：

清除故障代码命令已经执行。

 再次读取故障码。再现故障代码及代码定义内容：P0343 凸轮轴位置传感器"A"电路高输入（B1或单个传感器）。

提示：

（1）再次显示P0343故障代码。则此故障代码为永久性(当前性)的故障代码；

（2）原故障代码P0010 凸轮轴位置"A"执行器电路（组1）为历史性故障代码或虚码，已被诊断仪器删除。

 退出所有子菜单至诊断仪器初始界面状态。关闭诊断仪器电源开关及点火开关。

提示：

应先关闭诊断仪器电源开关，然后再关闭点火开关。切勿在未退至初始界面状态时关闭诊断仪器电源。

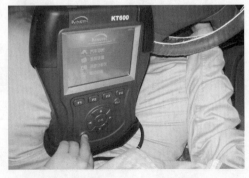

★ 第二步 零部件安装状态检查

目视检查传感器、执行器的安装状态是否正常。视需要检查、修复连接器脱落现象或接触不良状态。检查确认传感器、连接器安装是否良好。

提示：

重点检查凸轮轴位置传感器的安装状态和连接器、线束的连接状况。

★ 第三步 确认故障症状

1 起动发动机前，确认车辆周围环境是否安全。

提示：

发动机起动前，再次确认变速器挡位杆是否置于空挡位置，驻车制动器是否拉紧；对于配置自动变速器的车辆，发动机起动时必须踩踏制动踏板。

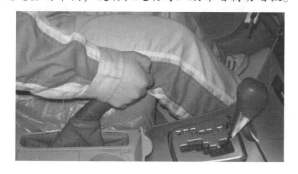

2 起动时，观察发动机运行状况。

提示：

起动时间每次应小于5s。如在规定时间内无法起动，需等待30s后再起动，如连续三次未能起动，则根据维修手册的"故障症状特征"检查相关任务。

3 观察并记录发动机不同运行状态时的故障现象。确认故障症状：发动机起动困难；怠速不稳，中、高速加速不良，响应迟缓。

提示：

此故障的明显特点是发动机起动困难，首次起动的成功概率很低。

4 仪表显示状态：转速偏高，故障灯亮。

提示：

发动机症状表现为系统不正常，且仪表板上的故障灯亮，证明发动机电控系统存在故障。

第四步 读取动态故障码、冻结帧和数据流的数值

 读取故障代码。再次显示故障代码和代码定义内容：P0343凸轮轴位置传感器"A"电路高输入（B1或单个传感器）。

提示：

当电控系统发生故障时，ECM存储故障代码。

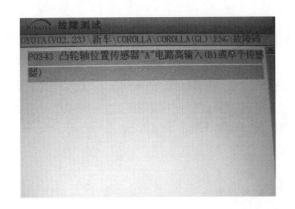

 再次进入"ENGINE AND ECT"窗口，选择"冻结帧数据流"菜单，按"OK"键确认。仪器进入"冻结帧"菜单。

提示：

菜单显示：
（1）DTC设置前冻结3组数据；
（2）DTC设置时冻结1组数据；
（3）DTC设置后冻结1组数据。

选择故障发生时或发生后0.5s时多帧数量0组和1组，按"OK"键确认。

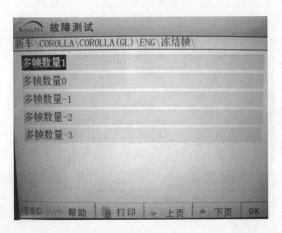

 读取冻结帧菜单中的基本数据并分析比较。

Injector (Port)	2.69	ms
IGN Advance	5.0	(°)
Engine Speed	1384	r/min
Vehicle Speed	0	km/h
Coolant Temp	87	℃

提示：

基本数据中发动机的转速偏高，其他测试数据均正常。

4 读取冻结帧中除基本数据外的反映故障代码特征的相关数据并记录比较。

MAF	6.67	g/s
Vehicle Load	30.2%	
Intake Air	17	℃
Air-Fuel Ratio	0.948	

提示：

相关数据证明：空燃比偏浓，其他与故障代码特征相关的数据未见异常。

5 读取与故障代码特征相关的数据流并记录比较。

Injector (Port)	3.2	ms
IGN Advance	5.5	(°)
Engine Speed	983	r/min
MAF	4.53	g/s
Coolant Temp	88	℃

提示：

相关的数据流证明：发动机转速偏高，其他数据未见异常。

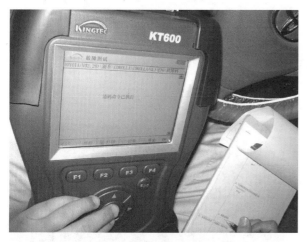

6 选择"清除故障代码"菜单，按"OK"键确认。

提示：

清除故障代码命令已经执行。

7 再次选择读取故障码。重现故障代码及代码定义内容：P0343凸轮轴位置传感器"A"电路高输入（B1或单个传感器）。

提示：

（1）再次显示同一故障代码，则发动机电控系统存在永久性(当前性)的故障；

（2）如果输出了其他故障代码，则先对其他诊断故障码（DTC）进行故障排除。

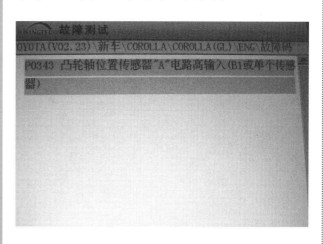

8 退出所有子菜单至诊断仪器初始界面。关闭诊断仪器电源开关和点火开关。

提示：

应先关闭诊断仪器电源开关，然后再关闭点火开关。切勿在未退至初始界面时关闭诊断仪器电源开关。

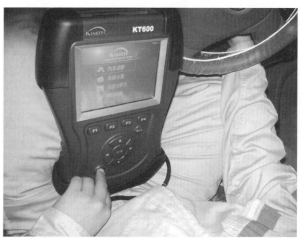

9 查阅维修手册或技术资料。确认诊断思路和检查步骤。

提示：

分析判断测量数据的准确性是故障诊断的关键。而查阅相关技术资料能帮助维修人员更快地确认诊断和维修思路。

10 P0343凸轮轴位置传感器"A"电路高输入（B1或单个传感器）故障诊断流程如下图所示。

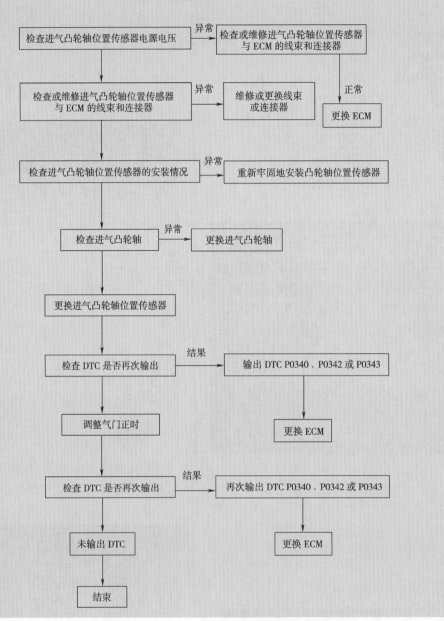

🌲 第五步 检查凸轮轴位置传感器的电源电压

 断开凸轮轴位置传感器连接器。

提示：

连接器上有保护锁扣，先按压锁扣，当确认锁扣完全脱离后，拔下连接器。

2 将点火开关置于"ON"位置。

提示：

切勿起动发动机。

3 根据下表中的值测量电压。

标 准 电 压

检测仪连接	开关状态	规定状态
B21-3（VC）–车身搭铁	点火开关置于ON位置	4.5~5.0V

4 凸轮轴位置传感器B21线束连接器的前视图如下图所示。

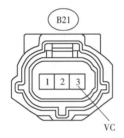

5 将测试探针插入凸轮轴位置传感器B21-3（VC）端子内。

提示：

（1）不允许用数字万用表的表笔直接插入连接器端子内，以防止端子损坏；

（2）在检测过程中，防止插入连接器端子的检测探针与车身搭铁，造成线路短路。

6 校验数字万用表。再将量程开关置于直流电压（20V）挡。万用表红表笔与连接器B21-3（VC）端子的检测探针相连接，黑表笔与车身搭铁点相连接，测量传感器的VC电压。

提示：

测量时必须将点火开关置于"ON"位置。

7 测量连接器B21-3与车身搭铁的电压。标准电压值：4.5~5.0V。实际测量值：4.9V。

测量结果：电压符合规定值，正常。

提示：

如果电压值异常或接近0 V则检查维修B21-3（VC）与ECM B31-70（VCV1）间的线束或连接器。

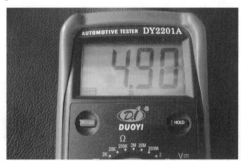

8 关闭点火开关。

提示：

将点火开关置于"OFF"位置。

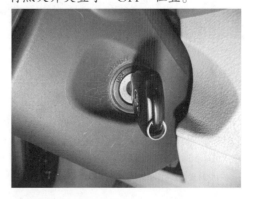

第六步 检查线束和连接器（凸轮轴位置传感器—ECM）

1 断开蓄电池负极接线柱。

提示：

采用梅花扳手将蓄电池负极接线柱的锁紧螺母拧松。分离接线柱，确保接线柱与蓄电池完全断开。

2 断开ECM连接器。

提示：

连接器锁扣的手柄必须由水平位置向垂直位置方向扳动方能完全解除锁止。不允许在未完全解锁的情况下强行拆卸连接器。

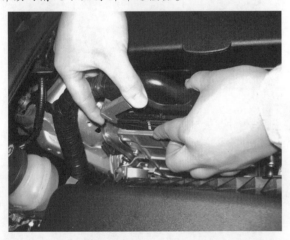

3 将ECM连接器放置于合适的位置。

提示：

由于ECM线束和连接器的安装位置空间较狭窄，断开ECM连接器时应注意轻提轻放。

4 校验测量万用表两表笔导线的电阻值。关闭万用表电源。再将量程开关置于电阻（20Ω）量程挡。

提示：

使用数字万用表欧姆量程（200Ω以下）测量线束的电阻时，应先将两表笔短路，测出两表笔导线的电阻值，然后从实际测得的线束阻值中减去此值，才是该线束的实际阻值。

5 凸轮轴位置传感器线束连接器前视图如下图所示。

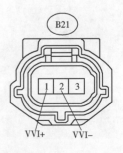

6 ECM线束连接器前视图如下图所示。

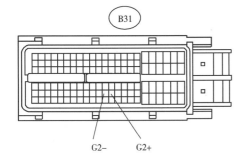

7 凸轮轴位置传感器线束连接器与ECM线束连接器断路检查的标准电阻值如下表所示。

标准电阻（断路检查）

检测仪连接	条件	规定状态
B21-1（VVI+）-B31-99（G2+）	始终	小于1Ω
B21-2（VVI-）-B31-98（G2-）	始终	小于1Ω

8 凸轮轴位置传感器线束连接器与ECM线束连接器短路检查的标准电阻值如下表所示。

标准电阻（短路检查）

检测仪连接	条件	规定状态
B21-1（VVI+）或B31-99（G2+）-车身搭铁	始终	10kΩ或更大
B21-2（VVI-）或B31-98（G2-）-车身搭铁	始终	10kΩ或更大

9 将检测探针插入凸轮轴位置传感器 B21-1（VVI+）内。

提示：

不允许用数字万用表的表笔直接插入连接器端子内，以防止端子损坏。

10 将检测探针插入ECM B31-99（G2+）。

提示：

不允许用数字万用表的表笔直接插入连接器端子内，以防止端子损坏。

11 用万用表两表笔分别连接凸轮轴位置传感器B21-1（VVI+）和ECM B31-99（G2+）的检测探针，进行线束断路检测。

提示：

确认两测量点接触良好，准确无误。

12 标准电阻值：<1Ω；实际测量值：0.05Ω。测量结果符合规定要求。

结论：凸轮轴位置传感器B21-1（VVI+）与ECM B31-99（G2+）线束和连接器均正常。

提示：

实际测量值应减去两表笔导线的电阻值，即为真实电阻值0.32-0.27=0.05（Ω）。

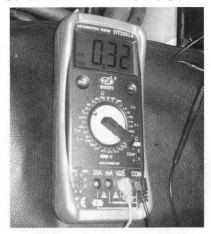

13 短路检测：测量凸轮轴位置传感器B21-1（VVI+）或ECM B31-99（G2+）与车身搭铁的电阻值。

提示：

确认两测量点接触良好，准确无误。

14 标准电阻值：10kΩ或更大。实际测量值：∞。测量结果符合要求。

结论：该线束和连接器与车身无搭铁现象，绝缘良好。

提示：

短路测量时，应将万用表的量程开关调整到10kΩ或更大。

15 将检测探针插入凸轮轴位置传感器B21-2（VVI-）内。

提示：

不允许用数字万用表的测试表笔直接插入连接器端子内，以防止端子损坏。

16 将检测探针插入ECM B31-98（G2-）内。

提示：

不允许用数字万用表的测试表笔直接插入连接器端子内，以防止端子损坏。

17 用万用表两表笔分别连接凸轮轴位置传感器B21-2（VVI-）与ECM B31-98（G2-）检测探针，进行线束断路检测。

提示：

确认两测量点接触良好，准确无误。

18 标准电阻值：<1Ω。实际测量值：∞。电阻值异常，测量结果不符合规定要求。

结论：故障点为凸轮轴位置传感器B21-2（VVI-）与ECM B31-98（G2-）之间的线束断路或连接器端子损坏。

提示：

再次复测确认故障部位。

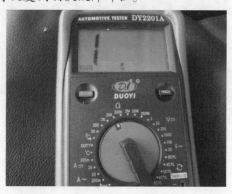

第七步 故障排除

查找故障部位，维修或更换线束和连接器。

提示：

维修时应小心谨慎，切勿损坏其他线束和连接器。

第八步 维修后的检测

1 再次测量凸轮轴位置传感器B21-2（VVI-）与ECM B31-98（G2-）之间线束或连接器的断路状况。

标准电阻值：<1Ω。实际测量值：0.03Ω。测量结果符合规定要求。

结论：线束电阻值恢复正常，导通良好。

提示：

实际测量值应减去两表笔导线的电阻值，即为真实电阻值0.30-0.27=0.03（Ω）。

2 测量凸轮轴位置传感器B21-2（VVI-）或ECM B31-98（G2-）与车身搭铁的短路状况。

提示：

确认两测量点接触良好，准确无误。

3 标准电阻值：10kΩ或更大。实际测量值：∞。测量结果符合规定要求。

结论：该线束和连接器与车身均无搭铁现象，绝缘良好。

提示：

短路测量时，应将万用表的量程开关调整到10kΩ或更大。

4 检测凸轮轴位置传感器连接器B21-1（VVI+）与B21-2（VVI-）、B21-3（VC）之间，B21-2（VVI-）与B21-3（VC）之间线束的短路状况。

提示：

（1）线束端子间进行短路测量时，应防止两表笔接触造成人为的短路现象；

（2）按照相似的检测方法检查其他线束端子间短路现象。

标准电阻值：10kΩ或更大；实际测量值：∞。检测结果符合规定要求。

结论：线束之间及连接器绝缘正常。

提示：

（1）短路测量时，应将万用表的量程调整到10kΩ或更大；

（2）如果实际测量值＜1Ω，则查找故障部位，维修或更换相关的线束和连接器。

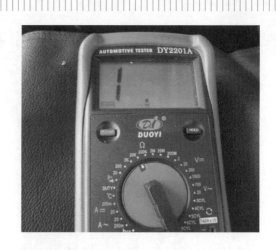

第九步　维修后的安装

重新连接凸轮轴位置传感器连接器。

提示：

确认连接器连接正常，锁扣落位。

重新安装ECM连接器。

提示：

安装时，先将连接器锁扣的手柄置于垂直方向位置，然后将连接器轻插入ECM插口中。至完全插入后，再将锁扣的手柄置于水平位置锁定。不允许在未完全开锁的情况下强行插入ECM连接器。

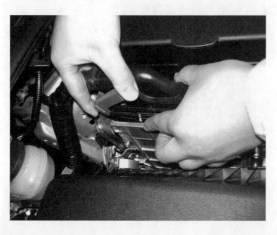

确保ECM连接器安装正常。

提示：

再次检查凸轮轴位置传感器连接器与ECM连接器安装准确到位。

连接蓄电池负极接线柱，并按规定力矩拧紧螺母。

规定拧紧力矩：5.4N·m。

提示：

先用梅花扳手将固定螺母拧紧，然后再用数字式扭力扳手按规定力矩拧紧。

第十步　修复后故障码和数据流的再次检查

1 起动发动机，观察发动机运行状态。发动机怠速稳定，中、高速加速性能良好，故障症状消除。仪表显示：故障灯不亮。发动机性能恢复正常。

2 再次选择读取故障码，按"OK"键确认。诊断仪器显示：系统正常。

 提示：

发动机运行状态下，系统未检测到故障，则仪器显示正常。

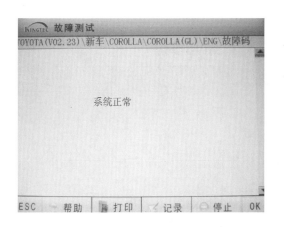

3 读取历史故障码。系统仍显示正常。

 提示：

存储在系统中的原故障代码由于ECM的断电，系统恢复到初始状态。发动机电控系统未检测到故障，仪器显示正常。

4 选择冻结帧数据流。仪器显示无冻结帧产生。

 提示：

系统无故障码，则无冻结帧显示。

5 选择"读取数据流"菜单。读取相关的数据流。

Injector (Port)	2.58	ms
IGN Advance	6.5	(°)
Engine Speed	665	r/min
Coolant Temp	90	℃
MAF	2.20	g/s
Vehicle Load	20.8%	
Intake Air	16	℃
Air-Fuel Ratio	1.000	

 提示：

所有数据流均正常。

第十一步　退出诊断系统

1 连续按压"ESC"键。退出所有子菜单至诊断仪器初始界面状态。

2 关闭诊断仪器电源开关。

3 关闭点火开关，使发动机熄火。

提示：

（1）P0343 凸轮轴位置传感器"A"电路高输入的控制电路故障诊断与排除作业流程到此结束；

（2）如果未能通过该诊断排除程序找到故障点，则对发动机机械系统进行故障排除；

（3）如果发动机机械系统仍然正常，则更换ECM；

（4）其他DTC的凸轮轴位置传感器的故障可根据上述相似的检测程序及操作步骤进行诊断排除。

（三）进气温度传感器的故障诊断与排除

任务说明

1 进气温度传感器安装在质量空气流量计上并监视进气温度。进气温度传感器中有一个内置式热敏电阻，其电阻随着进气温度的变化而变化。进气温度变低时，热敏电阻的电阻值增加。温度变高时，热敏电阻的电阻值减小。电阻值的这些变化被作为电压的变化传送给ECM（见右图）。

提示：

此传感器为负温度系数传感器。

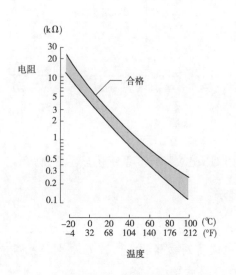

2 ECM的5V电源电压从端子THA经电阻器R施加到进气温度传感器上。电阻器R和进气温度传感器是串联的。进气温度传感器的电阻值变化时，端子THA上的电压也相应变化。当发动机冷机工作时，ECM根据此信号增加燃油喷射量以提高操纵性能（电路参见右图）。

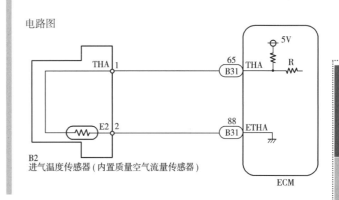

电路图

3 系统如果检测到DTC P0110、P0112和P0113故障代码时，则ECM进入失效保护模式。在失效保护模式中，ECM估计进气温度为20℃（68℉）。失效保护模式一直延续至检测到通过条件。DTC与可能的故障部位参见下表。

DTC	转至	DTC检测条件	故障部位
P0110	步骤1	进气温度传感器电路断路或短路0.5s（单程检测逻辑）	● 进气温度传感器电路断路或短路 ● 进气温度传感器（内置于质量空气流量计中） ● ECM
P0112	步骤4	进气温度传感器电路短路0.5s（单程检测逻辑）	● 进气温度传感器电路短路 ● 进气温度传感器（内置于质量空气流量计中） ● ECM
P0113	步骤2	进气温度传感器电路断路0.5s（单程检测逻辑）	● 进气温度传感器电路断路 ● 进气温度传感器（内置于质量空气流量计中） ● ECM

4 设置以上任一故障代码时，通过选择诊断仪器上的数据流菜单，检查进气温度。极端状态下显示的温度与可能的故障部位如右表所示。

显示的温度	故　障
-40℃（-40℉）	断路
140℃（284℉）或更高	短路

▲ 第一步　读取静态故障码、冻结帧和数据流

1 打开点火开关，读取故障代码。诊断仪器显示故障代码和代码定义内容：P0113进气温度电路高输入。

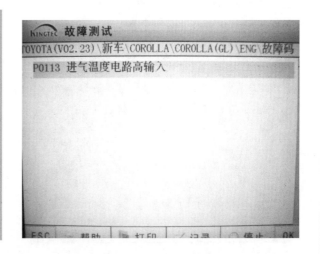

读取冻结帧菜单中的基本数据并记录。

Injector (Port)	2.43	ms
IGN Advance	6.5	(°)
Engine Speed	628	r/min
Vehicle Speed	0	km/h
Coolant Temp	85	℃

上列基本冻结帧数据均正常。

提示：

正确读取故障发生时的基本冻结帧数据对故障诊断有很大的帮助。

 读取冻结帧数据中反映故障特征的相关数据并记录。

MAF	2.15	g/s
Intake Air	-40	℃
Air-Fuel Ratio	1.000	

数据显示：进气温度为-40℃，系统不正常。

提示：

冻结帧数据有助于确认故障出现时车辆是运行还是停止，发动机是暖机还是冷机，空燃比是稀还是浓，以及其他相关数据。

4 读取与故障代码特征相关的静态数据流并分析比较。

| Intake Air | -40 | ℃ |

数据显示：进气温度仍为-40℃，系统不正常。

提示：

在众多的静态数据流中，重点读取与故障代码相关的数据并与标准数据进行分析比较。冻结帧和数据流均显示进气温度为-40℃。而测量时实际的环境温度约28℃。

 读取相关的静态数据。如MAF、冷却液温度、喷油脉宽和点火提前角等。

Injector (Port)	3.2	ms
IGN Advance	5.5	(°)
MAF	2.26	g/s
Coolant Temp	88	℃

上列静态数据均正常。

提示：

静态状态下，各项相关的数据有助于诊断人员更快地找到故障范围。

选择"清除故障代码"菜单，按"OK"键确认。执行清除故障代码命令。

提示：

清除故障代码命令已经执行。

 再次读取故障代码。重现故障代码及定义内容：P0113 进气温度电路高输入。

提示：

再次显示同一故障代码，则系统存在永久性(当前性)的故障。

 退出所有子菜单至诊断仪器初始界面状态。关闭诊断仪器电源开关和点火开关。

提示：

（1）切勿在未退至初始界面状态时关闭诊断仪器电源开关；

（2）先关闭诊断仪器电源开关，然后再关闭点火开关。

▲ 第二步 零部件安装状态检查

 目视检查各传感器、执行器的安装状态是否正常。视需要修复连接器端子脱落现象或接触不良状态。

提示：

重点检查进气温度传感器连接器和线束的连接状况。

▲ 第三步 确认故障症状

 起动发动机前，确认车辆周围环境是否安全。

提示：

发动机起动前，再次确认变速器挡位杆是否置于空挡位置，驻车制动器是否拉紧；对于配置自动变速器的车辆，起动发动机时必须踩踏制动踏板。

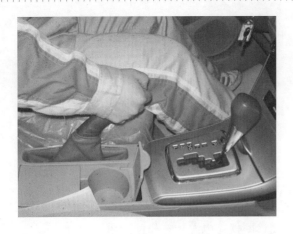

2 起动时，观察发动机运行状况。

提示：

起动时间应小于5s。如在规定时间内无法起动，需等待30s后再起动。如连续三次未能起动，则根据维修手册的"故障症状特征"检查相关任务。

3 观察并记录发动机不同运行状态时的故障现象。发动机能正常起动，空载时中速、高速加速响应良好。无明显故障症状。

提示：

空载时无明显故障症状并不表示发动机电控系统没有故障。

4 仪表显示：发动机怠速正常。故障灯点亮。

提示：

发动机症状表现不明显，但仪表板上的故障灯亮。因此，可以确认发动机电控系统存在故障。

第四步 动态下故障码、冻结帧和数据流的再次读取

1 动态下读取故障码。再次重复显示故障代码与代码定义内容：P0113 进气温度电路高输入。

提示：

当进气温度系统发生故障时，ECM存储故障代码。

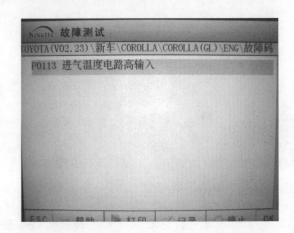

2 再次进入"ENGINE AND ECT"窗口,选择"冻结帧数据流"菜单,按"OK"键确认,仪器进入"冻结帧"任务。

菜单显示:

(1) DTC设置前冻结3组数据;

(2) DTC设置时冻结1组数据;

(3) DTC设置后冻结1组数据。

选择故障发生时多帧数量0组或故障发生后0.5s时多帧数量1组。按"OK"键确认。

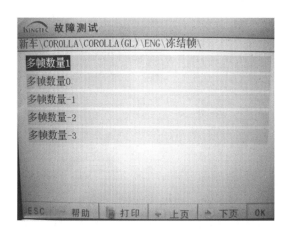

3 读取冻结帧菜单中的基本数据并记录。

Injector (Port)	2.43	ms
IGN Advance	6.5	(°)
MAF	2.15	g/s
Engine Speed	628	r/min
Vehicle Speed	0	km/h
Coolant Temp	85	℃

上列基本冻结帧测试数据正常。

提示:

正确读取故障发生时的基本数据对故障诊断有很大的帮助。

4 读取冻结帧数据中反映故障特征的相关数据并记录。

Intake Air	−40	℃
Air-Fuel Ratio	1.000	

数据显示:进气温度为−40℃,系统不正常。

提示:

冻结帧数据有助于确认故障出现时车辆是运行还是停止,发动机是暖机还是冷机,空燃比是稀还是浓,以及其他相关数据。

5 读取并记录基本动态数据流。

Injector (Port)	2.12	ms
IGN Advance	5.5	(°)
MAF	2.25	g/s
Engine Speed	670	r/min
Coolant Temp	87	℃

上列基本动态数据流均正常。

提示:

读取动态数据流有助于维修人员准确判断发动机电控系统的其他隐蔽性故障。

6 读取与故障代码特征相关的动态数据并记录。

O2S B1 S1	0.45	V
O2S B1 S2	0.09	V
Intake Air	–40	℃

再次显示：进气温度为–40℃，数据不正常。

提示：

（1）静态、动态的进气温度均为–40℃；

（2）如果显示温度与实际温度相同，则检查间歇性故障。

7 选择"清除故障代码"菜单项，按"OK"键确认。执行清除故障代码命令。

提示：

清除故障代码命令已经执行。

8 再次读取故障码。重现故障代码及代码定义内容：P0113 进气温度电路高输入。查阅电路图分析：可能的故障部位为进气温度传感器电路断路；进气温度传感器损坏和ECM损坏。根据分析查找故障点。

提示：

再次显示同一故障代码，则系统存在永久性（当前性）的故障。

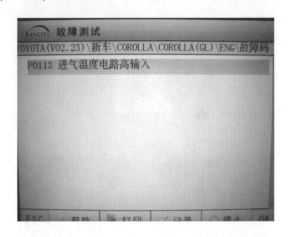

9 退出所有子菜单至诊断仪器初始界面状态。关闭诊断仪器电源开关和点火开关。

提示：

（1）切勿在未退至初始界面状态时强行关闭诊断仪器电源开关；

（2）先关闭诊断仪器电源开关，然后再关闭点火开关。

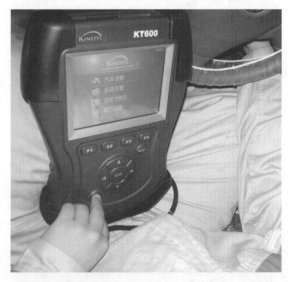

10 查阅维修手册或技术资料。确认诊断思路和检查步骤。

提示：

分析判断测量数据的准确性是故障诊断的关键。而查阅相关技术资料能帮助维修人员更快地确认诊断思路和维修方法。

11 P0113 进气温度电路高输入故障诊断流程图如下图所示。

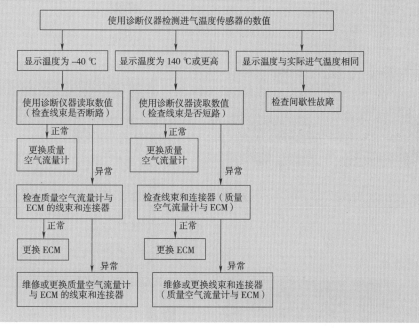

★ 第五步　用诊断仪器读取数值

1 断开进气温度传感器（安装在质量空气流量计上）连接器。

提示：

（1）连接器上有保护锁扣，先按压锁扣，当确认锁扣完全解脱后，稍用力拔下连接器；

（2）进气温度传感器和质量空气流量计安装在一起。

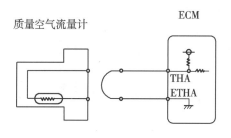

2 根据右上图所示连接质量空气流量计（MAF）中进气温度传感器连接器的端子THA和E2。

3 进气温度传感器线束侧连接器前视图如下图所示。

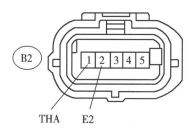

4 用导线连接连接器端子B2-1（THA）和B2-2（THA）。

提示：

确认导线连接正确无误。

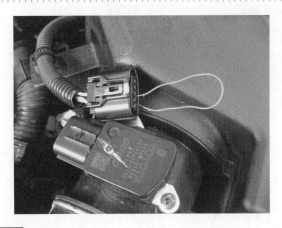

结论：进气温度传感器系统存在故障。

 提示：

如果测量数值符合标准，则更换质量空气流量计总成。

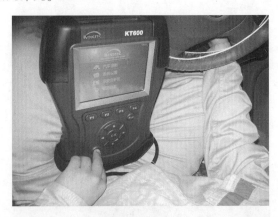

5 将点火开关置于"ON"位置。

 提示：

切勿起动发动机。

7 退出所有子菜单至诊断仪器初始界面状态。关闭诊断仪器电源开关和点火开关。

提示：

（1）切勿在未退至初始界面状态时关闭诊断仪器电源开关；

（2）先关闭诊断仪器电源开关，然后再关闭点火开关。

6 再次进入"ENGINE AND ECT"菜单。选择"读数据流"，按"OK"键确认。在数据流测试菜单中，读取进气温度数据并记录。

标准显示：140℃或更高。

仪器实际显示：Intake Air –40 ℃。

检测结果：进气温度数据异常。

🌲 第六步　检查线束和连接器（进气温度传感器—ECM）

 断开蓄电池负极接线柱。

提示：

采用梅花扳手将蓄电池负极接线柱的锁紧螺母拧松。脱离接线柱，确保接线柱与蓄电池完全脱离。

断开ECM连接器。

提示：

连接器锁扣的手柄必须由水平位置向垂直位置方向扳动方能完全解除锁止。不允许在未完全解除锁止的情况下强行拆除连接器。

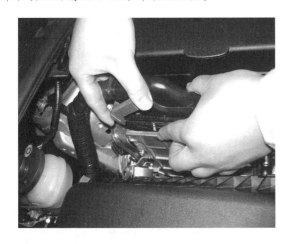

 将ECM连接器放置于合适的位置。

提示：

由于线束及连接器的安装位置空间较狭窄，断开ECM连接器时应注意轻提轻放。

 校验数字式万用表两表笔的电阻值。然后关闭万用表电源。再将量程开关置于电阻（20Ω）量程挡。

提示：

使用数字万用表欧姆（200Ω以下）量程测量线束的电阻时，应先将两表笔短路，测出两表笔导线的电阻值，然后从实际测得的线束阻值中减去此值，才是测量线束的实际阻值。

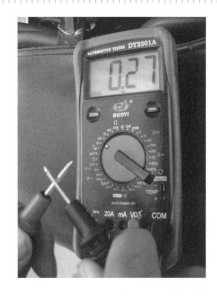

5 MAF中进气温度传感器线束连接器前视图如下图所示。

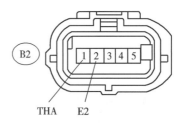

6 ECM线束连接器前视图如下图所示。

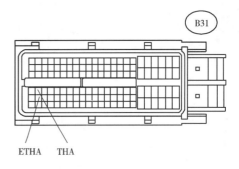

7 MAF中进气温度传感器线束连接器与ECM线束连接器断路检查的标准电阻值如下表所示。

标准电阻

检测仪连接	条件	规定状态
B2-1（THA）-B31-65（THA）	始终	小于1Ω
B2-2（E2）-B31-88（ETHA）	始终	小于1Ω

8 将检测探针插入MAF中进气温度传感器B2-1（THA）端子内。

> **提示：**
> 不允许用数字万用表的测试表笔直接插入连接器端子内，以防止端子损坏。

9 将检测探针插入ECM B31-65（THA）端子内。

> **提示：**
> 不允许用数字万用表的测试表笔直接插入连接器端子内，以防止端子损坏。

10 将数字万用表的电源开关置于"ON"位置，万用表两表笔分别连接MAF中进气温度传感器B2-1（THA）与ECM B31-65（THA）检测探针上，进行线束的断路检测。

> **提示：**
> 确认两测量点接触良好，准确无误。

11 标准电阻值：<1Ω。实际测量值：∞。电阻值异常，测量结果不符合规定要求。

结论：故障点为进气温度传感器B2-1（THA）与ECM B31-65（THA）之间的线束断路或两端的连接器损坏。

> **提示：**
> 再次复测确认故障部位。

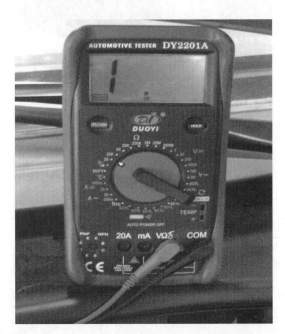

12 按相同方法对MAF中的进气温度传感器B2-2（E2）与ECM B31-88（ETHA）线束和连接器进行断路检测。

> **提示：**
> 确认两测量点接触良好，准确无误。

13 标准电阻值：<1Ω。实际测量值：0.05Ω。测量结果符合规定要求。

结论：MAF中进气温度传感器B2-2（E2）与ECM B31-88（ETHA）线束和连接器均正常。

提示：

（1）实际测量值应减去两表笔导线的电阻值，即0.32-0.27=0.05（Ω）。

（2）若电阻值异常，则维修或更换相关线束或连接器。

▲ 第七步　故障排除

查找故障部位。维修或更换线束或连接器。

提示：

维修时应小心谨慎，切勿损坏其他线束和连接器。

▲ 第八步　维修后的检测

1 再次检测MAF中进气温度传感器B2-1（THA）与ECM B31-65（THA）线束的断路状况。标准电阻值：<1Ω。实际测量值：0.03Ω。测量结果符合规定要求。

结论：线束电阻值恢复正常。

提示：

实际测量值应减去两表笔导线的电阻值为真实电阻值，即0.30-0.27=0.03（Ω）。

2 短路检测：测量MAF中进气温度传感器B2-1（THA）或ECM B31-65（THA）线束和连接器与车身搭铁的电阻值。

标准电阻值：10kΩ或更大；实际测量值：∞。检测结果符合规定要求。

结论：线束、连接器和车身之间绝缘良好。

提示：

短路测量时，应将万用表的量程调整到10kΩ或更大。

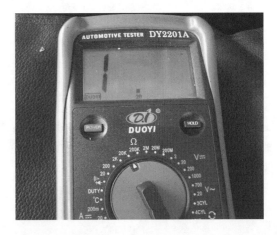

🌲 第九步 维修后的安装

1 重新连接MAF进气温度传感器连接器。

确认连接器连接正常，锁扣落位。

2 重新安装、连接ECM连接器。

🔔 提示：

安装时，必须先将连接器锁扣的手柄置于垂直方向位置，然后将连接器轻插入ECM插口中，至完全插入后，再将锁扣的手柄置于水平位置锁定。不允许在未完全开锁的情况下强行插入连接器。

3 确保ECM连接器安装正常。

再次检查质量空气流量计连接器与ECM连接器安装准确无误。

4 连接蓄电池负极接线柱，并按规定力矩拧紧螺母。

规定拧紧力矩：5.4N·m。

🔔 提示：

先用梅花扳手将锁紧螺母拧紧，然后再用数字式扭力扳手按规定力矩拧紧。

🌲 第十步 修复后故障码和数据流的再次检查

1 起动发动机。观察发动机运行状态，发动机怠速稳定，中速、高速加速性能良好。仪表显示故障灯熄灭。发动机性能恢复正常。

2 再次选择读取故障码，按"OK"键确认。诊断仪器显示：系统正常。

> **提示：**
>
> 发动机运行状态下，系统未检测到故障，系统恢复正常。

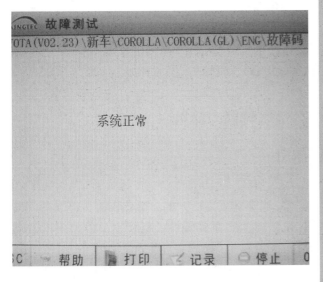

3 读取当前故障码和历史故障码。诊断仪器均显示系统正常。

> **提示：**
>
> 存储在系统中的原故障代码由于ECM的断电，系统恢复到初始状态。发动机电控系统未检测到故障，则仪器显示系统正常。

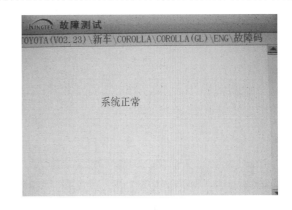

4 选择冻结帧数据流。仪器显示无冻结帧产生。

> **提示：**
>
> 系统无故障码，则无冻结帧显示。

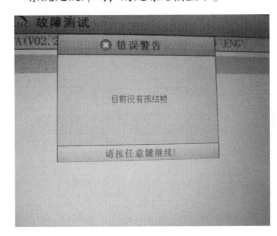

5 读取与原故障代码特征相关的动态数据流。

仪器显示：Intake Air 28 ℃。

进气温度传感器数据恢复正常，故障排除。其他数据流数据均正常。

> **提示：**
>
> 发动机刚起动时，实际测量的进气温度数据与当时的环境温度相吻合。

Intake Air	30℃
Air-Fuel Ratio	1.000
Purge Density Learn Value	-0.000
Evap Purge Flow	0.0%
Evap (Purge) VSV	0.0%
Knock Correct Learn Value	14.0℃
Knock Feedback Value	-3.0℃
Accelerator Position No.1	17.3%

🌲 第十一步 退出诊断系统

1 连续按"ESC"键,退出所有子菜单至诊断仪器初始菜单状态。

3 关闭点火开关,使发动机熄火。

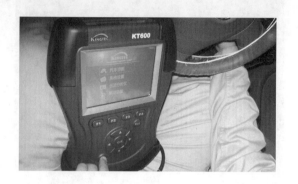

提示:

(1) P0113进气温度电路高输入的故障诊断与作业流程到此结束;

(2) 如果系统设置DTC P0112进气温度电路低输入,则诊断仪器显示静、动态下的进气温度均为140℃或更高,则故障部位为:

① 进气温度传感器电路B2-1(THA)或B31-65(THA)与车身搭铁,造成线束短路;

② 内置于质量空气流量计中的进气温度传感器老化或损坏;

③ ECM损坏。

其他代码的进气温度电路传感器的故障可根据上述相似的检测程序进行诊断排除。

2 关闭诊断仪器电源开关,然后再关闭点火开关。

提示:

切勿在未退至初始界面时强行关闭诊断仪器电源开关。

(四)质量空气流量计的故障诊断与排除

🌲 任务说明

1 质量空气流量计是一个传感器,用于检测流经节气门的空气流量。ECM利用此信息确认燃油喷射时间并提供相应的空气流量。

质量空气流量计简称为MAF。其内部结构如下图所示。

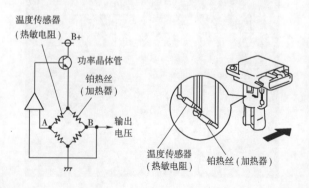

2 当存在下表所列的故障代码时,ECM进入失效保护模式。在失效保护模式下,ECM根据发动机转速和节气门位置来计算点火正时。

失效保护模式一直延续至故障排除为止。

DTC号	DTC检测条件	故 障 部 位
P0100	质量空气流量计电压低于0.2V或高于4.9V达3s(单程检测逻辑)	● 质量空气流量计电路断路或短路 ● 质量空气流量计 ● ECM
P0102	质量空气流量计电压低于0.2V达3s(单程检测逻辑)	● 质量空气流量计电路断路或短路 ● 质量空气流量计 ● ECM
P0103	质量空气流量计电压高于4.9V达3s(单程检测逻辑)	● 质量空气流量计电路断路或短路 ● 质量空气流量计 ● ECM

3 当存在上述所列的故障代码时，选择故障诊断仪器的MAF数据流菜单可以检查空气流率。特殊的质量空气流率与故障的相应范围如右表所示。

质量空气流量（g/s）	故 障
约0.0	• 质量空气流量计电源电路断路 • VG电路断路或短路
271.0或以上	• E2G电路断路

4 质量空气流量计系统的电路图如下图所示。

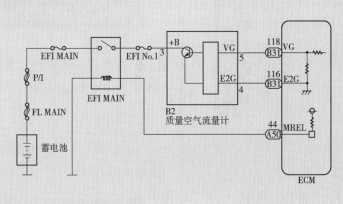

第一步　读取静态故障码、冻结帧和数据流

1 打开点火开关。读取故障代码及代码定义内容：P0102 质量或体积空气流量电路为低输入。

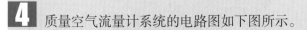

提示：

读取冻结帧数据（或称定格数据）有助于确认故障出现时车辆是运行还是停止，空燃比是稀还是浓等其他相关数据。

2 读取冻结帧菜单中的基本数据并记录。

```
Injector (Port)    1.92     ms
IGN  Advance       16.0     (°)
Engine Speed       494      r/min
Vehicle Speed      0        km/h
Coolant Temp       86       ℃
```
上列冻结帧数据基本正常。

3 读取冻结帧数据中反映故障特征的相关数据并记录。

```
MAF               0.06      g/s
Vehicle Load      0.8%
Intake Air        17        ℃
Air-Fuel Ratio    0.978
```
仪器显示：MAF 0.06g/s，数据不正常。

提示：

重点读取与故障代码相关的数据并与标准数据进行比较。

4 读取与故障代码特征相关的静态数据。

Coolant Temp	85	℃
MAF	0.06	g/s
Intake Air	16	℃
Air-Fuel Ratio	1.000	

仪器显示：MAF 0.06g/s，数据不正常。其他数据均正常。

提示：

静态状态下，读取与故障代码特征相关的各项数据有助于诊断人员更快地确定故障范围。

5 选择"清除故障代码"菜单项，按"OK"键确认。执行清除故障代码命令。

提示：

清除故障代码命令已经执行。

6 再次读取故障码，重现故障代码及代码定义内容：P0102 质量或体积空气流量电路为低输入。

提示：

再次显示同一故障代码，则系统存在永久性（当前性）的故障。

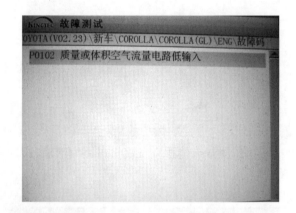

7 退出所有子菜单至诊断仪器初始界面状态。关闭诊断仪器电源开关及点火开关。

提示：

（1）切勿在未退至初始界面状态时强行关闭诊断仪器电源开关；

（2）先关闭诊断仪器电源开关，然后再关闭点火开关。

♣ 第二步 零部件安装状态检查

目视检查各传感器、执行器的安装状态是否正常。视需要修复连接器端子脱落或接触不良现象。

提示：

重点检查MAF计传感器连接器和线束的连接状况。

♣ 第三步 确认故障症状

1 发动机起动前，观察确认车辆周围环境是否安全。

提示：

发动机起动前，再次确认变速器挡位是否置于空挡位置，驻车制动器是否拉紧；对于配置自动变速器的车辆，起动发动机时必须踩踏制动踏板。

3 观察并记录发动机不同运行状态时的故障现象。确认故障症状：发动机起动困难；急速不稳，中、高速加速不良，响应迟缓。

提示：

此故障的明显特点是发动机起动困难，首次成功起动的概率较低。

2 起动发动机时，观察起动是否困难。

提示：

起动时间应小于5s。如在规定时间内无法起动，需等待30s后再起动。如连续三次未能起动，则根据维修手册的"故障症状特征"检查相关任务。

仪表显示状态：转速偏高，故障灯亮。

提示：

发动机症状表现为系统不正常，且仪表板上的故障灯亮。发动机电控系统存在故障。

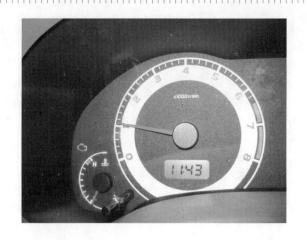

第四步 动态下故障码、冻结帧和数据流的再次读取

 动态状态下读取故障代码。再次显示故障代码和代码定义内容：P0102 质量或体积空气流量电路为低输入。

提示：

当MAF计系统发生故障时，ECM存储故障代码。

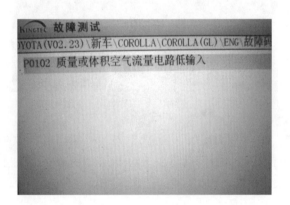

 再次进入"ENGINE AND ECT"窗口，选择"冻结帧数据流"，按"OK"键确认。诊断仪器进入"冻结帧"菜单。

提示：

菜单显示：
（1）DTC设置前冻结3组数据；
（2）DTC设置时冻结1组数据；
（3）DTC设置后冻结1组数据。

选择故障发生时和发生后0.5s时多帧数量0组和1组，按"OK"键确认。

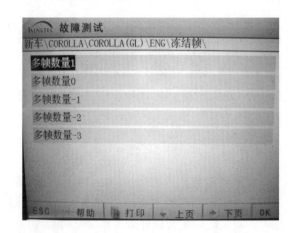

 读取冻结帧中的基本数据并记录。

Injector (Port)	1.92	ms
IGN Advance	14.0	(°)
Engine Speed	580	r/min
Vehicle Speed	0	km/h
Coolant Temp	72	℃

动态与静态冻结帧基本数据相同，无变化。

提示：

正确读取故障发生后的基本测试数据对故障诊断有很大的帮助。

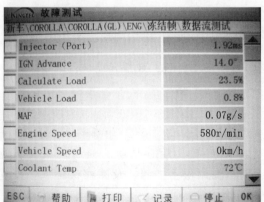

读取冻结帧中除基本测试数据外的反映故障代码特征的相关数据并记录。

MAF	0.07	g/s
Vehicle Load	0.8%	
Intake Air	29	℃
Air-Fuel Ratio	1.143	

动态冻结帧相关数据与静态冻结帧相关数据基本相同，无变化。

 在"ENGINE AND ECT"菜单中，选择"读数据流"，按"OK"键确认。在数据流测试菜单中，读取与故障代码特征相关的动态数据并记录。

Injector (Port)	2.43	ms
IGN Advance	8.0	(°)
Engine Speed	669	r/min
MAF	0.06	g/s
Coolant Temp	86	℃

在怠速状态下，正常的质量空气流量计的流率在0.54~4 033g/s。

仪器再次显示：MAF 0.06g/s。

 选择"清除故障代码"菜单项，按"OK"键确认。执行清除故障代码命令。

提示：

清除故障代码命令已经执行。

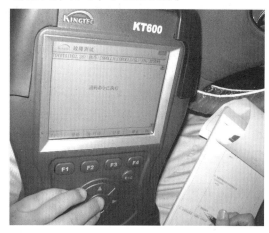

再次读取故障码。重现故障代码及代码定义内容：P0102 质量或体积空气流量电路为低输入。

提示：

再次显示同一故障代码，则系统存在永久性(当前性)的故障。

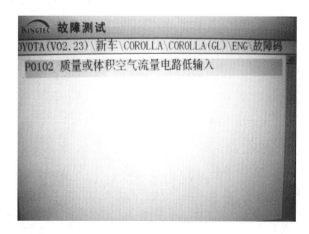

退出所有子菜单至诊断仪器初始界面状态。关闭诊断仪器电源开关及点火开关。

提示：

（1）切勿在未退至初始界面状态时强行关闭诊断仪器电源开关；

（2）先关闭诊断仪器电源开关，然后再关闭点火开关。

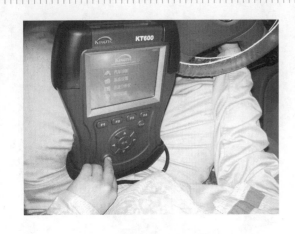

10 如果静态、动态下的质量空气流率均为271.0g/s以上，则故障部位为：质量空气流量计电路断路；质量空气流量计老化或损坏；ECM损坏。

如果静态、动态下的质量空气流率为1.0~271.0g/s，则检查间歇性故障。

9 通过静态、动态下的故障码、冻结帧和数据流的读取，确认故障代码及代码定义内容：P0102质量或体积空气流量电路为低输入。诊断仪器显示的质量空气流率均为0.06g/s。因此，可判断故障部位为：质量空气流量计电路断路或短路；质量空气流量计老化或损坏；ECM损坏。

按诊断程序的优先顺序和先易后难、先简后繁的原则，对P0102的故障进行分步检测。

11 查阅维修手册或技术资料，确认诊断思路和检查步骤。

提示：

分析判断测量数据的准确性是故障诊断的关键，而查阅相关技术资料能帮助维修人员更快地确认诊断思路和维修方法。

12 P0102 质量或体积空气流量电路为低输入故障诊断流程图如下图所示。

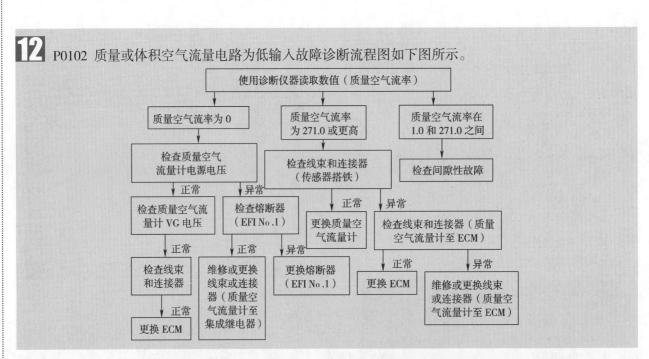

第五步　检查质量空气流量计的电源电压

1 断开质量空气流量计连接器。

提示：

连接器上有保护锁扣，先按压锁扣，当确认锁扣完全脱离后，稍用力拔下连接器。

2 质量空气流量计：线束连接器+B端子前视图如下图所示。

线束连接器前视图：
(至质量空气流量计)

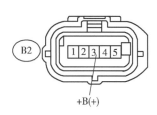

3 将点火开关置于"ON"位置。

提示：

切勿起动发动机。

4 根据下表所示的仪器连接方法及开关状态测量电压。

标 准 电 压

检测仪连接	开关状态	规定状态
B2-3（+B）-车身搭铁	点火开关置于ON位置	9~14V

5 将检测探针插入质量空气流量计连接器B2-3（+B）端子内。

提示：

（1）不允许用数字万用表的表笔直接插入连接器端子内，以防止端子损坏；

（2）在检测过程中，防止将已插入连接器端子内的检测探针与车身搭铁，以防线束短路。

6 校验数字万用表。将量程开关置于直流电压挡。万用表红表笔与连接器B2-3（+B）端子的检测探针相接，黑表笔与发动机的接地点相接。测量质量空气流量计B2-3（+B）与车身搭铁的电压。

提示：

测量时必须将点火开关置于ON位置。

7 测量连接器B2-3与车身搭铁的电压。标准电压：11~14V；实际测量值：11.97V。

测量结果：电压符合规定值，正常。

提示：

（1）如果电压值异常或接近0V，则检查发动机室继电器盒中EFI No.1熔断器；

（2）如熔断器正常，则维修、更换B2-3（+B）与EFI No.1熔断器间的线束或连接器；

（3）如果B2-3（+B）与EFI No.1熔断器间的线束和连接器均正常，则检查EFI MAIN继电器和相关的熔断器是否损坏。

 8 关闭点火开关。

提示:

将点火开关置于OFF位置。

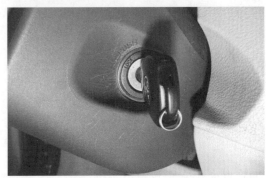

★第六步　检查质量空气流量计的VG电压

 1 拆下质量空气流量计。

提示:

用工具拆下质量空气流量计时，应防止固定螺丝或灰尘落入到进气通道内。

3 MAF计测量端子B2-5（VG）和B2-4（E2G）位置如下图所示。

质量空气流量计

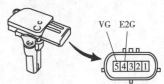

4 测量仪器连接方法及标准电压值如下表所示。

标准电压

检测仪连接	条件	规定状态
5（VG）-4（E2G）	端子+B和E2G之间施加蓄电池电压	0.2~4.9V

 2 用干净布覆盖质量空气流量计安装孔。

提示:

覆盖安装孔的目的是防止异物进入进气通道内。

5 用测试延长线分别连接MAF计端子B2-3（+）和B2-4（E2G）。

提示:

（1）确认二端子连接正确无误；

（2）确认测试延长线之间或端子之间无短路现象。

6 将MAF计B2-3（+）的测试延长线另一端连接至蓄电池正极，B2-4（E2G）的测试延长线的另一端连接至蓄电池负极。

提示：

错误的接法将导致质量空气流量计损坏。

7 将万用表红表笔连接至MAF计B2-5（VG）端子，黑表笔连接至MAF计B2-4（E2G）端子。

提示：

测量时万用表两表笔切勿短路。

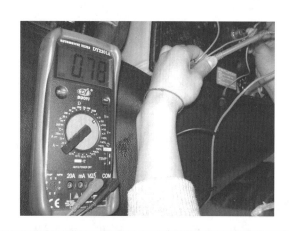

8 测量MAF计VG端子与E2G端子之间的电压。

标准电压值：0.2～4.9V。实际测量电压值：0.78V。电压符合规定值。

测量结果：质量空气流量计正常。

提示：

（1）如测量值异常，则更换质量空气流量计；
（2）测量完成后，拆除测试延长线。

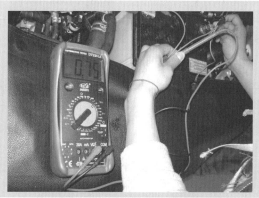

♣ 第七步 检查线束和连接器（质量空气流量计—ECM）

1 断开蓄电池负极接线柱。

提示：

采用梅花扳手将蓄电池负极接线柱的锁紧螺母拧松。分离接线柱，确保接线柱与蓄电池完全断开。

2 断开ECM连接器。

提示：

连接器锁扣的手柄必须由水平位置向垂直位置方向扳动方能完全解除锁止。不允许在未完全解锁的情况下强行拆除连接器。

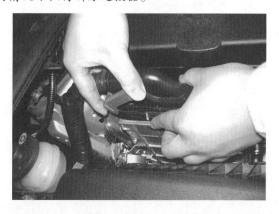

将ECM连接器放置于合适的位置。

提示:

由于线束及连接器的安装位置空间较狭窄,断开ECM连接器时应注意轻提轻放。

 校验万用表两表笔导线的电阻值。关闭万用表电源,将万用表量程开关置于电阻挡(200Ω量程)。

提示:

使用数字万用表欧姆(200Ω以下)量程测量零件或线束的电阻时,应先将两表笔短路,测出两表笔导线的电阻值,然后从实际测得的零件或线束的阻值中减去此值,才是测量零件或线束的实际阻值。

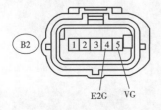 MAF计线束连接器前视图如下图所示。

 ECM线束连接器前视图如右上图所示。

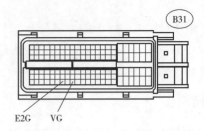

 MAF计线束连接器与ECM线束连接器断路检查的仪器连接方法和标准电阻值如下表所示。

标准电阻(断路检查)

检测仪连接	条件	规定状态
B2-5(VG)-B31-118(VG)	始终	小于1Ω
B2-4(E2G)-B31-116(E2G)	始终	小于1Ω

 将检测探针插入到MAF计连接器 B2-5(VG)端子内。

提示:

不允许用数字万用表的测试表笔直接插入连接器端子内,以防止端子损坏。

 将另一检测探针插入到ECM 连接器B31-118(VG)端子内。

提示:

不允许用数字万用表的测试表笔直接插入连接器端子内,以防止端子损坏。

将数字万用表的电源开关置于"ON"位置。万用表两表笔分别连接质量空气流量计B2-5（VG）与ECM B31-118（VG）检测探针，进行线束间断路检测。

提示：

确认两测量点接触良好，准确无误。

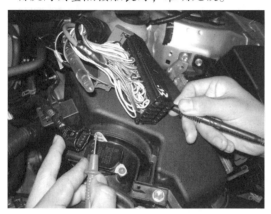

标准电阻值：<1Ω。实际测量电阻值：∞。

分析判断：两连接器和导线两端的电阻值应小于1Ω，而实际测量值为无穷大。

测量结果：异常。不符合规定要求。

结论：故障点确认为质量空气流量计B2-5（VG）与ECM B31-118（VG）线束之间断路或连接器损坏。

提示：

再次复测确认故障部位。

标准电阻值：<1Ω。实际测量值：0.05Ω。测量结果符合规定要求。

结论：质量空气流量计B2-4（E2G）与ECM B31-116（E2G）的线束和连接器均正常。

提示：

实际测量值应减去两表笔导线的电阻值，即为实际电阻值0.32-0.27=0.05（Ω）。

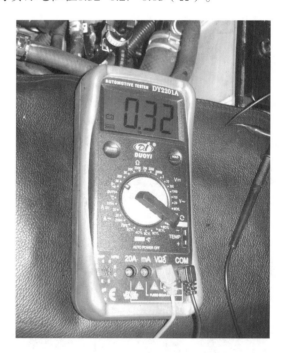

按相同方法对其他线束和连接器进行断路检测。测量质量空气流量计B2-4（E2G）与ECM B31-116（E2G）线束的电阻值。

提示：

确认两测量点接触良好，准确无误。

14 MAF计线束连接器或ECM线束连接器对车身搭铁的短路检测的连接方法和标准电阻值如下表所示。

标准电阻（短路检查）

检测仪连接	条件	规定状态
B2-5（VG）或B31-118（VG）-车身搭铁	始终	10kΩ或更大

15 短路检测：测量质量空气流量计B2-5（VG）或ECM B31-118（VG）与车身搭铁的电阻值。

确认两测量点接触良好，准确无误。

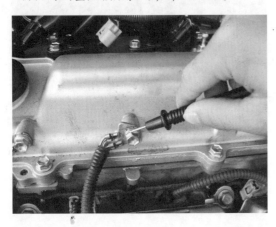

16 标准电阻值：10kΩ或更大。实际测量值：∞。测量结果符合规定要求。

结论：该线束和连接器与车身无搭铁现象，绝缘良好。

短路测量时，应将万用表的量程调整到10kΩ或更大挡位。

17 检测MAF计线束连接器B2-4（E2G）端子与车身搭铁的电阻值。线束连接器前视图如下图所示。

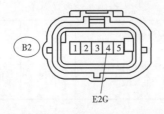

18 MAF计线束连接器B2-4（E2G）端子与车身搭铁的标准电阻值如下表所示。

标准电阻

检测仪连接	条件	规定状态
B2-4（E2G）-车身搭铁	始终	小于1Ω

19 ECM连接器B31-116（E2G）端子前视图如下图所示。

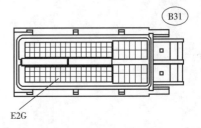

20 MAF计线束连接器B2-4（E2G）端子与ECM线束连接器B31-116（E2G）端子的断路检查和与车身搭铁的短路检查的标准电阻如下表所示。

标准电阻（断路检查）

检测仪连接	条件	规定状态
B2-4（E2G）-B31-116（E2G）	始终	小于1Ω

标准电阻（短路检查）

检测仪连接	条件	规定状态
B2-4（E2G）或B31-116（E2G）-车身搭铁	始终	10kΩ或更大

21 短路检测：测量MAF计线束连接器B2-4（E2G）端子或ECM连接器B31-116（E2G）端子与车身搭铁的短路状态。

（1）确认两测量点接触良好，准确无误；

（2）由于该故障为电路低输入，因此可省略MAF计线束和连接器B2-4（E2G）端子与ECM线束连接器B31-116（E2G）端子的断路检查。

标准电阻：10kΩ或更大。

实际测量值：∞。测量结果符合要求。

结论：该线束和连接器与车身无搭铁现象，绝缘良好。

提示：

短路测量时，应将万用表的量程开关调整到10kΩ或更大。

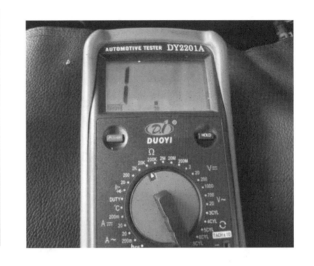

▲第八步　故障排除

查找故障部位。维修或更换线束或连接器。

提示：

维修时应小心谨慎，切勿损坏其他线束和连接器。

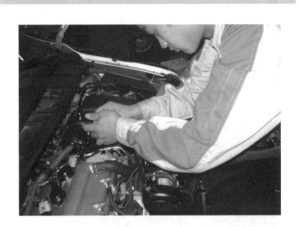

▲第九步　维修后的检测

 再次测量质量空气流量计B2-5（VG）端子与ECM B31-118（VG）端子线束间的断路状况。标准电阻值：<1Ω。实际测量电阻值：0.03Ω。测量结果符合规定要求。

结论：断路线束的电阻值恢复正常。

提示：

实际测量的电阻值应减去两表笔导线的电阻值，即0.30−0.27=0.03（Ω）。

 测量质量空气流量计B2-5（VG）或ECM B31-118（VG）与车身搭铁短路状况。

提示：

确认两测量点接触良好，准确无误。

3 标准电阻值：10kΩ或更大。

实际测量电阻值：∞。测温结果符合规定要求。

结论：该线束和连接器均正常。

提示：

短路测量时，应将万用表的量程开关调整到10kΩ或更大。

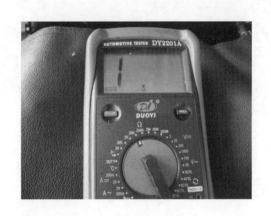

🌲 第十步　维修后零件的安装

1 重新安装质量空气流量计总成，连接质量空气流量计连接器。

提示：

确认质量空气流量计安装正确，连接器连接正常，锁扣落位。

2 重新连接ECM连接器。

提示：

连接时，必须先将连接器锁扣的手柄置于垂直方向位置，然后将连接器轻插入ECM插口中，至完全插入后，再将锁扣的手柄置于水平位置锁定。不允许在未完全开锁的情况下强行插入连接器。

3 确保ECM连接器连接正常。

提示：

再次检查质量空气流量计连接器与ECM连接器安装准确到位。

4 连接蓄电池负极接线柱，并按规定力矩拧紧螺母。

规定拧紧力矩：5.4N·m。

提示：

先用梅花扳手将锁紧螺母拧紧，然后再用数字式扭力扳手按规定扭矩锁紧螺母。

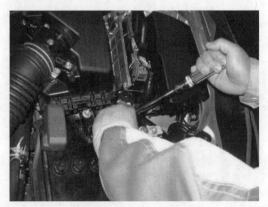

🌲 第十一步 修复后故障码和数据流的再次检查

1 起动发动机,观察发动机运行状态。发动机怠速稳定,中、高速加速性能良好,故障症状消除。仪表显示:故障灯不亮。发动机性能恢复正常。

2 再次选择读取故障码菜单,按"OK"键确认。诊断仪器显示:系统正常。

提示:

发动机运行状态下,系统未检测到故障,则仪器显示正常。

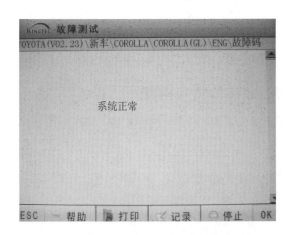

3 读取历史故障码。仪器显示:系统正常。

提示:

存储在系统中的原故障代码由于ECM的断电,系统恢复到初始状态。发动机电控系统未检测到故障,则仪器显示正常。

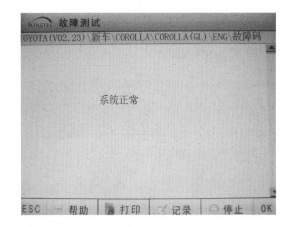

4 选择冻结帧数据流。仪器显示无冻结帧产生。

提示:

系统无故障码,则无冻结帧显示。

5 选择读取数据流菜单。读取相关的数据流。

Injector (Port)	2.30	ms
IGN Advance	8.5	(°)
Engine Speed	651	r/min
Coolant Temp	86	℃
MAF	2.18	g/s
Intake Air	16	℃
Air-Fuel Ratio	1.000	

提示:

数据流正常。

🌲 第十二步　退出诊断系统

1 连续按"ESC"键，退出所有子菜单至诊断仪器初始界面菜单状态。

2 关闭诊断仪器电源开关。

提示：

切勿在未退至初始界面时强行关闭诊断仪器电源开关。

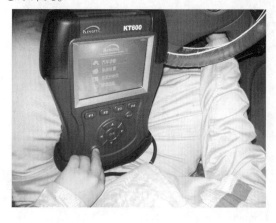

3 关闭点火开关，使发动机熄火。

提示：

（1）P0102　MAF计电路低输入的控制电路故障诊断与排除作业流程到此结束；

（2）如果诊断仪器测量显示的质量空气流率静态、动态下数据流均为271.0g/s以上，则故障部位为：

①质量空气流量计电路B2-4（E2G）与车身搭铁导线断路；

②MAF计老化或损坏、ECM损坏。

（3）其他代码的MAF计的故障可根据上述相似的检测程序进行诊断排除。

（五）加速踏板位置传感器的故障诊断与排除

🌲 任 务 说 明

1 此踏板位置传感器系统不使用节气门拉索。加速踏板位置传感器安装在加速踏板支架上并有两个传感器电路：VPA（主）和VPA2（副）。该传感器为非接触型，使用霍尔效应元件，以便在极端的行驶条件下，例如高速以及极低车速下，也能生成精确的信号。踏板位置传感器安装位置如右图所示。

2 在踏板位置传感器中，施加在ECM端子VPA和VPA2上的电压在0V和5V之间变化，并与加速踏板工作角度成比例。来自VPA的信号，指示实际节气门开度并用于发动机控制。来自VPA2的信号，传输VPA电路的状态信息并用于检查加速踏板位置传感器自身情况。ECM通过来自VPA和VAP2的信号监视实际加速踏板开度，并根据这些信号控制节气门执行器。加速踏板位置传感器电路图如下图所示。

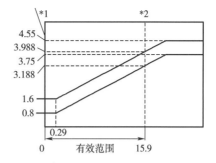

加速踏板转角(°)
*1: 加速踏板完全松开
*2: 加速踏板完全踩下

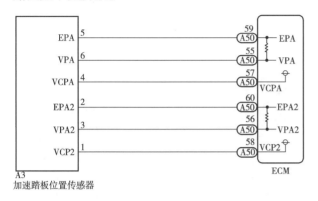

3 加速踏板位置传感器内部结构如下图所示。

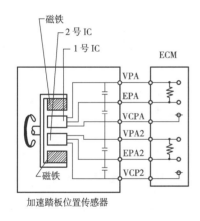
加速踏板位置传感器

4 加速踏板转角与电压的关系图如右上图所示。

5 当发动机电控系统检测到下列条件时，产生相应的故障代码。

（1）当完全松开加速踏板时VPA为0.4V、VPA2为1.2V或更低达0.5s以上或更长时间时，分别产生P2122和P2127故障代码；

（2）当VPA为4.8V或更高达2.0s或更长时间时，产生P2123故障代码；

（3）当VPA2为4.8V或更高、VPA在0.4V和3.45V之间达2.0s以上时，产生P2138故障代码；

（4）当VPA和VPA2之间相差0.02V、VPA为0.4V且VPA2为1.2V或更低时，产生P2138故障代码。

6 产生以上故障代码可能的故障原因。
（1）加速踏板位置传感器损坏；
（2）相关电路短路或断路；
（3）相关电路搭铁短路；
（4）ECM损坏。

设置以上任一个DTC时，ECM进入失效保护模式。如果两个传感器电路中的一个出现故障，ECM则使用另一电路来计算加速踏板位置，以便车辆得以继续行驶。如果两个电路都出现故障，ECM认为加速踏板处于松开状态。节气门关闭，并且发动机处于怠速状态。

7 故障部位可以通过选择诊断仪器上的数据流菜单来检查：加速踏板位置传感器的输出电压是否处于正常状态。加速踏板位置以电压表示。AP表示加速踏板。1号、2号加速踏板位置的相关电压数据详见右表。

故障部分	1号加速踏板位置松开AP时	2号加速踏板位置松开AP时	1号加速踏板位置踩下AP时	2号加速踏板位置踩下AP时
VCP电路断路	0~0.2V	0~0.2V	0~0.2V	0~0.2V
VPA电路断路或对搭铁短路	0~0.2V	1.2~2.0V	0~0.2V	3.4~5.0V
VPA2电路断路或对搭铁短路	0.5~1.1V	0~0.2V	2.6~4.5V	0~0.2V
EPA电路断路	4.5~5.0V	4.5~5.0V	4.5~5.0V	4.5~5.0V
正常状态	0.5~1.1V	1.2~2.0V	2.6~4.5V	3.4~5.0V

第一步 读取静态故障码、冻结帧和数据流

1 打开点火开关。读取故障代码及代码定义内容：P2138 节气门/踏板位置传感器/开关"D"/"E"电压相关性。

 提示：

仪器显示故障代码。系统存在历史性或永久性故障代码。

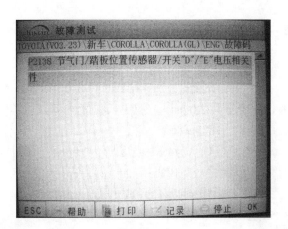

2 读取冻结帧菜单中的基本数据并记录。

Injector (Port)	2.69	ms
IGN Advance	5.0	(°)
Engine Speed	1384	r/min
Vehicle Speed	0	km/h
Coolant Temp	87	℃

除发动机转速外，上述基本测试数据均正常。

提示：

正确读取故障发生时的基本数据对故障诊断有很大的帮助。

3 读取冻结帧数据中反应故障代码特征的相关数据。

MAF	6.67	g/s
AP No.1	16.1	%
AP No.2	31.8	%
Intake Air	32	℃
O2S B1 S1	0.03	V

以上相关的冻结帧数据流均正常。

 提示：

冻结帧数据有助于确认发生故障瞬间发动机电控系统的异常数据。

4 正确读取与故障代码特征相关的静态数据并记录。

Accelerator Position	No.1	0.00%
Accelerator Position	No.2	0.00%
Accelerator Position	No.1	0V
Accelerator Position	No.2	0V

以上相关的静态数据流均不正常。

 提示：

在数据流中，重点读取与故障代码相关的数据并进行分析比较。

5 读取相关的静态数据。如进气温度、冷却液温度、负荷及空燃比等。

MAF	6.62	g/s
Intake Air	29	℃
Injector (Port)	2.69	ms
IGN Advance	5.0	(°)
Coolant Temp	87	℃

提示:

上述相关的静态数据均未见异常。

6 选择"清除故障代码"菜单项，按"OK"键确认。执行清除故障代码命令。

提示:

清除故障代码命令已经执行。

7 再次读取故障代码。重现故障代码及代码定义内容: P2138 节气门/踏板位置传感器/开关"D"/"E"电压相关性。

提示:

再次重现P2138故障代码。则此故障代码为永久性(当前性)故障代码。

8 退出所有子菜单至诊断仪器初始界面状态。关闭诊断仪器电源开关及点火开关。

提示:

应先关闭诊断仪器电源开关，然后再关闭点火开关。切勿在未退至初始界面状态时关闭诊断仪器电源开关。

▲ 第二步　零部件安装状态检查

目视检查传感器的安装状态是否正常。视需要检查、修复连接器脱落现象或接触不良状态。检查确认传感器、连接器安装良好。

提示:

重点检查传感器的安装状态和连接器与线束的连接状况。

第三步 确认故障症状

 起动发动机前,确认车辆周围环境是否安全。

提示:

发动机起动前,再次确认变速器挡位是否置于空挡位置,驻车制动器是否拉紧;对于配置自动变速器的车辆,起动发动机时必须踩踏制动踏板。

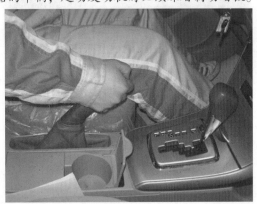

 起动时,观察发动机运行状况。

提示:

起动时间应小于5s。如在规定时间内无法起动,需等待30s后再起动。如连续三次未能起动,则根据维修手册的"故障症状特征"检查相关任务。

 观察并记录发动机不同运行状态时的故障现象。确认故障症状:发动机起动正常;怠速偏高,踩下加速踏板时发动机无响应。

提示:

此故障的明显特点是无论加速踏板放松或踩下发动机转速均无变化。

 仪表显示状态:转速偏高,故障灯亮。

提示:

发动机症状表现为系统不正常,且仪表板上的故障灯亮。发动机电控系统存在故障。

第四步 读取动态下故障码、冻结帧和数据流的数值

 读取故障代码。再次显示故障代码和代码定义内容:P2138 节气门/踏板位置传感器/开关"D"/"E"电压相关性。

提示:

当AP系统发生故障时,ECM存储故障代码P2138。

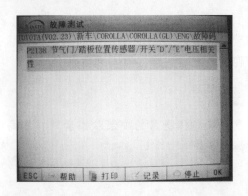

再次进入"ENGINE AND ECT"窗口,选择"冻结帧数据流"菜单,按"OK"键确认。仪器进入"冻结帧"菜单。

提示:

菜单显示:

(1) DTC设置前冻结3组数据;
(2) DTC设置时冻结1组数据;
(3) DTC设置后冻结1组数据。

选择故障发生时或发生后0.5s时多帧数量0组和1组,按"OK"键确认。

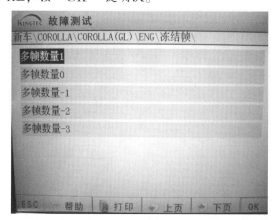

 读取冻结帧中的基本数据并记录。

Injector (Port)	2.56	ms
IGN Advance	7.5	(°)
Engine Speed	990	r/min
Vehicle Speed	0	km/h
Coolant Temp	70	℃

上述冻结帧数据中转速偏高、冷却液温度偏低。其他基本数据正常。

提示:

正确读取故障发生后的基本测试数据对故障诊断有很大的帮助。

 读取冻结帧数据流中反应故障代码特征的相关数据。

MAF	3.05	g/s
AP No.1	17.3	%
AP No.2	31.8	%
Intake Air	29	℃
O2S B1 S1	0.15	V

提示:

冻结帧数据(或称定格数据)有助于确认故障出现时车辆是运行还是停止,发动机是暖机还是冷机,空燃比是稀还是浓,以及其他相关数据。

 读取基本数据流并记录比较。

Injector (Port)	3.2	ms
IGN Advance	5.5	(°)
Engine Speed	983	r/min
MAF	4.53	g/s
Coolant Temp	88	℃

提示:

发动机怠速转速偏高。其他数据未见异常。

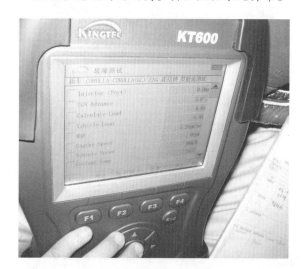

任务 3 发动机电控系统常见故障诊断与排除

正确读取与故障代码特征相关的静态数据并记录。

Accelerator Position	No.1	0.00%
Accelerator Position	No.2	0.00%
Accelerator Position	No.1	0 V
Accelerator Position	No.2	0 V

以上反映与故障代码特征相关的静态数据流均不正常。

提示：

重点读取与故障代码相关的数据并与标准数据进行比较。

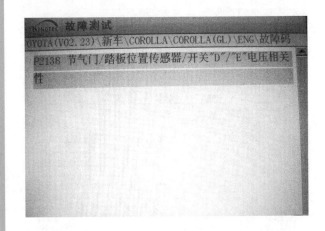

 选择"清除故障代码"菜单项，按"OK"键确认。执行清除故障代码命令。

提示：

清除故障代码命令已经执行。

 再次读取故障码。重现故障代码及代码定义内容：P2138 节气门/踏板位置传感器/开关"D"/"E"电压相关性。

提示：

再次显示同一故障代码，则系统存在永久性(或当前性)的故障。

 关闭点火开关，使发动机熄火。

10 查阅维修手册或技术资料，确认诊断思路和检查步骤。

提示：

分析判断测量数据的准确性是故障诊断的关键。而查阅相关技术资料能帮助维修人员更快地确认诊断和维修思路。

11 P2138 节气门/踏板位置传感器/开关 "D" / "E" 电压相关性故障诊断流程图如下图所示。

```
                 使用诊断仪器读取 1 号加速踏板位置传感器
                 和 2 号加速踏板位置传感器的电压值
                    │异常                    │正常
              检查 ECM（VCPA 和 VCP2 电压）    检查间歇性故障
              │正常        │异常
        检查 ECM（加速踏
        板位置控制电路）
        │正常    │异常
     更换加速   检查线束和连接器（加速踏板位置传感器至 ECM）
     踏板位置      │正常              │异常
     传感器总     更换 ECM        维修或更换线束或连接器（加速踏板位
     成                              置传感器至 ECM）
```

▲ 第五步　使用诊断仪器读取AP1和AP2的数值

 打开点火开关，并将其置于"ON"位置。

提示：

切勿起动发动机。

 使用诊断仪器上的数据流菜单检查AP No.1 和AP No.2的电压值。下表所示为加速踏板在不同状态下的标准电压值。

标准电压

加速踏板的操作	1号加速踏板位置	2号加速踏板位置
松开	0.5~1.1V	1.2~2.0V
踩下	2.6~4.5V	3.4~5.0V

 读取诊断仪器上的显示值。

加速踏板松开和踏下时：

　AP　No.1　均为0.00%　0V（不正常）
　AP　No.2　均为0.00%　0V（不正常）

数据流检测结果：电压值不正常。
结论：加速踏板位置传感器系统存在故障。

提示：

如果仪器显示值正常，则检查间隙性故障。

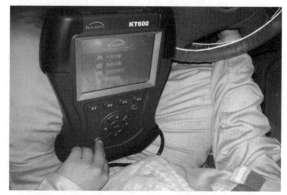

4 退出所有子菜单至诊断仪器初始界面状态。关闭诊断仪器电源开关及点火开关。

提示：

先关闭诊断仪器电源开关，然后再关闭点火开关。切勿在未退至初始界面状态时关闭诊断仪器电源开关。

第六步　检查ECM（VCPA和VCPA2电压）

 断开加速踏板位置传感器连接器。

提示：

连接器上有保护锁扣，先按压锁扣，当确认锁扣完全脱离后，拔下连接器。

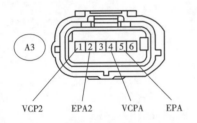 踏板位置传感器线束连接器前视图如下图所示。

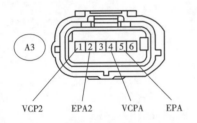

 将测试探针插入加速踏板位置传感器A3-1（VCP2）端子内。

提示：

不允许用数字万用表的表笔直接插入连接器端子内，以防止端子损坏。

 将测试探针插入加速踏板位置传感器A3-2（EPA2）端子内。

提示：

不允许用数字万用表的表笔直接插入连接器端子内，以防止端子损坏。

 将点火开关置于"ON"位置。

提示：

切勿起动发动机。

 校验数字万用表。再将量程开关置于直流电压（20V）挡。万用表红表笔与连接器A3-1（VCP2）端子的检测探针相接，黑表笔与A3-2（EPA2）探针相接，测量踏板位置2号传感器的电压。

提示：

（1）测量时必须将点火开关置于"ON"位置；

（2）测量时应谨慎小心，防止万用表两表笔碰触而造成线束短路。

7 根据下表中的标准值测量电压。

标 准 电 压

检测仪连接	开关状态	规定状态
A3-4（VCPA）-A3-5（EPA）	点火开关置于ON位置	4.5~5.5V
A3-1（VCP2）-A3-2（EPA2）	点火开关置于ON位置	4.5~5.5V

8 标准电压值：4.5～5.0V。

实际电压值：4.78V。测量结果符合要求。

结论：电压正常。

提示：

如果电压值异常或接近0，则检查维修A3-1（VCP2）与ECM A50-58（VCP2）、A3-2（EPA2）与ECM A50-60（EPA2）间的线束或连接器的断路或对地搭铁短路状况。

9 将测试探针插入加速踏板位置传感器连接器A3-4（VCPA）端子内。

提示：

不允许用数字万用表的表笔直接插入连接器端子内，以防止端子损坏。

10 将测试探针插入加速踏板位置传感器A3-5（EPA）端子内。

提示：

不允许用数字万用表的表笔直接插入连接器端子内，以防止端子损坏。

11 将万用表红表笔与A3-4（VCPA）端子的探针相接，黑表笔与A3-5（EPA）探针相接，测量踏板位置1号传感器的电压。

提示：

（1）测量时必须将点火开关置于"ON"位置；

（2）测量时应谨慎小心，防止万用表两表笔碰触而造成线束短路。

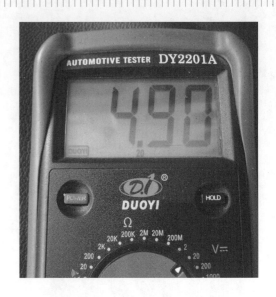

13 关闭点火开关。

12 标准电压值：4.5～5.0V。

实际测量值：4.90V。测量结果符合要求。

结论：电压符合规定要求，正常。

 提示：

（1）如果电压值异常或接近0，则检查维修A3-4（VCPA）与ECM A50-57（VCPA）、A3-5（EPA）与ECM A50-59（EPA）间的线束或连接器的断路或对地搭铁短路状况；

（2）电压测量完成后，应拔出连接器中所有的测试探针。

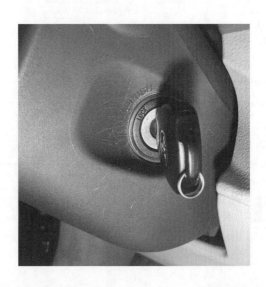

▲ 第七步 检查ECM（加速踏板位置控制电路）

1 下表为加速踏板位置传感器相关线束的标准电阻值。

标准电压

检测仪连接	条件	规定值
A3-2（EPA2）-A3-3（VPA2）	始终	36.60~41.61kΩ
A3-5（EPA）-A3-6（VPA）	始终	36.60~41.61kΩ

2 加速踏板位置传感器线束连接器的前视图如右图所示。

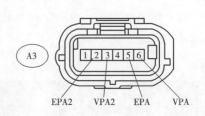

3 将测试探针插入连接器A3-5（EPA）和A3-6（VPA）端子内。

 提示：

不允许用数字万用表的表笔直接插入连接器端子内，以防止端子损坏。

提示:

不允许用数字万用表的表笔直接插入连接器端子内,以防止端子损坏。

4 测量A3-5(EPA)与A3-6(VPA)的电阻。

规定电阻值:36.60~41.61kΩ。

实际测量值:0.30Ω。测量结果不符合要求。

结论:A3-5(EPA)与A3-6(VPA)线束间存在断路或短路现象。

提示:

(1)确认测量方法准确无误;

(2)如果电阻值正常,则更换加速踏板总成;

(3)确认ECM连接器连接正常。

6 测量A3-2(EPA2)与A3-3(VPA2)的电阻。

规定电阻值:36.60~41.61kΩ。

实际测量值:0.32Ω。测量结果不符合要求。

结论:A3-2(EPA2)与A3-3(VPA2)线束间存在断路或短路现象。

提示:

(1)确认测量方法准确无误;

(2)如果电阻值正常,则更换加速踏板总成;

(3)确认ECM连接器连接正常。

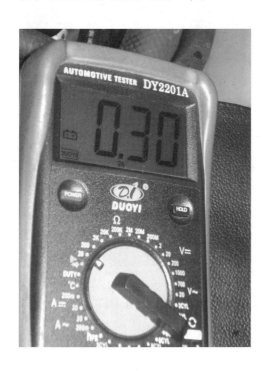

5 将测试探针插入连接器A3-2(EPA2)和A3-3(VPA2)端子内。

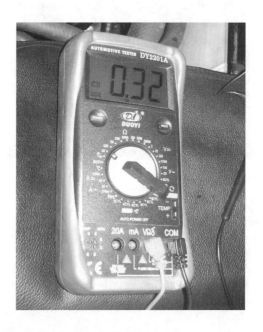

第八步　检查线束和连接器（AP位置传感器-ECM）

 断开蓄电池负极接线柱。

提示：

采用梅花扳手将蓄电池负极接线柱的锁紧螺母拧松。分离接线柱，确保接线柱与蓄电池完全断开。

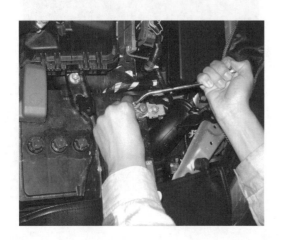

 断开ECM连接器。

提示：

连接器锁扣的手柄必须由水平位置向垂直位置方向扳动方能完全解除锁止。不允许在未完全解锁的情况下强行拆除连接器。

 将ECM连接器放置于合适的位置。

提示：

由于线束及连接器的位置空间较狭窄，断开ECM连接器时应小心，注意轻提轻放。

 将量程开关置于电阻（20Ω）量程挡，校验万用表两表笔导线的电阻值，然后关闭万用表电源。

提示：

使用数字万用表欧姆（200Ω以下）量程测量线束的电阻时，应先将两表笔短路，测出两表笔导线的阻值，然后从实际测得的线束阻值中减去此值，才是测量线束的实际阻值。

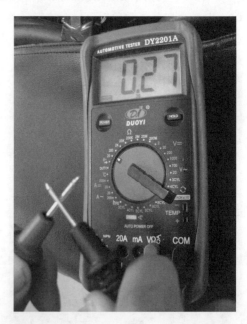

5 加速踏板位置传感器线束连接器的前视图如下图所示。

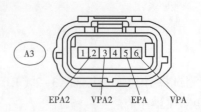

6 ECM线束连接器的前视图如下图所示。

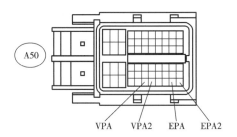

7 加速踏板位置传感器连接器与ECM线束连接器断路检查的标准电阻如下表所示。

标准电阻（断路检查）

检测仪连接	条件	规定状态
A3-6（VPA）-A50-55（VPA）	始终	小于1Ω
A3-5（EPA）-A50-59（EPA）	始终	小于1Ω
A3-3（VPA2）-A50-56（VPA2）	始终	小于1Ω
A3-2（EPA2）-A50-60（EPA2）	始终	小于1Ω

8 线束的断路检查：将检测探针插入A3-6（VPA）端子内。

提示：

不允许用数字万用表的测试表笔直接插入连接器端子内，以防止端子损坏。

9 将检测探针插入ECM A50-55（VPA）端子内。

提示：

不允许用数字万用表的测试表笔直接插入连接器端子内，以防止端子损坏。

10 将数字万用表的电源开关置于"ON"位置。万用表两表笔分别连接A3-6（VPA）端子与ECM A50-55（VPA）端子的检测探针，对线束进行断路检测。

提示：

确认两测量点接触良好，准确无误。

11 标准电阻值：<1Ω。实际测量值：0.05Ω。测量结果符合规定要求。

结论：加速踏板位置传感器A3-6（VPA）与ECM A50-55（VPA）线束和连接器正常。

提示：

实际测量值应减去两表笔导线的电阻值，即为真实电阻值0.32-0.27=0.05（Ω）。

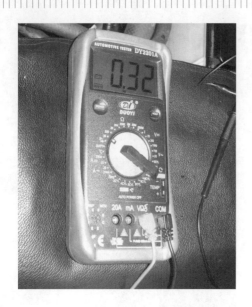
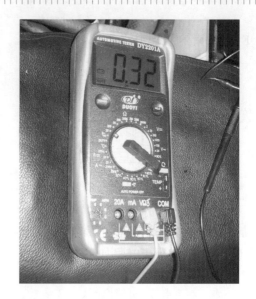

 按相同方法对其他线束和连接器进行断路检测：测量A3-5（EPA）与ECM A50-59（EPA）、A3-3（VPA2）与ECM A50-56（VPA2）、A3-2（EPA2）与ECM A50-60（EPA2）线束和连接器间的电阻值。

提示：

确认两测量点接触良好，准确无误。

 标准电阻值：<1Ω。实际测量值：所有线束测量的电阻值为0.05Ω。均符合规定要求。

结论：加速踏板位置传感器A3-5（EPA）与ECM A50-59（EPA）、A3-3（VPA2）与ECM A50-56（VPA2）、A3-2（EPA2）与ECM A50-60（EPA2）导线的电阻值均正常，所有被测的线束均无断路现象。

提示：

实际测量值应减去两表笔导线的误差值，即为真实电阻值0.32-0.27=0.05（Ω）。

 继续对加速踏板位置传感器线索连接器或ECM线索连接器与车身进行短路检查。相关线束的标准电阻如下表所示。

标准电阻（短路检查）

检测仪连接	条件	规定状态
A3-6（VPA）或A50-55（VPA）-车身搭铁	始终	10kΩ或更大
A3-5（EPA）或A50-59（EPA）-车身搭铁	始终	10kΩ或更大
A3-3（VPA2）或A50-56（VPA2）-车身搭铁	始终	10kΩ或更大
A3-2（EPA2）或A50-60（EPA2）-车身搭铁	始终	10kΩ或更大

15 对相关线束或连接器进行短路检测。测量A3-6（VPA）或ECM A50-55（VPA）与车身搭铁的电阻值。

提示：

确认两测量点接触良好，准确无误。

16 标准电阻值：10kΩ或更大。

实际测量值：∞。测量结果符合规定要求。

结论：该线束和连接器与车身无搭铁短路现象，绝缘良好。

提示：

短路测量时，应将万用表的量程开关调整到10kΩ或更大。

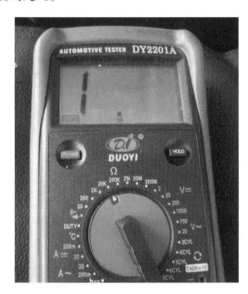

17 按相同方法对其他线束及连接器进行短路检测。测量A3-5（EPA）或ECM A50-59（EPA）、A3-3（VPA2）或ECM A50-56（VPA2）、A3-2（EPA2）或ECM A50-60（EPA2）与车身搭铁的电阻值。

提示：

确认两测量点接触良好，准确无误。

18 标准电阻：10kΩ或更大。

实际测量值均为：∞。测量结果显示：所有被测线束对车身搭铁测量的电阻值均为无穷大。符合规定要求。

结论：被测的所有线束和连接器与车身无搭铁短路现象，绝缘良好。线束和连接器均正常。

提示：

（1）短路测量时，应将万用表的量程开关调整到10kΩ以上；

（2）对所有线束进行的断路和短路测量，结果均未见异常。但故障点仍未找到。

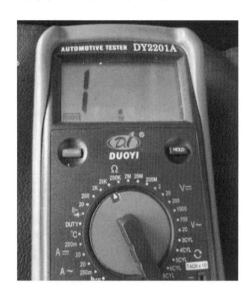

19 继续对线束之间进行短路检查。测量A3-2（EPA2）与A3-3、A3-5、A3-6线束之间，A3-3（VPA2）与A3-5、A3-6线束之间，A3-5（EPA）与A3-6（VPA）线束之间和连接器的短路状况。

提示：

由于加速踏板在松开和踏下时数据流检测到AP No.1和AP No.2电压均为0，为低输入特征，且输入电压正常。因此可确认：A3-1（VCP2）和A3-4（VCPA）对其他线束不可能产生短路现象。

标准电阻值：10kΩ或更大。实际测量电阻值：A3-2（EPA2）与A3-3（VPA2）、A3-6（VPA）与A3-5（EPA）的电阻值均<1Ω。测量结果不符合要求。

结论：A3-3（VPA2）与A3-2（EPA2）、A3-6（VPA）与A3-5（EPA）两对线束之间存在短路现象。

提示：

短路测量时，应先将万用表的量程开关调整到10kΩ以上，当测量值小于1Ω时，再将量程转至20Ω挡。

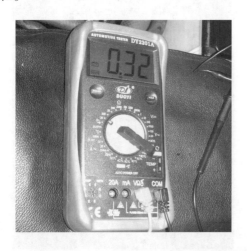

21 对其他线束再次进行短路测量。电阻值均为无穷大。测量结果符合要求。

（1）短路测量时，应将万用表的量程开关调整到10kΩ以上；

（2）如果线束之间检查均正常，无短路现象，则更换ECM。

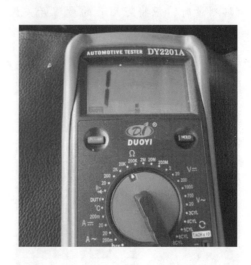

第九步 故障排除

 查找短路故障部位。维修或更换线束或连接器。

提示：

维修时应小心谨慎，切勿损坏其他线束和连接器。

第十步 维修后的检测

 再次对加速踏板位置传感器线束和连接器的A3-3（VPA2）或ECM A50-56（VPA2）与A3-2（EPA2）或ECM A50-60（EPA2）、A3-6（VPA）或ECM A50-55（VPA）与A3-5（EPA）或ECM A50-59（EPA）之间进行短路检查。

提示：

确认两测量点接触良好，准确无误。

标准电阻值：10kΩ或更大。

实际测量值均为：∞。测量结果符合规定要求。

结论：两对线束和连接器电阻恢复正常。线束和连接器与车身均无短路现象，绝缘良好。

提示：

短路测量时，应将万用表的量程开关调整到10kΩ以上。

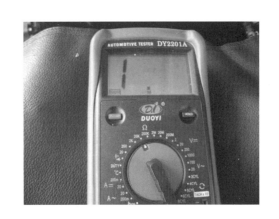

第十一步　维修后的安装

 重新连接加速踏板位置传感器连接器。

提示：

确认连接器连接正常，锁扣锁到位。

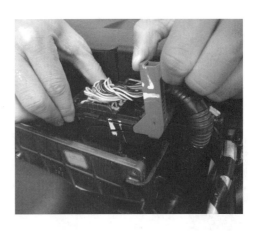

 确保ECM连接器安装正确。

提示：

再次检查加速踏板位置传感器连接器与ECM连接器安装准确无误。

 重新安装ECM连接器。

提示：

安装时，必须先将连接器锁扣的手柄置于垂直方向位置，然后将连接器轻插入ECM插口中，至完全插入后，再将锁扣的手柄置于水平位置锁定。不允许在未完全开锁的情况下强行插入连接器。

连接蓄电池负极接线柱。并按规定力矩拧紧螺母。

规定拧紧力矩：5.4N·m。

提示：

先用梅花扳手将锁紧螺母拧紧，然后再用数字式扭力扳手按规定力矩拧紧。

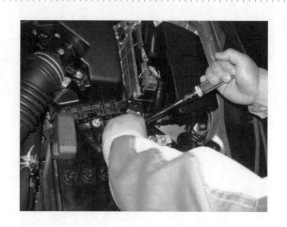

🌲 第十二步　修复后故障码和数据流的再次检查

1 起动发动机，观察发动机的运行状态：怠速稳定，中、高速加速性能良好。仪表显示：故障灯不亮。故障排除，发动机性能恢复正常。

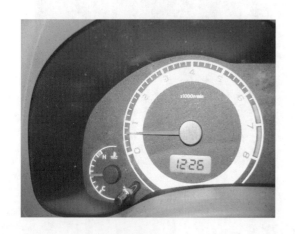

 再次选择读取故障码，按"OK"键确认。诊断仪器显示：系统正常。

提示：

发动机运行状态下，系统未检测到故障，仪器显示正常。

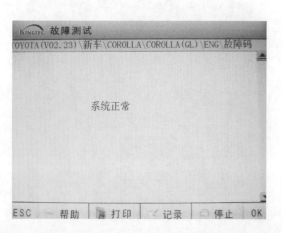

 读取当前故障码和历史故障码。仪器均显示：系统正常。

提示：

存储在系统中的原故障代码由于ECM的断电，系统恢复到初始状态。发动机电控系统未检测到故障，仪器显示正常。

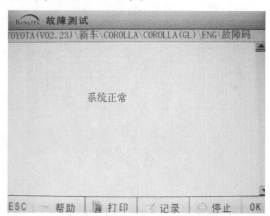

 选择冻结帧数据流。仪器显示无冻结帧产生。

提示：

系统无故障码，则无冻结帧显示。

5 选择读取数据流。读取并记录相关的数据流。

加速踏板松开时：
AP No.1 16.1% 0.8V（正常）
AP No.2 32.2% 1.6V（正常）

加速踏板踏下时：
AP No.1 71.1% 3.6V（正常）
AP No.2 82.12% 4.2V（正常）

数据流显示：测量数据均符合标准要求。
结论：加速踏板位置传感器系统恢复正常。

▲ 第十三步 退出诊断系统

1 连续按"ESC"键，退出所有子菜单至诊断仪器初始菜单状态。

2 关闭诊断仪器电源开关。

提示：
切勿在未退至初始界面状态时强行关闭诊断仪器电源开关。

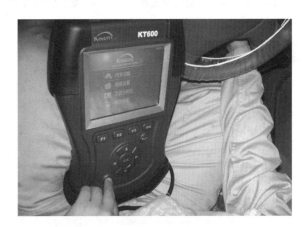

3 关闭点火开关，使发动机熄火。

提示：
（1）P2138 节气门/踏板位置传感器/开关"D"/"E"电压相关性控制电路的故障诊断与排除作业流程到此结束；
（2）如果设置了其他DTC中的任何一个，根据上述的检测诊断步骤对故障进行排除。

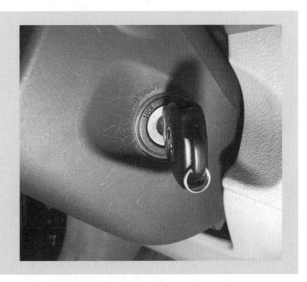

（六）节气门位置传感器的故障诊断与排除

▲ 任 务 说 明

1 节气门位置传感器安装在节气门体总成上，检测节气门开度。该传感器使用非接触型霍尔效应元件，以便在极端的行驶条件下，例如高速以及极低车速下，也能生成精确的信号。节气门位置传感器安装位置如下图所示。

2 节气门位置传感器有两个传感器电路VTA1和VTA2，各传送一个信号。VTA1用于检测节气门开度，VTA2用于检测VTA1的故障。传感器信号电压与节气门开度成正比，在0V和5V之间变化。并且传送至ECM的VTA端子。节气门位置传感器电路图如下图所示。

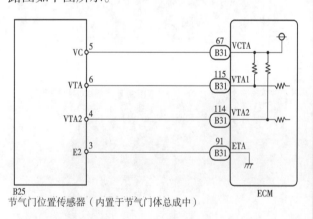

3 节气门位置传感器内部结构如右上图所示。

提示：

Throttle Position No.1表示VTA1信号。
Throttle Position No.2表示VTA2信号。

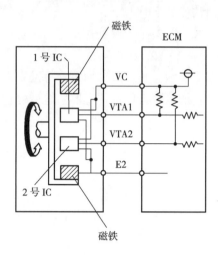

4 当节气门关闭时，传感器输出电压降低。当节气门开启时，传感器输出电压升高。ECM根据这些信号来计算节气门开度并响应驾驶人输入来控制节气门执行器。这些信号同时也用来计算空燃比修正值，功率提高修正值和燃油切断控制。节气门开度与电压的关系如下图所示。

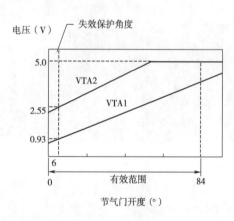

5 当发动机电控系统检测到下列条件时，产生相应的故障代码。

（1）踩下加速踏板时，VTA1的输出电压为0.2V或更低、VTA2的输出电压为1.75V或更低并持续2s，分别产生P0122和P0222故障代码（单程检测逻辑）；

（2）踩下加速踏板时，VTA1的输出电压为4.535V或更高并持续2s，产生P0123故障代码（单程检测逻辑）；踩下加速踏板时，VTA2的输出电压为4.8V或更高且VTA1在0.2V和2.02V之间达2s，产生P0223故障代码（单程检测逻辑）；

（3）踩下加速踏板时，VTA1与VTA2的输出电压快速波动，并超出上下故障阈值达2s，分别产生P0120和P0220故障代码；

（4）满足以下条件之一，产生P2135故障代码：

①VTA1和VTA2的输出电压差小于或等于0.02V达0.5s或更长时间；

②VTA1的输出电压小于或等于0.2V且VTA2的输出电压小于或等于1.75V达0.4s或更长时间。

产生以上故障代码可能的故障部位有：

①节气门位置传感器损坏；

②相关电路短路或断路；

③相关电路对地搭铁短路；

④ECM损坏。

设置以上任一个DTC时，或者与节气门电控系统故障有关的其他DTC，ECM进入失效保护模式。在失效保护模式下，ECM根据节气门开度，通过控制燃油喷射和点火正时以调整发动机输出，以确保车辆维持最低车速。如果节气门被轻轻踩下，汽车会缓缓行驶。失效保护模式一直运行，直到检测到通过条件并且发动机开关随之关闭。

 设置以上任一DTC时，可以通过选择诊断仪器上的数据流菜单来检查节气门开度和输出的电压是否正常。正常状态下不同的加速踏板位置相对应的参考电压值详见下表。

参考电压值（正常状态）

检测仪显示	完全松开加速踏板	完全踩下加速踏板
Throttle Position No.1	0.5~1.1V	3.3~4.9V
Throttle Position No.2	2.1~3.1V	4.6~5.0V

🌲 第一步 读取静态故障码、冻结帧和数据流

 打开点火开关。读取故障代码：P0123 节气门/踏板位置传感器/开关"A"电路高输入；P0223 节气门/踏板位置传感器/开关"B"电路高输入。

提示：

仪器显示故障代码，系统存在历史性或永久性故障代码。

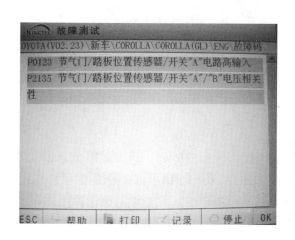

2 读取冻结帧菜单中的基本数据并记录。

Injector (Port)	2.43	ms
IGN Advance	6.5	(°)
Engine Speed	628	r/min
Vehicle Speed	0	km/h
Coolant Temp	85	℃

上述基本冻结帧数据正常。

提示：

正确读取故障发生时的基本数据对故障诊断有很大的帮助。

3 读取冻结帧数据流中反应故障码特征的相关数据。

MAF	2.15	g/s
Air Fuel Ratio	1.143	（偏稀）
Intake Air	29	℃

其他相关的冻结帧数据均正常。

提示:

冻结帧数据(或称定格数据)有助于确认故障出现时车辆是运行还是停止,发动机是暖机还是冷机,空燃比是稀还是浓,以及其他相关数据。

KINGTEC 故障测试	
新车\COROLLA\COROLLA(GL)\ENG\冻结帧\数据流测试	
Intake Air	29℃
Air-Fuel Ratio	1.143
Purge Density Learn Value	-0.000
Evap Purge Flow	0.0%
Evap (Purge) VSV	0.0%
Knock Correct Learn Value	14.0℃
Knock Feedback Value	-3.0℃
Accelerator Position No.1	17.3%

ESC 帮助 打印 记录 停止 OK

4 正确读取与故障码特征相关的静态数据并记录。

仪器显示:
TP No.1 81.2% 4.98V(不正常)
TP No.2 100%   4.98V(不正常)
静态检测数据不正常。

提示:

在众多的静态数据流中,重点读取与故障代码相关的数据并与标准数据进行比较。

KINGTEC 故障测试	
新车\COROLLA\COROLLA(GL)\ENG\读数据流\数据流测试	
Throttle Position	100.0%
Throttle Idel Position	OFF
Throttle Require Position	-1.3V
Throttle Sensor Position	81.2%
Throttle Sensor Position #2	100.0%
Throttle Position No.1	4.980V
Throttle Position No.2	4.980V
Throttle Position No.1	4.9

ESC 帮助 打印 记录 停止 OK

5 读取相关的静态数据。如进气温度、冷却液温度、负荷及空燃比等。

MAF   0.119   g/s
Intake Air   31   ℃
Air-Fuel Ratio 1.124   (偏稀)
Coolant Temp   71   ℃

除空燃比和冷却液温度不正常外,上述相关的静态数据基本正常。

提示:

静态状态下,各项相关的数据有助于诊断人员更快地确定故障范围。

KINGTEC 故障测试	
新车\COROLLA\COROLLA(GL)\ENG\读数据流\数据流测试	
Intake Air	31℃
Air-Fuel ratio	1.124
Purge Density Learn Value	-0.000
Evap Purge Flow	0.0%
Evap (Purge) VSV	0.0%
Knock Correct Learn Value	14.0CA
Knock Feedback Value	-3.0CA
Clutch Current	0.0A

ESC 帮助 打印 记录 停止 OK

6 选择"清除故障代码"菜单,按"OK"键确认。执行清除故障代码命令。

提示:

清除故障代码命令已经执行。

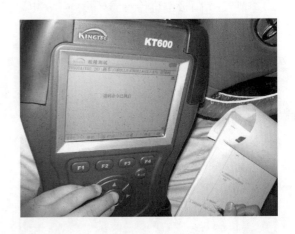

7 再次读取故障码。重现故障代码及定义内容:P0123 节气门/踏板位置传感器/开关"A"电路高输入;P0223 节气门/踏板位置传感器/开关"B"电路高输入。

提示:

再次重现P0123、P0223故障代码。此故障代码为永久性(或当前性)的故障代码。

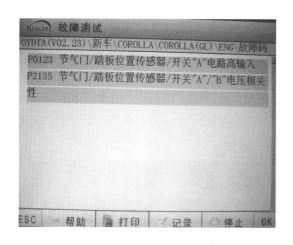

提示：

应先关闭诊断仪器电源开关，然后再关闭点火开关。切勿在未退至初始界面状态时关闭诊断仪器电源开关。

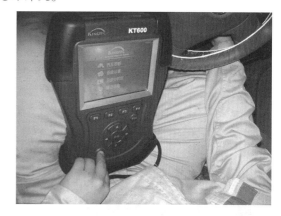

8 退出所有子菜单至诊断仪器初始界面状态。关闭诊断仪器电源开关及点火开关。

▲第二步 零部件安装状态检查

目视检查节气门位置传感器的安装状态是否正常，相关的进气通道是否漏气。视需要检查、修复连接器脱落现象、进气通道漏气现象和接触不良状态。检查确认传感器、连接器安装状态良好。

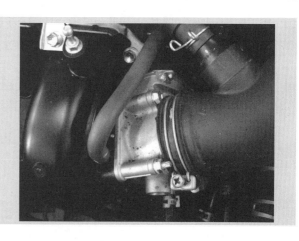

提示：

重点检查传感器的安装状态和连接器、线束的连接状况。

▲第三步 确认故障症状

1 起动发动机前，确认车辆周围环境是否安全。

提示：

发动机起动前，再次确认变速器挡位是否置于空挡位置，驻车制动器是否拉紧；对于配置自动变速器的车辆，起动发动机时必须踩踏制动踏板。

2 起动发动机，观察其起动是否困难。

提示：

起动时间应小于5s。如在规定时间内无法起动，需等待30s后再起动。如连续三次未能起动，则根据维修手册的"故障症状特征"检查相关任务。

3 观察并记录发动机不同运行状态时的故障症状。

发动机起动正常，怠速稳定。症状现象：无法加速，响应迟缓。

提示：

此故障的明显特点是当加速踏板踩下时发动机转速略有提升。

 4 仪表显示：故障灯亮。

提示：

发动机症状表现为系统不正常，且仪表板上的故障灯亮。因此，可以确定发动机或发动机电控系统存在故障。

♠ 第四步 读取动态下故障码、冻结帧和数据流的数值

 1 动态状态下读取故障码。再次重现故障代码与定义内容：P0123 节气门/踏板位置传感器/开关"A"电路高输入；P0223 节气门/踏板位置传感器/开关"B"电路高输入。

提示：

当TP系统发生故障时，ECM存储故障代码P0123、P0223。

 提示：

菜单显示：

（1）DTC设置前冻结3组数据；

（2）DTC设置时冻结1组数据；

（3）DTC设置后冻结1组数据。

选择故障发生时或发生后0.5s时多帧数量0组和1组，按"OK"键确认。

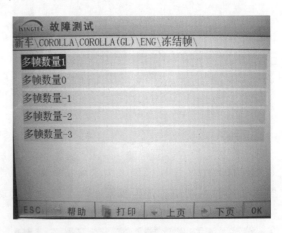

3 读取冻结帧中的基本数据并记录。

Injector (Port)	2.43	ms
IGN Advance	6.5	(°)
Engine Speed	628	r/min
Vehicle Speed	0	km/h
Coolant Temp	85	℃

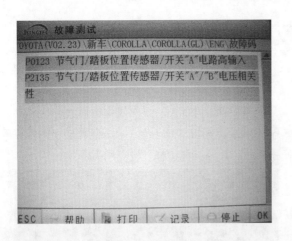

2 再次进入"ENGINE AND ECT"窗口，选择"冻结帧数据流"菜单，按"OK"键确认，仪器进入"冻结帧"菜单。

上述基本冻结帧数据均正常。

提示：

正确读取故障发生后的基本测试数据对故障诊断有很大的帮助。

```
KINGTEC 故障测试
新车\COROLLA\COROLLA(GL)\ENG\冻结帧\数据流测试
Injector (Port)           2.43ms
IGN Advance               6.5°
Calculate Load            37.3%
Vehicle Load              21.6%
MAF                       2.15g/s
Engine Speed              628r/min
Vehicle Speed             0km/h
Coolant Temp              85℃
ESC  帮助  打印  记录  停止  OK
```

4 读取冻结帧中除基本测试数据外的反映故障代码特征的相关数据并记录。

MAF　　　　　2.15　　g/s
Intake Air　　　29　　　℃
Air-Fuel Ratio　1.143　（偏稀）
相关的冻结帧数据均未见明显异常。

提示：

读取故障发生后反映与故障代码特征的相关数据对故障诊断有直接的帮助。

```
KINGTEC 故障测试
新车\COROLLA\COROLLA(GL)\ENG\冻结帧\数据流测试
Intake Air                29℃
Air-Fuel Ratio            1.143
Purge Density Learn Value -0.000
Evap Purge Flow           0.0%
Evap (Purge) VSV          0.0%
Knock Correct Learn Value 14.0℃
Knock Feedback Value      -3.0℃
Accelerator Position No.1 17.3%
ESC  帮助  打印  记录  停止  OK
```

5 读取并记录发生故障瞬间和发生后0.5s时除基本数据以外的反映故障代码特征的相关冻结帧数据。

MAF　　　　　0.149　　g/s
Intake Air　　　32　　　℃
Air-Fuel Ratio　1.813　（偏稀）
除空燃比偏稀外，其他数据未见异常。

提示：

发生故障瞬间和发生后0.5s时反映故障代码特征的相关冻结帧数据均相同。

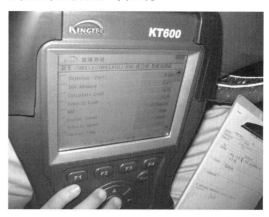

6 在"ENGINE AND ECT"菜单中，选择"读数据流"任务，按"OK"键确认。在数据流测试菜单中，正确读取与故障代码特征相关的动态数据并记录。
仪器再次显示。

MAF　　　　　6.209　　g/s
Intake Air　　　25　　　℃
Coolant Temp　　83　　　℃
Air-Fuel Ratio　0.948　（偏浓）
动态下的上述数据流基本正常。

提示：

读取故障发生后反映与故障代码特征的相关数据对故障诊断有直接的帮助。

7 选择"清除故障代码"菜单。按"OK"键确认。执行清除故障代码命令。

提示：

清除故障代码命令已经执行。

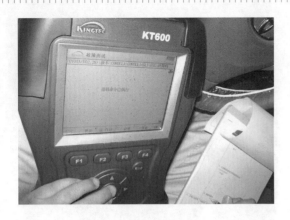

8 再次读取故障码，重现故障代码及定义内容：P0123 节气门/踏板位置传感器/开关"A"电路高输入。

P0223 节气门/踏板位置传感器/开关"B"电路高输入。

 提示：

再次显示相同故障代码，则系统存在永久性（或当前性）的故障。

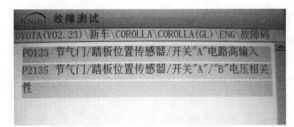

9 关闭点火开关，使发动机熄火。

10 查阅维修手册或技术资料。确认诊断思路和检查步骤。

 提示：

分析判断测量数据的准确性是故障诊断的关键。而查阅相关技术资料能帮助维修人员更快地确认诊断思路和维修方法。

11 P0123 节气门/踏板位置传感器/开关"A"电路高输入和P0223 节气门/踏板位置传感器/开关"B"电路高输入的故障诊断流程图如下图所示。

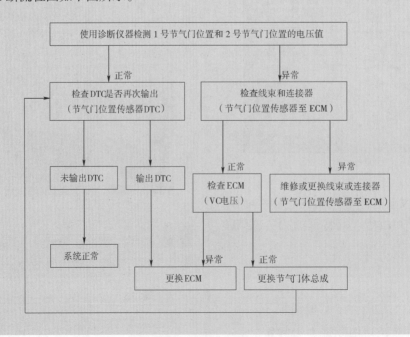

▲ 第五步　使用诊断仪器读取TP No.1和TP No.2的数值

 打开点火开关，将点火开关置于"ON"位置。

💥 提示：

切勿起动发动机。

 正常状态下，完全松开或踩下加速踏板时诊断仪器显示的TP No.1和TP No.2的参考电压如下表所示。

参考电压（正常状态）

检测仪显示	完全松开加速踏板	完全踩下加速踏板
Throttle Position No.1	0.5~1.1V	3.3~4.9V
Throttle Position No.2	2.1~3.1V	4.6~5.0V

 读取诊断仪器上的显示值。节气门完全松开和完全踏下时，仪器显示：

TP No.1　4.980V（不正常）
TP No.2　4.980V（不正常）
显示结果：电压值异常。
结论：电压值无变化，节气门位置传感器系统存在故障。

💥 提示：

如果诊断仪器显示电压值正常，则检查间歇性故障。

 正确的检测数据如下表所示。检查结果分析：松开和踏下加速踏板时TP No.1和TP No.2的电压值与标准数据均不符合。

结　果

1号节气门位置（VTA1）松开加速踏板时	2号节气门位置（VTA2）松开加速踏板时	1号节气门位置（VTA1）踩下加速踏板时	2号节气门位置（VTA2）踩下加速踏板时	故障部位	转至
0~0.2V	0~0.2V	0~0.2V	0~0.2V	VC电路断路	
4.5~5.0V	4.5~5.0V	4.5~5.0V	4.5~5.0V	E2电路断路	
0~0.2V或4.5~5.0V	2.4~3.4V（失效保护）	0~0.2V或4.5~5.0V	2.4~3.4V（失效保护）	VTA1电路断路或对搭铁短路	A
0.7~1.3V（失效保护）	0~0.2V或4.5~5.0V	0.7~1.3V（失效保护）	0~0.2V或4.5~5.0V	VTA2电路断路或对搭铁短路	
0.5~1.1V	2.1~3.1V	3.3~4.9V（非失效保护）	4.6~5.0V（非失效保护）	节气门位置传感器电路正常	B

💥 提示：

通过分析表可以分析1号、2号节气门位置传感器的数据差异，从而确认故障范围。

 退出所有子菜单至诊断仪器初始界面状态。关闭诊断仪器电源开关及点火开关。

💥 提示：

应先关闭诊断仪器电源开关，然后再关闭点火开关。切勿在未退至初始界面状态时关闭诊断仪器电源开关。

第六步　检查ECM（VC电压）

 断开节气门位置传感器连接器。

提示：

连接器上有保护锁扣，先按压锁扣，当确认锁扣完全脱离后，拔下连接器。

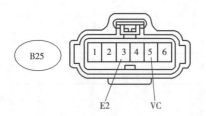 节气门位置传感器线束连接器前视图如下图所示。

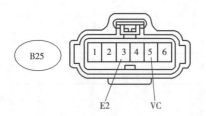

 将检测延长线的探针插入节气门位置传感器B25-3（E2）端子内。

提示：

不允许用数字万用表的表笔直接插入连接器端子内，以防止端子损坏。

 将另一个检测延长线的探针插入节气门位置传感器B25-5（VC）端子内。

提示：

不允许用数字万用表的表笔直接插入连接器端子内，以防止端子损坏。

 将点火开关置于"ON"位置。

提示：

切勿起动发动机。

 校验数字万用表。再将量程开关置于直流电压（20V）挡。万用表红表笔与B25-5（VC）连接器端子的检测延长线的另一端相接，黑表笔与B25-3（E2）连接器端子的检测延长线的另一端相接，测量节气门位置传感器的电压。

提示：

测量时必须将点火开关置于"ON"位置。

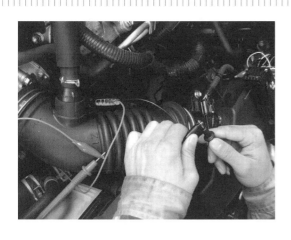

（E2）与ECM AB31-91（ETA）之间的线束断路或短路状况；

（2）如果线束无断路现象，则更换ECM。

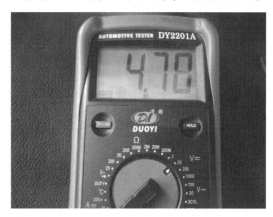

7 根据下表中的值测量电压。

标 准 电 压

检测仪连接	开关状态	规定状态
B25-5（VC）· B25·3（E2）	点火开关置于ON位置	4.5~5.5V

9 关闭点火开关。

8 标准电压值：4.5～5.0V。实际测量电压值：4.78V。

结论：电压符合要求，正常。

提示：

（1）如果电压值异常或接近0，则检查维修B25-5（VC）与ECM B31-67（VCTA）、B25-3

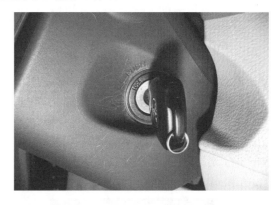

第七步　检查线束和连接器（TP位置传感器——ECM）

1 断开蓄电池负极接线柱。

提示：

采用梅花扳手拧松蓄电池负极接线柱的锁紧螺母。分离接线柱，确保接线柱与蓄电池完全断开。

提示：

连接器锁扣的手柄必须由水平位置向垂直位置方向扳动方能完全解除锁止。不允许在未完全解锁的情况下强行拆除连接器。

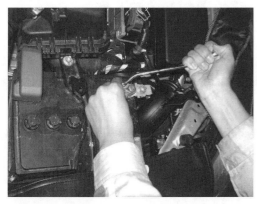

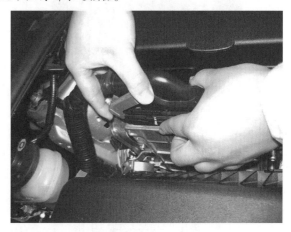

2 断开ECM连接器。

3 将ECM连接器放置于合适的位置。

提示：

由于线束及连接器的位置空间较狭窄，断开ECM连接器时应注意轻提轻放。

4 将数字万用表的量程开关置于电阻（20Ω）挡。校验万用表两表笔导线的电阻值。

提示：

使用数字万用表欧姆（200Ω以下）量程测量电阻时，应先测出两表笔短路时的电阻值，然后从测得的实际阻值中减去此值，这才是该线束或零件的实际电阻值。不同型号万用表的两表笔的电阻值各不相同。测量时必须进行校验。

5 节气门位置传感器线束连接器的前视图如下图所示。

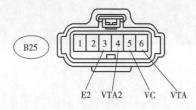

6 ECM线束连接器的前视图如下图所示。

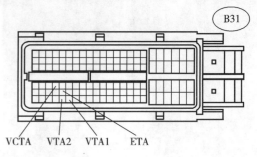

7 节气门位置传感器连接器与ECM线束连接器断路检查的标准电阻如下表所示。

标准电阻（断路检查）

检测仪连接	条件	规定状态
B25-5（VC）-B31-67（VCTA）	始终	小于1Ω
B25-6（VTA）-B31-115（VTA1）	始终	小于1Ω
B25-4（VTA2）-B31-114（VTA2）	始终	小于1Ω
B25-3（E2）-B31-91（ETA）	始终	小于1Ω

8 将检测延长线的探针插入到B25-4（VTA2）端子内。

提示：

不允许用数字万用表的测试表笔直接插入连接器端子内，以防止端子损坏。

9 将检测探针插入到ECM B31-114（VTA2）端子内。

提示：

不允许用数字万用表的测试表笔直接插入连接器端子内，以防止端子损坏。

10 将万用表的红表笔连接B25-4（VTA2）端子检测延长线的另一端，黑表笔与ECM B31-114（VTA2）端子的检测探针相连接，对线束进行断路检测。

 提示：

确认两测量点接触良好，准确无误。

11 标准电阻值：<1Ω。实际测量值：0.05Ω。测量结果符合规定要求。导线和连接器均正常。

 提示：

实际测量值应减去两表笔导线的电阻值，即为真实电阻值0.32-0.27=0.05（Ω）。

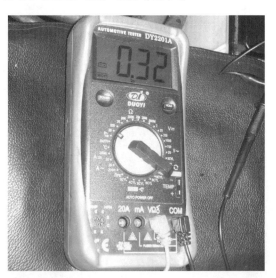

12 将检测延长线的探针插入到B25-6（VTA）端子内。

 提示：

不允许用数字万用表的测试表笔直接插入连接器端子内，以防止端子损坏。

13 将检测探针插入至ECM B31-115（VTA1）端子内。

 提示：

（1）不允许用数字万用表的测试表笔直接插入连接器端子内，以防止端子损坏；
（2）确认两测量点接触良好，准确无误。

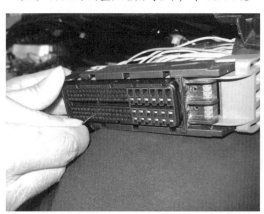

14 万用表两表笔分别连接B25-6（VTA）端子检测延长线的另一端与B31-115（VTA1）端子的检测探针，对线束进行断路检测。

 提示：

确认两测量点接触良好，准确无误。

标准电阻（短路检查）

检测仪连接	条件	规定状态
B25-5（VC）或B31-67（VCTA）-车身搭铁	始终	10kΩ或更大
B25-6（VTA）或B31-115（VTA1）-车身搭铁	始终	10kΩ或更大
B25-4（VTA2）或B31-114（VTA2）-车身搭铁	始终	10kΩ或更大

17 对线束进行短路检测。测量B25-6（VTA）端子或ECM B31-115（VTA1）端子与车身短路搭铁的电阻值。将检测延长线的探针插入到B25-6（VTA）端子内。

提示：

（1）不允许用数字万用表的测试表笔直接插入连接器端子内，以防止端子损坏。

（2）确认测量点接触良好，准确无误。

15 标准电阻值：<1Ω。实际测量值：0.05Ω。测量结果符合规定要求。导线和连接器均正常。测量结果符合规定要求。

结论：节气门位置传感器B25-6（VTA）与ECM B31-115（VTA1）导线的电阻值均正常。

提示：

实际测量值应减去两表笔导线的电阻值，即为真实电阻值0.32-0.27=0.05（Ω）。

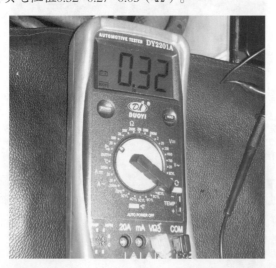

18 万用表两表笔分别连接B25-6（VTA）端子的检测延长线的另一端和车身搭铁，对线束进行短路检测。

提示：

确认两测量点接触良好，准确无误。

16 继续对节气门位置传感器线束和连接器或ECM线束和连接器与车身进行短路搭铁检查。相关线束的测量方法和标准电阻如右上表所示。

标准电阻值：10kΩ或更大。实际测量值：∞。测量结果符合规定要求。结论：该线索和连接器均正常。

提示：

短路测量时，应将万用表的量程开关调整到10kΩ或更大。

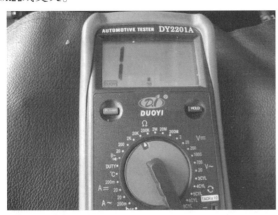

 以相同方法测量B25-4（VTA2）或ECM B31-114（VTA2）与车身搭铁的电阻值。将检测延长线的探针插入到B25-4（VTA2）端子内。

提示：

（1）不允许用数字万用表的测试表笔直接插入连接器端子内，以防止端子损坏；
（2）确认测量点接触良好，准确无误。

 万用表两表笔分别连接B25-4（VTA2）端子的检测延长线的另一端和车身搭铁，对线束进行短路检测。

提示：

确认两测量点接触良好，准确无误。

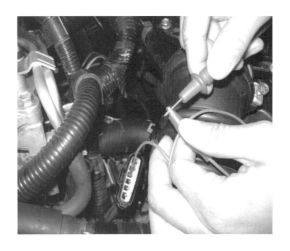

 标准电阻值：10kΩ或更大。实际测量值：∞。测量结果符合要求。

结论：被测的线束和连接器与车身无搭铁现象，绝缘良好。线束和连接器均正常。

提示：

短路测量时，应将万用表的量程开关调整到10kΩ以上。

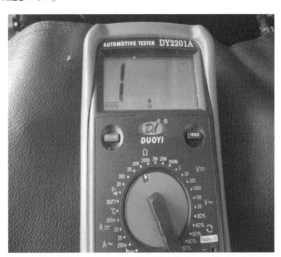

 按相同方法继续对线束之间进行短路检测。测量B25-4（VTA2）与B25-5（VC）线束、B25-6（VTA）线束，B25-5（VC）与B25-6（VTA）线束之间和连接器端子之间的短路状况。

提示：

由于加速踏板在完全松开和完全踏下状态下的数据流检测电压TP No.1和TP No.2均为4.5V以上，为高输入特征，且输入电压正常。因此可确认B25-4（VTA2）和B25-6（VTA）与车身不可能产生短路现象。

提示：

（1）短路测量时，应先将万用表的量程开关调整到10kΩ以上，然后逐步递减；

（2）如果线束之间的短路检查均正常，则更换ECM。

24 标准电阻值：10kΩ或更大。实际测量值：B25-4（VTA2）与B25-5（VC）线束之间、B25-5（VC）与B25-6（VTA）线束之间的电阻值均<1Ω。测量结果不符合要求。两对线束之间存在短路现象。其他线束测量的电阻值均为无穷大，符合要求。

结论：B25-4（VTA2）与B25-5（VC）线束之间、B25-5（VC）与B25-6（VTA）线束之间均存在短路现象。

第八步 故障排除

查找两个短路故障部位，维修或更换线束或连接器。

提示：

维修时应小心谨慎，切勿损坏其他线束和连接器。

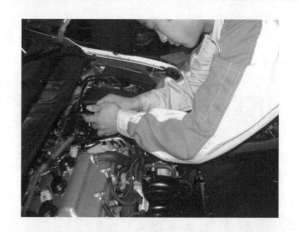

第九步 维修后的检测

1 再次对节气门位置传感器线束和连接器的B25-4（VTA2）端子与B25-5（VC）端子之间、B25-5（VC）端子与B25-6（VTA）端子之间的线束进行短路检查。

提示：

确认两测量点接触良好，准确无误。

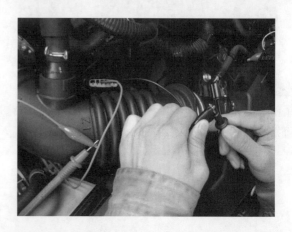

2 标准电阻值：10kΩ或更大。实际测量值：均为∞。测量结果符合要求。

结论：故障排除，两对线束和连接器均恢复正常。

🔔 提示：

短路测量时，应将万用表的量程开关调整到10kΩ以上。

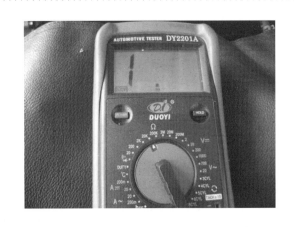

🌲 第十步　维修后的安装

1 重新连接节气门位置传感器连接器。

🔔 提示：

确认连接器连接正常，锁扣落位。

2 重新安装ECM连接器。

🔔 提示：

安装时，必须先将连接器锁扣的手柄置于垂直方向位置，然后将连接器轻插入ECM插口中，至完全插入后，再将锁扣的手柄置于水平位置锁定。不允许在未完全开锁的情况下强行插入连接器。

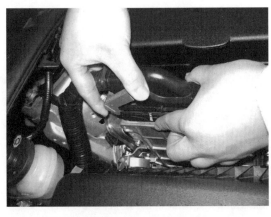

3 确保ECM连接器安装正确。

🔔 提示：

再次检查节气门位置传感器连接器和ECM连接器安装准确无误。

4 连接蓄电池负极接线柱。并按规定力矩拧紧螺母。

规定拧紧力矩：5.4N·m。

🔔 提示：

先用梅花扳手预紧蓄电池负极接线柱固定螺母，然后再用数字式扭力扳手按规定力矩拧紧固定螺母。

第十一步 修复后故障码和数据流的再次检查

1 起动发动机,发动机运行状态正常。仪表显示:发动机怠速稳定,故障灯不亮;中、高速加速性能良好。发动机性能恢复正常。

2 再次选择读取故障码,按"OK"键确认。诊断仪器显示:系统正常。

提示:

发动机运行状态下,系统未检测到故障,仪器显示正常。

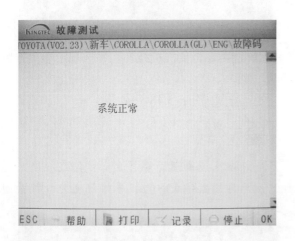

3 读取历史故障码。仪器显示:系统正常。

提示:

存储在系统中的原故障代码由于ECM的断电,系统恢复到初始状态。发动机电控系统未检测到故障,系统恢复正常。

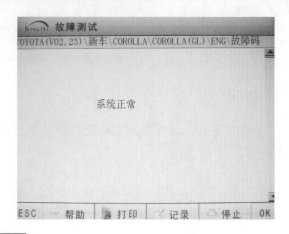

4 选择冻结帧数据流。无冻结帧产生。

提示:

系统无故障码,则无冻结帧显示。

5 选择读取数据流。读取并记录相关的数据流。

MAF　　　　　1.709　g/s
Coolant Temp　84　　℃
Intake Air　　26　　℃
Air-Fuel Ratio 1.000
踏板放松时:TP No.1 0.8V　TP No.2 2.3V
踏板踩下时:TP No.1 4.1V　TP No.2 4.9V
数据流检测结果:正常。
结论:节气门位置传感器系统恢复正常。

提示:

数据流恢复正常。

★ 第十二步 退出诊断系统

1 连续按"ESC"键，退出所有子菜单至诊断仪器初始菜单状态。

2 关闭诊断仪器电源开关。

提示：

切勿在未退至初始界面状态时强行关闭诊断仪器电源开关。

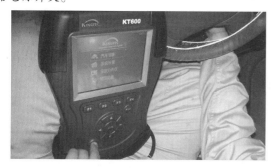

3 关闭点火开关，使发动机熄火。

提示：

（1）P0123 节气门/踏板位置传感器/开关"A"电路高输入以及P0223 节气门/踏板位置传感器/开关"B"电路高输入控制电路的故障诊断与排除作业流程到此结束；

（2）如果设置了节气门位置传感器的其他DTC中的任何一个，则根据上述的相似的检测诊断步骤对故障进行排除。

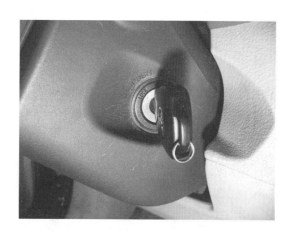

（七）喷油控制电路的故障诊断与排除

★ 任务说明

1 喷油器位于进气歧管上。喷油器根据来自ECM的信号将燃油喷入汽缸内。喷油器电路图如下图所示。

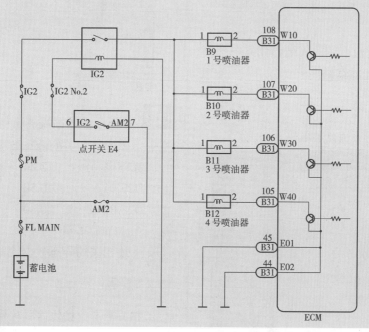

喷油器工作时正确的脉冲波形如右图所示。

1号（至4号）喷油器信号

ECM端子名称	在1号（至4号）和E01之间
检测仪量程	20V/格，20m/s格
条件	怠速运转时

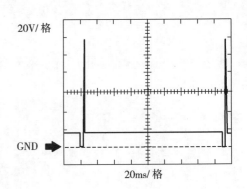

提示：

波长随发动机转速的增加而变短。

🌲 第一步　读取静态故障码、冻结帧和数据流

 读取故障码。未显示故障代码和代码定义内容。诊断仪器显示系统正常。

提示：

仪器显示系统正常不等于发动机电控系统属于正常。在静态状态下，某些执行器将无法显示故障码，因此也无法显示故障代码和代码定义内容。

2 选择冻结帧数据流。读取冻结帧任务中的测试数据。仪器显示：无冻结帧产生。

提示：

系统无故障码，则无冻结帧数据。

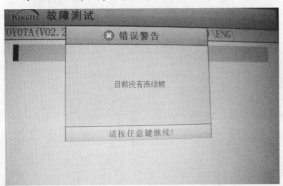

 选择数据流测试菜单。正确读取相关的静态数据并记录。

Injector (Port)	2.43	ms
IGN Advance	8.5	(°)
Vehicle Speed	0	km/h
Coolant Temp	82	℃

上述基本静态数据均正常。

提示：

在众多的静态数据流中，重点读取相关的数据并与标准数据进行比较。

 选择全部数据流测试菜单，正确读取喷油脉宽、空燃比等相关的静态数据并记录。

MAF	2.26	g/s
O2S B1 S1	0.50	V
O2S B1 S2	0.80	V
Air-Fuel Ratio	1.143	（偏稀）

上述相关的静态数据流基本正常。

提示：

相关静态数据的读取对故障诊断有很大帮助。

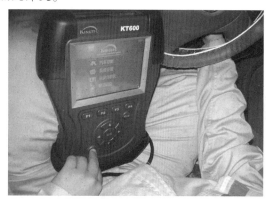

提示：

（1）切勿在未退至初始界面状态时强行关闭诊断仪器电源开关；

（2）先关闭诊断仪器电源开关，然后再关闭点火开关。

5 退出所有子菜单至诊断仪器初始界面状态。关闭诊断仪器电源开关及点火开关。

🌲 第二步　零部件安装状态检查

目视检查各传感器、执行器的安装状态是否正常，视需要检查、修复各连接端子脱落现象或接触不良状态。

提示：

重点检查各传感器或执行器的连接状况。

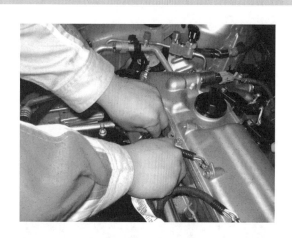

🌲 第三步　确认故障症状

1 起动前的准备。

提示：

发动机起动前，再次确认变速器挡位是否置于空挡位置，驻车制动器是否拉紧；对于配置自动变速器的车辆，起动发动机时必须踩踏制动踏板。

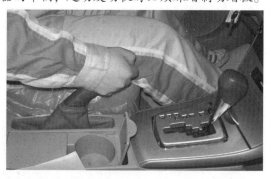

2 起动发动机时，观察起动是否困难。

提示：

起动时间应小于5s。如在规定时间内无法起动，需等待30s后再起动。如连续三次未能起动，则根据维修手册"故障症状特征"检查相关任务。

3 发动机在不同运行状态时的故障症状。怠速转速时：转速是否偏高，观察症状现象；中、高速时：加速性能是否良好，反应是否迟缓。

观察不同运行状态下发动机的症状现象对确认故障的范围和诊断思路有很大的帮助。

4 故障症状：故障灯不亮，怠速剧烈抖动，加速不良，存在某一缸不工作的症状现象。

提示：

发动机症状表现为工作不正常，虽然故障灯不亮，但症状现象可以断定发动机存在诊断仪器无法确认的故障。

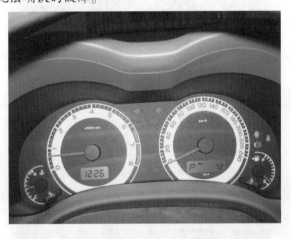

5 根据发动机的症状，对各缸喷油器进行断油动作测试，判断是哪一缸喷油器存在故障。

利用诊断仪器具备的动作测试功能，对所有的喷油器进行断油测试，可以帮助维修人员快速找到故障部位。

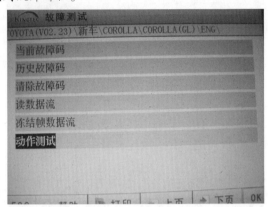

6 对所有喷油器进行断油测试：发现第二缸喷油器在断油测试时，发动机转速没有变化，而其他三缸喷油器在断油测试时发动机转速都发生明显的变化，转速降低。因此，可初步判断第二缸喷油器或相关零件存在故障。

初步确认故障范围。断油测试结束后诊断仪器返回前一菜单项。

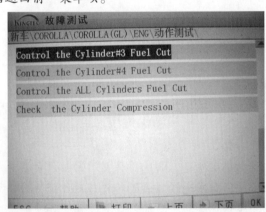

第四步 动态下故障码、冻结帧和数据流的再次读取

1 再次读取故障码。诊断仪器未显示故障代码和代码定义内容，系统仍然显示正常。

仪器显示系统正常不等于发动机电控系统正常。在静态状态下，某些执行器将无法显示故障码，因此也无法显示故障代码和代码定义内容。

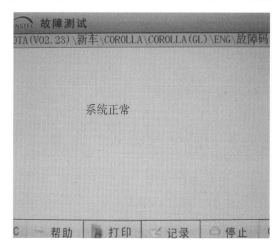

2 再次读取冻结帧任务中的测试数据。仪器显示：无冻结帧产生。

提示：

系统无故障码，则无冻结帧数据。

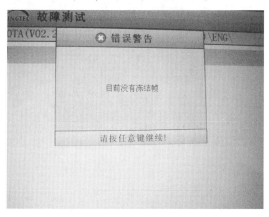

3 再次选择读数据流测试菜单，正确读取相关的动态数据并记录。

Injector (Port)	2.43	ms
IGN Advance	5.5	(°)
Engine Speed	877	r/min
Air-Fuel Ratio	1.685	（偏稀）
Coolant Temp	76	℃

上述数据中除冷却液温度正常外，其他数据均不正常。

提示：

在数据流中，重点读取相关的数据并与标准数据进行分析比较。

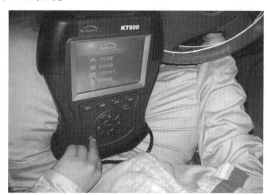

4 退出所有子菜单至诊断仪器初始界面状态。关闭诊断仪器电源开关及点火开关。

提示：

（1）切勿在未退至初始界面状态时强行关闭诊断仪器电源开关；

（2）先关闭诊断仪器电源总开关，然后再关闭点火开关。

5 查阅维修手册或技术资料。确认诊断思路和检查步骤。

提示：

分析判断测量数据的准确性是故障诊断的关键。而查阅相关技术资料能帮助维修人员更快地确认诊断和维修思路。

检查程序

1	检查喷油器总成（电源）			
线束连接器前视图：(至喷油器总成)	(a) 断开喷油器总成连接器。 (b) 将点火开关置于 ON 位置。 (c) 根据下表中的值测量电压。 ● 标准电压			
	检测仪器连接	开关状态	规定状态	
	B9-1 - 车身搭铁	点火开关置于 ON 位置	9 至 14V	
	B10-1 - 车身搭铁	点火开关置于 ON 位置	9 至 14V	ES
	B11-1 - 车身搭铁	点火开关置于 ON 位置	9 至 14V	
	B12-1 - 车身搭铁	点火开关置于 ON 位置	9 至 14V	
	(d) 将点火开关置于 OFF 位置。 (e) 重新连接喷油器总成连接器。			
	异常	转至步骤4		
正常				

2	检查喷油器总成	
	(a) 检查喷油器总成（参见 FU-17 页）。	
	异常	更换喷油器总成（参见 FU-14 页）
正常		

125

6 喷油器电路故障诊断流程图如下图所示。

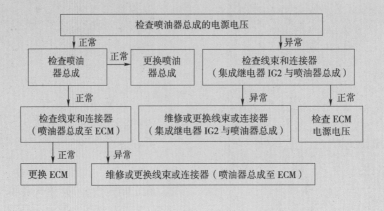

▲ 第五步　电源与线束的测试

1 检查喷油器总成电源。断开第二缸喷油器总成连接器。

连接器上有保护锁扣，先按压锁扣，当确认锁扣完全脱离后，稍用力拔下连接器。

2 喷油器总成线束连接器的前视图如下图所示。将测试延长线插入至连接器B10-1端子中。

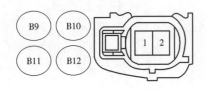

3 将点火开关置于"ON"位置。

切勿起动发动机。

根据下表中的标准值测量电压。

标 准 电 压

检测仪连接	开关状态	规定状态
B9-1-车身搭铁	点火开关置于ON位置	9~14V
B10-1-车身搭铁	点火开关置于ON位置	9~14V
B11-1-车身搭铁	点火开关置于ON位置	9~14V
B12-1-车身搭铁	点火开关置于ON位置	9~14V

5 将万用表调整到直流电压（20V）的量程挡。红表笔连接至测试延长线的另一端，黑表笔与发动机的接地线相接。测量喷油器总成连接器B10-1线束端子与车身搭铁的电压值，是否与标准电压相符。

提示：

（1）不允许用万用表的测量表笔直接插入连接器的1#端子内，以防接端子损坏；

（2）测量时，测试延长线的另一端应良好绝缘，防止与车身接地造成短路。

 标准电压值：12.06~12.36V。

实际测量电压值：12.13V。电压符合要求。

测量结果：喷油器总成连接器B10-1端子线束导通正常，无断路现象。

结论：电压正常。

提示：

测量时必须将数字万用表置于直流电压挡量程。

 拆卸测试延长线。关闭点火开关。

提示：

（1）如果测量电压异常，则检查发动机舱内继电器盒中的IG2继电器和IG2熔断器是否损坏；IG2继电器与喷油器总成连接器B10-1端子线束是否断路；

（2）关闭点火开关时观察车内其他用电设备是否都处在关闭状态。

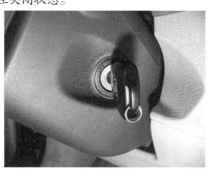

 校验万用表两表笔导线的电阻值。关闭万用表电源开关。然后将量程开关置于电阻（20Ω）量程挡。

提示：

使用数字万用表欧姆（200Ω以下）量程测量电阻时，应先将两表笔短路，测出两表笔导线的电阻值，实际测量的阻值中应减去此误差值，才是被测线束的实际阻值。不同型号万用表的两表笔导线的电阻值各不相同，测量电阻时必须进行校验。

 检查喷油器总成的电阻。

提示：

也可用测试延长线分别连接喷油器端子进行测量。

10 标准电阻值：13.4～14.2 Ω（20℃）。实际测量值：12.07Ω。

结论：测量结果基本正常。

 提示：

（1）由于发动机冷却液温度的下降以及环境温度的下降而导致实际测量电阻值与标准电阻值略有不同；

（2）实测电阻值：12.34-0.27=12.07（Ω）。

11 断开蓄电池负极接线柱。

 提示：

采用梅花扳手拧松蓄电池负极接线柱的锁紧螺母，分离接线柱，确保接线柱与蓄电池完全断开。

12 打开ECM连接器的锁扣。

 提示：

连接器锁扣的手柄必须由水平位置向垂直位置方向扳动方能完全解除锁止。不允许在未完全解锁的情况下强行拆除连接器。

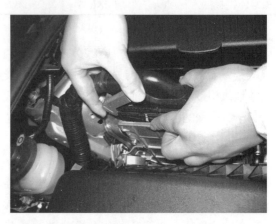

13 断开ECM连接器，并将ECM放置于合适的可测量的位置。

 提示：

由于ECM线束和连接器的安装位置较狭窄，断开ECM连接器时应注意轻提轻放。

14 ECM线束连接器的前视图如下图所示。

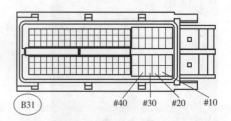

15 根据下表中的标准值测量喷油器连接器与ECM线束连接器之间的电阻。

标准电阻（断路检查）

检测仪连接	条件	规定状态
B9-2–B31-108（#10）	始终	小于1Ω
B10-2–B31-107（#20）	始终	小于1Ω
B11-2–B31-106（#30）	始终	小于1Ω
B12-2–B31-105（#40）	始终	小于1Ω

16 将测量延长线控针插入到连接器B10-2端子内。

不允许用万用表的测量表笔直接插入连接器的端子内，以防连接器损坏。

17 用检测探针插入至ECM线束连接器 B31-107（#20）端子内。

测量时必须采用专用探针或测量延长线进行操作。不允许用万用表的表笔直接插入连接器的端子内，以防连接器端子损坏。

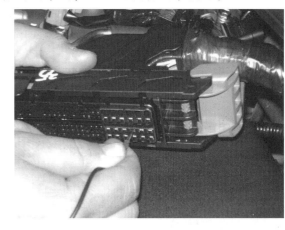

18 测量喷油器总成连接器B10-2端子与ECM连接器的B31-107（#20）端子线束导通的电阻值。

标准电阻值：<1Ω。

实际测量值：∞。

结论：不符合规定值。线束存在断路现象。

确认测量方法是否准确无误。

第六步　故障排除

拆检发现第二缸喷油器连接器线束B10-2（2#）与ECM连接器的B31-107（#20）线束存在断路现象，找到断路故障点，维修或更换线束。

断路线束的拆解和维修应小心谨慎，防止损坏其他线束。

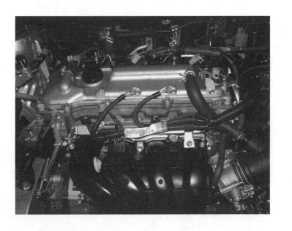

第七步 维修后的检测

1 维修后的重复检测：再次用测试延长线插入到喷油器连接器B10-2（2#）端子内。

提示：

不允许用万用表的测量笔插入连接器。

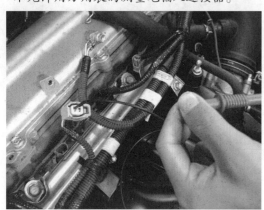

2 再次用专用测量探针插入 B31-107（#20）端子内。

提示：

必须采用专用插针或测量延长线进行操作。

3 测量喷油器总成连接器B10-2（2#）端子与ECM连接器的B31-107（#20）端子线束的电阻值。

标准电阻值：<1Ω。

实际测量值：0.03 Ω。

结论：电阻符合规定要求。线束恢复正常。

提示：

实际电阻值为：0.30-0.27=0.03（Ω）。

4 根据下表中的标准值测量各线束的短路电阻。

标准电阻（短路检查）

检测仪连接	条件	规定状态
B9-2或B31-108（#10）-车身搭铁	始终	10kΩ或更大
B10-2或B31-107（#20）-车身搭铁	始终	10kΩ或更大
B11-2或B31-106（#30）-车身搭铁	始终	10kΩ或更大
B12-2或B31-105（#40）-车身搭铁	始终	10kΩ或更大

5 用测试延长线插入喷油器连接器B10-2（2#）端子或ECM连接器B31-107端子（#20）端子。

提示：

两种测量方法可任选一项，以最方便的测量方式为首选。

6 测量喷油器连接器B10-2（2#）端子或ECM连接器端子B31-107（#20）端子与车身搭铁的短路状况。

提示：

任意选择最简便的测量方式。

7 标准电阻值：10kΩ或更大。

实际测量值：∞。

结论：符合规定值。导线与车身无搭铁短路现象。

提示：

短路测量时，应先将万用表的量程开关调整到10kΩ以上。

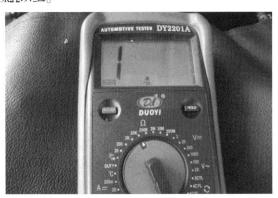

第八步 维修后的安装

1 重新连接喷油器连接器总成。

提示：

确认连接器连接正常，锁扣落位。

2 重新安装连接ECM连接器。

提示：

安装时，必须先将连接器锁扣的手柄置于垂直方向位置，然后将连接器轻插入ECM插口中，至完全插入后，再将锁扣的手柄置于水平位置锁定。不允许在未完全开锁的情况下强行插入连接器。

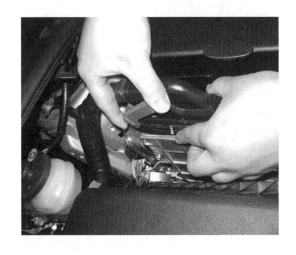

3 确保ECM连接器安装正常。

提示：

再次仔细检查ECM连接器的安装状况。

4 连接蓄电池负极接线柱，并按规定力矩拧紧螺栓。

规定拧紧力矩：5.4N·m。

提示：

先用梅花扳手预紧蓄电池负极接线柱的锁紧螺母，然后再用数字式扭力扳手按规定力矩拧紧。

第九步 修复后故障码和数据流的再次检查

1 起动发动机。仪表显示：发动机怠速正常，中、高速加速性能良好，无缺缸现象，且故障灯不亮。

2 再次读取故障码。按"OK"键确认，诊断仪器显示：系统正常。

提示：

发动机运行状态下，系统未检测到故障，则仪器显示正常。

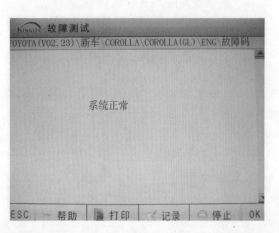

3 读取历史故障码。诊断仪器显示：系统正常。

提示：

存储在系统中的原故障码，由于ECM的断电，系统恢复到初始状态。系统未检测到故障，则仪器显示正常。

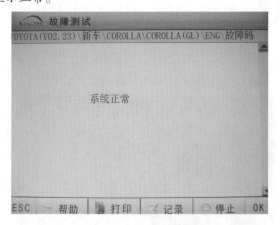

4 选择读取冻结帧数据流。仪器显示无冻结帧数据流。

提示：

系统无故障码，则无冻结帧。

5 选择读取数据流。读取并记录相关的数据流。

```
Injector (Port)    2.58   ms
IGN Advance        5.5    (°)
Engine Speed       665    r/min
Coolant Temp       90     ℃
MAF                1.709  g/s
Coolant Temp       86     ℃
Intake Air         26     ℃
Air-Fuel Ratio     1.000
```

上述数据流全部正常。

提示：

其他数据流也恢复正常。

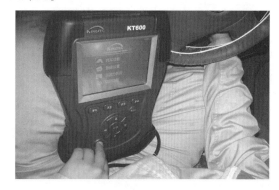

第十步　退出诊断系统

1 连续按"ESC"键，退出所有子菜单至诊断仪器初始菜单状态。

提示：

（1）切勿在未退至初始界面状态时强行关闭诊断仪器电源开关；

（2）先关闭诊断仪器电源开关，然后再关闭点火开关。

2 关闭诊断仪器电源开关。

3 关闭点火开关。使发动机熄火。

提示：

（1）第二缸喷油器控制电路的故障诊断与排除作业流程到此结束；

（2）如果故障症状仍未消除，则应拆除喷油器总成，检查喷油器总成是否卡死或损坏；

（3）如果喷油器总成检查正常，则故障为ECM损坏；

（4）其他汽缸的喷油器控制电路的故障诊断与排除方法与第二缸相似。

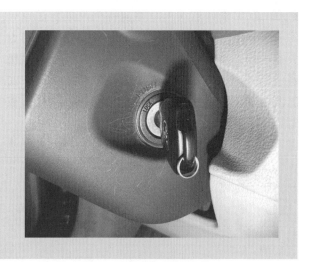

（八）点火控制电路的故障诊断与排除

☘ 任 务 说 明

1 一汽丰田卡罗拉轿车使用直接点火系统（DIS）。DIS是单缸点火系统，其中每个汽缸由一个点火线圈点火。火花塞连接在各个点火线圈次级绕组的末端。次级绕组中产生的高电压直接作用到各个火花塞上。火花塞产生的火花通过中央电极到达搭铁电极。点火控制系统的结构图如下图所示。

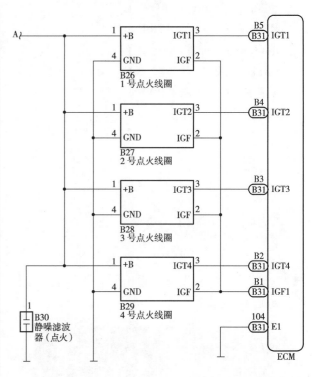

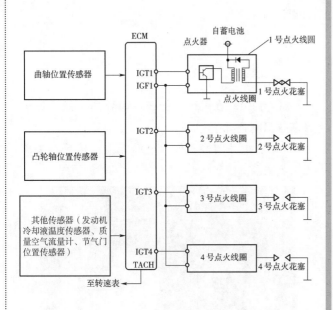

2 ECM确认点火正时并向每个汽缸发送点火信号（IGT）。ECM根据IGT信号接通或关闭点火器内的功率晶体管的电源。功率晶体管进而接通或断开流向初级线圈的电流。当初级线圈中的电流被切断时，次级线圈中产生高压。此高压被施加到火花塞上并使其在汽缸内部产生火花。一旦ECM切断初级线圈电流，点火器会将点火确认（IGF）信号发送回ECM，用于汽缸点火。点火控制系统的电路图如右上图所示。

3 当某一缸的点火系统发生故障时，点火器将停止工作。ECM存储故障代码，仪表板上的故障指示灯亮起。同时，ECM将中止向这个汽缸的喷油器喷油，防止三元催化器损坏，保护环境。电路图如下图所示。

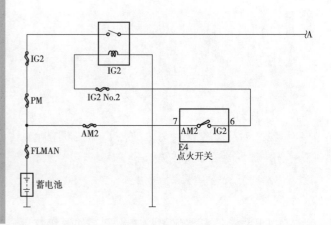

4 正确的点火次级波形测量步骤。

（1）确认点火开关在断开状态；

（2）连接示波仪器：

方法一：根据显示的窗口内容，将测量感应钳式脉冲信号检测器夹在通向1缸（或2、3、4缸）的点火电缆上；

方法二：示波器正表笔连接ECM端口。示波器负表笔连接ECM端口。

（3）将示波仪器正（红）、负（黑）电缆与车辆蓄电池正、负极连接；

（4）起动发动机，并使其怠速运转；

（5）在"点火示波器次级"窗口，显示并记录各缸点火波形；

（6）分析比较正确波形与实际测量波形的区别。正确的点火次级波形如下图所示。

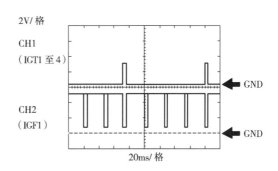

第一步 读取静态故障码、冻结帧和数据流

1 读取故障代码。显示故障代码和代码定义内容：P0352 点火线圈"B"初级/次级电路。

提示：

如果设置了DTC P0351 P0352 P0353 P0354，则分别检查1号、2号、3号、4号点火线圈电路。

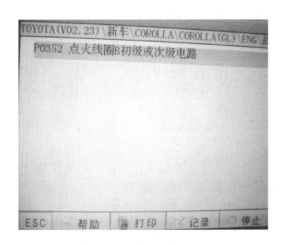

2 读取冻结帧任务中的基本测试数据并记录。

Injector (Port)　　2.43　ms
IGN Advance　　6.5　（°）
Engine Speed　　628　r/min
Coolant Temp　　85　℃

提示：

正确读取故障发生时的基本测试数据对故障诊断有很大的帮助。

3 读取冻结帧任务中除基本测试数据外的反映故障代码特征的相关数据并记录。

MAF　　　　　0.709　g/s
Coolant Temp　　86　　℃
Intake Air　　　26　　℃
Air-Fuel Ratio　0.948

上述相关数据未见明显异常。

提示：

冻结帧任务中各项数据比较多，但重点必须检查与故障代码特征相关的数据。

4 读取并分析研究故障发生瞬间（多帧数量0组）和故障发生前0.5s（多帧数量-1组）冻结帧任务中的基本测试数据以及反映故障代码特征的相关数据。

提示：

多帧数量0组的数据与多帧数量-1组的数据不同，通过比较，可以判断故障发现前后发动机工作的不同状况。

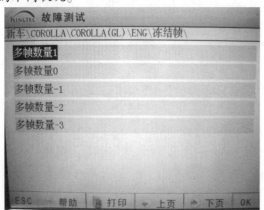

5 在数据流测试菜单中，正确读取与故障代码特征相关的静态数据并记录。

　　Air-Fuel Ratio　1.287　（偏稀）
　　O2S B1 S1　　0.0V
　　O2S B1 S1　　0.0V
　　Short FT #1　 -0.0%
　　Long Ft #1　 -0.0%
上述相关的静态数据未见明显异常。

提示：

在众多的静态数据流中，重点读取与故障代码特征相关的静态数据并与标准数据进行比较。

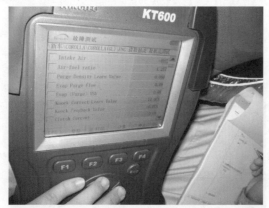

6 选择"清除故障码"菜单项，按"OK"键确认。执行清除故障代码命令。

提示：

清除故障代码命令将自动执行。

7 再次选择读取故障码，仪器显示：系统正常。

提示：

仪器显示系统正常不等于发动机电控系统一定正常。当执行清除故障代码命令后，在静态状态下某些执行器将无法显示故障码，因此也无法显示故障代码和代码定义内容。

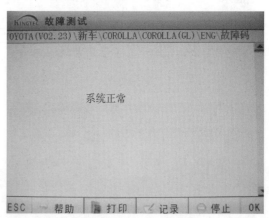

8 退出所有子菜单至诊断仪器初始界面状态。关闭诊断仪器电源开关及点火开关。

提示：

（1）切勿在未退至初始界面状态时强行关闭诊断仪器电源开关；

（2）先关闭诊断仪器电源开关，然后再关闭点火开关。

🌲 第二步　零部件安装状态检查

目视检查各传感器、执行器的安装状态是否正常。视需要修复各连接器端子脱落现象或接触不良状态。

提示：

重点检查与故障代码相对应的传感器或执行器的连接状况。

🌲 第三步　确认故障症状

1 起动发动机前，确认车辆周围环境是否安全。

提示：

发动机起动前，再次确认变速器挡位是否置于空挡位置，驻车制动器是否拉紧；对于配置自动变速器的车辆，起动发动机时必须踩踏制动踏板。

2 起动发动机时，观察起动是否困难。

提示：

起动时间小于5s。如在规定时间内无法起动，需等待30s后再起动。如连续三次未能起动，则根据维修手册"故障症状特征"检查相关任务。

3 发动机不同运行状态时的故障症状。

提示：

怠速转速时：转速是否偏高。观察症状现象；中、高速时：加速性能是否良好，反应是否迟缓。观察不同运行状态下的症状现象并记录。

4 确认故障症状。起动困难，怠速剧烈抖动，怠速转速偏高，加速不良，故障灯亮。

提示：

发动机症状表现为系统不正常，且故障灯亮，因此，可以断定发动机系统存在故障。

第四步 动态下故障码、冻结帧和数据流的再次读取

1 动态状态下读取故障码。显示故障代码和代码定义内容：P0352点火线圈"B"初级/次级电路。

提示：

当某一缸的点火系统发生故障时，点火器将停止工作。ECM存储故障代码，仪表板上的故障指示灯亮起。

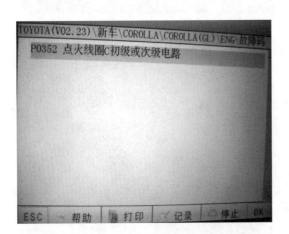

2 再次进入"ENGINE AND ECT"窗口，选择"冻结帧数据流"，按"OK"键确认，仪器进入"冻结帧"菜单。

提示：

菜单显示：
（1）DTC设置前冻结3组数据；
（2）DTC设置时冻结1组数据；
（3）DTC设置后冻结1组数据。

选择故障发生时或发生后0.5s时多帧数量0组和1组，按"OK"键确认。

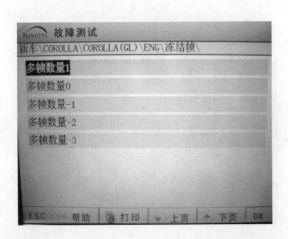

3 读取冻结帧任务中的基本数据并记录。

Injector (Port)　　3.2　　ms
IGN Advance　　5.5　　（°）
Engine Speed　　983　　r/min
Coolant Temp　　68　　℃

提示：

正确读取故障发生后的基本测试数据对故障诊断有很大的帮助。

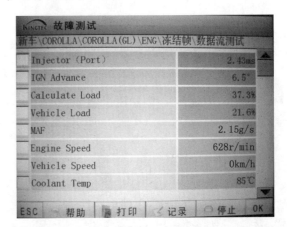

4 读取冻结帧任务中除基本测试数据外的反映故障代码特征的相关数据并记录。

MAF　　　　　　2.439　g/s
Intake Air　　　26　　℃
Air-Fuel Ratio　1.948　（偏稀）

除空燃比数据外，上述其他数据未见明显异常。

提示：

读取故障发生后反映与故障代码特征的相关数据对故障诊断有直接的帮助。

5 读取并记录发生故障瞬间和发生后0.5s时除基本数据以外的反映故障代码特征的相关冻结帧数据。

提示:

读取并比较发生故障瞬间和发生后0.5s时的相关冻结帧数据能够帮助维修人员准确掌握故障发生后的相关数据,判明数据的可靠性。

6 在"ENGINE AND ECT"菜单中,选择"读数据流"菜单,按"OK"键确认。读取与故障代码特征相关的动态数据并记录。

Air-Fuel Ratio　1.187　(偏稀)
O2S B1 S1　　　0.0V
O2S B1 S1　　　0.0V
Short FT #1　　 −0.0%
Long Ft #1　　　−0.0%

上述相关的静态数据未见明显异常。

提示:

读取并比较与故障代码特征相关的动态数据能帮助维修人员缩小故障诊断范围。

7 选择"清故障码",按"OK"键确认。执行清除故障码命令;清除故障代码命令已经执行。

提示:

清除故障代码命令将自动执行。

8 再次读取故障码,重现故障代码及代码定义内容:P0352点火线圈"B"初级/次级电路。

提示:

再次显示同一故障代码,则系统存在永久性(或当前性)的故障。

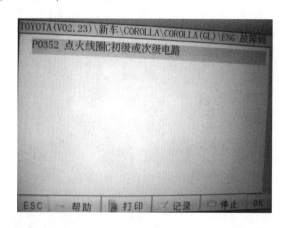

9 退出所有子菜单至诊断仪器初始界面状态。关闭诊断仪器电源开关及点火开关。

提示:

切勿在未退至初始界面状态时强行关闭诊断仪器电源开关。

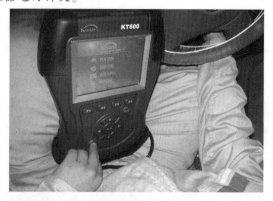

10 关闭点火开关。

提示：

先关闭诊断仪器电源开关，然后再关闭点火开关。

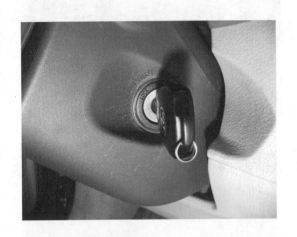

11 查阅维修手册或技术资料。确认诊断思路和检查步骤。

提示：

分析判断测量数据的准确性是故障诊断的关键。而查阅相关技术资料能帮助维修人员更快地确认诊断和维修思路。

ES-190		1ZR-FE 发动机控制系统 – SFI 系统
DTC	P0351	点火线圈 "A" 初级/次级电路
DTC	P0352	点火线圈 "B" 初级/次级电路
DTC	P0353	点火线圈 "C" 初级/次级电路
DTC	P0354	点火线圈 "D" 初级/次级电路

ES 描述

本车使用直接点火系统（DIS）：
DIS是单缸点火系统，其中每个汽缸有一个点火线圈点火，火花塞连接在各个次级绕组的末端。次级绕组中产生的高电压直接作用到各个火花塞上。火花塞产生的火花通过中央电极到达铁电极。ECM确定点火正时并向每个汽缸发送点火信号（IGT）。ECM根据ICT信号接通或关闭点火器内的功率晶体管的电源。功率晶体管进而接通或断开流向初级线圈的电流。当初极限圈中的电流被切断时，次级线圈中产生高压。此高压被施加到火花塞上并使其在汽缸内部产生火花。一旦ECM切断初级线圈电流，点火器会将点火确认（ICF）信号发送回ECM，用于各汽缸点火。

12 P0352 点火线圈 "B" 初级/次级电路的故障诊断流程图如下图所示。

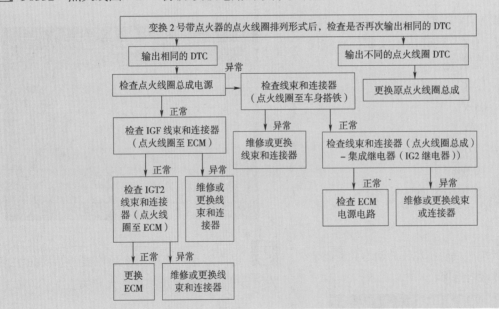

🌲 第五步 安装状态再次检查和元件变换

1 再次检查相关零部件、连接器线束是否安装完好，视需要进行修复处理。

提示：

连接器损坏或接触不良、插接器松动均可导致系统故障。

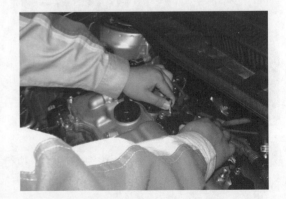

2 变换与该故障代码相对应的其他任何一缸的点火线圈。

提示：

采用直接点火系统（DIS）的装置将通过变换点火线圈的排列形式的方法判断点火线圈是否损坏。

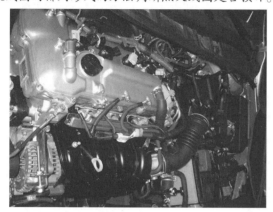

3 拔下第两缸点火线圈连接器。

提示：

连接器上端有保护锁扣，先按压锁扣，然后稍用力拔下连接器。

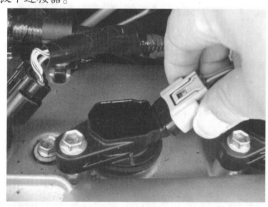

4 用扳手拆除两个点头线圈的固定螺栓。

提示：

拆除的固定螺栓应放置在零件工具车上。

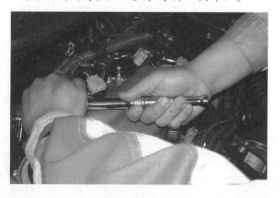

5 交换相邻（或其他）的点火线圈并重新安装点火线圈。

提示：

（1）由于点火线圈安装位置较小，点火线圈在拆卸时应稍向车辆前侧倾斜。否则，可能会碰撞发动机舱前侧的塑料板；

（2）交换相邻（或其他）的点火线圈的目的是确认该汽缸的点火线圈是否损坏。

6 拧紧两个点火线圈的固定螺栓。

提示：

螺栓的拧紧力矩为10N·m。

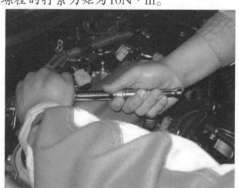

7 重新插回两个点头线圈的连接器。

提示：

不要变换连接器的排列顺序。确认连接器安装良好。

第六步　再次读取故障代码

 起动发动机，确认故障症状并记录症状现象：起动困难，怠速时仍剧烈抖动，怠速转速偏高，加速不良，故障灯亮。

提示：

发动机起动前，再次确认变速器挡位是否置于空挡位置，驻车制动器是否拉紧；为了安全作业，对于配置自动变速器的车辆，起动时要踩踏制动踏板。

 动态状态下再次读取故障码。仪器重显故障代码与代码定义内容：P0352　点火线圈"B"初级/次级电路。

提示：

（1）当某一缸的点火系统发生故障时，点火器将停止工作。ECM存储故障代码，仪表板上的故障指示灯亮起，故障代码显示仍为此故障码，则可确认原点火线圈总成正常；

（2）如果输出不同的点火线圈故障代码，则更换点火线圈总成。

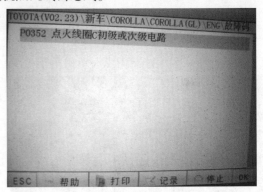

 退出所有子菜单至诊断仪器初始界面状态。关闭诊断仪器电源开关及点火开关，使发动机熄火。

提示：

（1）切勿在未退至初始界面状态时强行关闭诊断仪器电源开关；

（2）先关闭诊断仪器电源开关，然后再关闭点火开关。

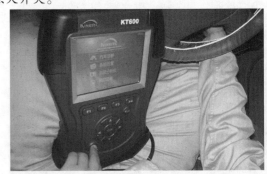

第七步　电路与线束的测试

 检查点火线圈总成电源。点火线圈线束连接器前视图如下图所示。

提示：

B26、B27、B28、B29分别表示第一缸、第二缸、第三缸和第四缸点火线圈的连接器。

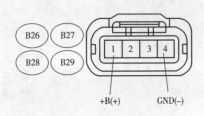

2　各点火线圈总成线束连接器标准电压值如下表所示。

标准电压

检测仪连接	开关状态	规定状态
B26-1（+B）-B26-4（GND）	点火开关置于ON位置	9~14V
B27-1（+B）-B27-4（GND）	点火开关置于ON位置	9~14V
B28-1（+B）-B28-4（GND）	点火开关置于ON位置	9~14V
B29-1（+B）-B29-4（GND）	点火开关置于ON位置	9~14V

3 断开第二缸点火线圈连接器，用测试延长线插入连接器B27-4（GND）端子内。

> 提示：
>
> 不允许用万用表的测量表笔直接插入连接器的B27-4（GND）端子内，以防损坏接插件。

4 用测试延长线插入连接器B27-1（+B）端子。

> 提示：
>
> （1）不允许用万用表的测量表笔直接插入连接器B27-1（+B）端子内，以防接插件损坏；
>
> （2）测试延长导线的另一端应良好绝缘，防止与车身接地造成线束短路。

5 打开点火开关。

> 提示：
>
> 将点火开关置于"ON"位置，切勿起动发动机。

6 用万用表DC20V量程挡测量连接器B27-1（+B）端子与B27-4（GND）端子之间的电压。规定电压：11～14V。实际测量值：12.04V。测量结果符合规定要求。

> 提示：
>
> （1）如电压异常，则检查B27-1（+B）端子与车身搭铁的电压；如测量电压正常，则检查B27-4（GND）端子与车身搭铁线束的断路状况，维修或更换线束和连接器；
>
> （2）如果B27-1（+B）端子与车身搭铁的电压异常，则检查维修发动机室继电器盒内IG2继电器和IG2保险丝是否损坏或熔断，检查维修相关线束和连接器的断路状态。

7 关闭点火开关。

> 提示：
>
> 同时观察车内其他用电设备是否都处在关闭状态。

8 断开蓄电池负极接线柱。

> 提示：
>
> 采用梅花扳手拧松蓄电池负极接线柱的固定螺母，分离接线柱，确保与蓄电池完全断开。

9 打开ECM连接器的锁扣。

提示:

连接器锁扣的手柄必须由水平位置向垂直位置方向扳动,方能完全解除锁止。不允许在未完全解锁的情况下强行拆除连接器。

10 断开ECM连接器。并将ECM放置于合适的可测量的位置。

提示:

由于ECM连接器及线束的安装位置较狭窄,断开ECM连接器时应轻提轻放。

11 校验万用表笔导线电阻误差。

提示:

不同型号的万用表内阻各不相同,测量电阻时必须进行校验。

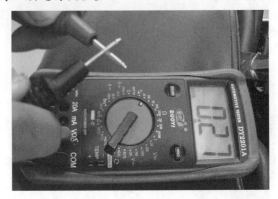

12 各点火线圈连接器端子的前视图如下图所示。

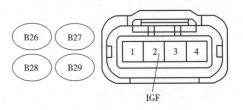

13 ECM连接器的前视图如下图所示。

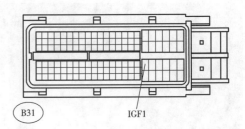

14 点火线圈各连接器IGF端子与ECM B31-81(IGF1)端子间的断路检查的标准电阻值如下表所示。

标准电阻(断路检查)

检测仪连接	条件	规定状态
B26-2(IGF)-B31-B1(IGF1)	始终	小于1Ω
B27-2(IGF)-B31-B1(IGF1)	始终	小于1Ω
B28-2(IGF)-B31-B1(IGF1)	始终	小于1Ω
B29-2(IGF)-B31-B1(IGF1)	始终	小于1Ω

15 用测试延长导线将测量端子插入B27-2(IGF)连接器的端子内。

提示:

不允许用万用表的表笔直接插入连接器的端子内，以防连接器损坏。

16 用测量探针插入ECM B31-81（IGF1）端子。

提示:

必须采用专用插针或测量延长线操作。不允许用万用表的表笔直接插入连接器的端子内，以防连接器损坏。

17 测量连接器B27-2（IGF）端子与ECM B31-81（IGF1）端子间电阻。

标准电阻值：<1Ω；实际测量值：0.05Ω。

测量结论：符合规定要求。

提示:

（1）实际测量值应减去仪表误差值，即是真实电阻值：0.32-0.27=0.05（Ω）；

（2）如电阻值异常，则维修或更换线束或连接器。

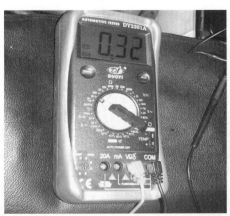

18 检查线束连接器B27-3（IGT2）端子与ECM线束连接器B31-84（IGT2）端子的断路短路状况。线束连接器B27-3（IGT2）前视图如下图所示。

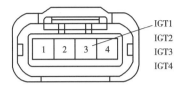

19 ECM连接器B31-84（IGT2）前视图如下图所示。

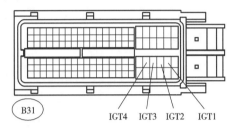

20 点火线圈各连接器IGT端子与ECM B31（IGT）各端子间的断路检查的标准电阻值如下表所示。

标准电阻（短路检查）

检测仪连接	条件	规定状态
B26-3（IGT1）-B31-B5（IGF1）	始终	小于1Ω
B27-3（IGT2）-B31-B4（IGF2）	始终	小于1Ω
B28-3（IGT3）-B31-B3（IGF3）	始终	小于1Ω
B29-3（IGT4）-B31-B2（IGF4）	始终	小于1Ω

21 用测试延长导线插入连接器B27-3（IGT2）端子。

提示:

不允许用万用表的表笔直接插入连接器的3#端子内，以防连接器损坏。

用测试延长线插入ECM B31-84（IGT2）端子。

提示：

采用专用探针或测量延长线操作。不允许将万用表的表笔直接插入连接器的端子内，以防连接器损坏。

 测量连接器B27-3（IGT2）端子至ECM B31-84（IGT2）端子和线束的导通电阻。

标准电阻值：<1Ω。实际测量值：∞。

测量结果：异常。

结论：不符合规定要求，线束存在断路现象。

提示：

测量时量程应先从小到大，超过10kΩ或更大电阻就视为此线束断路。

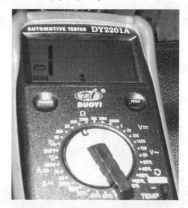

▲第八步　故障排除

拆检线束发现：第二缸点火线圈B27-3（IGT2）线束与ECM B31-84（IGT2）线束有断路现象。查找断路故障点，维修或更换线束。

提示：

断路线束的拆解与维修应小心谨慎，防止损坏其他线束。

▲第九步　维修后的检测

 维修后的复检：再次用测试延长线插入连接器B27-3（IGT2）端子内。

提示：

不允许用万用表的测量表笔直接插入连接器端子内，以防止连接器损坏。

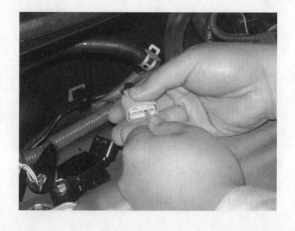

2 再次用测试探针插入 ECM B31-84（IGT2）端子。

提示：

必须采用专用插针或测量延长线进行操作。不允许用万用表的测量表笔直接插入连接器端子内，以防止连接器损坏。

3 再次测量连接器B27-3（IGT2）端子与ECM B31-84（IGT2）端子之间线束电阻。

标准电阻值：<1Ω。

实际测量值：0.03Ω。

结论：导线电阻值符合规定要求，线束恢复正常。

提示：

实际测量值应减去仪表误差值，才是线束真实的电阻值，即为真实电阻值0.30-0.27=0.03（Ω）。

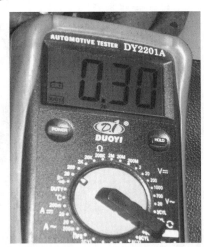

4 测量连接器B27-3（IGT2）端子与车身搭铁短路状态。

提示：

（1）采用专用插针或测量延长线操作；
（2）选择的电阻量程应在10kΩ以上。

5 标准电阻值：10kΩ或更大。

实际测量值：∞。

结论：符合要求，线束不存在短路现象。

提示：

（1）同样可选择测量ECM B31-84（IGT2）端子与车身搭铁的方法进行短路测量；
（2）如果测量值<1Ω，则线束存在短路现象，应查找线束的短路点并排除故障。

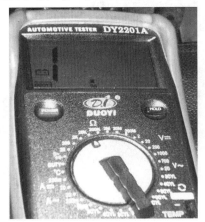

6 测量连接器B27-2（IGF）端子与车身搭铁的短路状态。

提示：

（1）采用专用插针或测量延长线操作；
（2）选择的电阻量程应在10kΩ以上。

短路测量状态检查。标准电阻值：10kΩ或更大。实际测量值：∞。

测量结果符合规定要求。

提示：

（1）可选择测量ECM B31-81（IGF1）端子与车身搭铁的方法进行短路测量；

（2）如果测量值＜1Ω，则线束存在短路现象，应查找线束的短路点并排除故障。

▲第十步 维修后的安装

 重新连接点火线圈连接器总成。

提示：

确认连接器连接正常，锁扣落位。

 重新安装、连接ECM连接器总成。

提示：

安装时，必须先将连接器锁扣的手柄置于垂直方向位置，然后将连接器轻插入ECM插口中，至完全插入后，再将锁扣的手柄置于水平位置锁定。不允许在未完全开锁的情况下强行插入连接器。

 连接蓄电池负极接线柱，并按规定力矩拧紧螺母。

规定力矩：5.4N·m。

提示：

先用梅花扳手拧紧固定螺母，然后再用数字式扭力扳手按规定扭矩拧紧。

▲第十一步 修复后故障码和数据流的再次检查

1 起动发动机。发动机怠速正常，加速性能良好。仪表显示：故障灯不亮。

再次选择读取故障码菜单,按"OK"键确认。仪器显示:系统正常。

提示:

发动机在运行状态下,系统未检测到故障,则仪器显示正常。

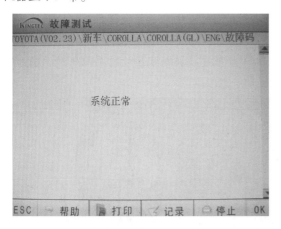

 再次读取历史故障码。仪器显示:系统正常。

提示:

存储在系统中的原故障代码由于ECM的断电,系统恢复到初始状态。且系统未检测到故障,则仪器显示正常。

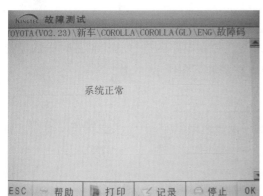

4 选择冻结帧数据流。无冻结帧产生。

提示:

系统无故障码,则无冻结帧。

5 选择读取数据流。读取并记录相关的数据流。

MAF	2.709	g/s
Coolant Temp	86	℃
Intake Air	26	℃
Air-Fuel Ratio	0.999	
O2S B1 S1	0.34V	
O2S B1 S1	0.01V	
Short FT #1	-0.0%	
Long Ft #1	-0.0%	

上述数据均正常。

提示:

所有数据流全部正常。

第十二步 退出诊断系统

1 连续按"ESC"键,退出所有子菜单至诊断仪器初始菜单状态。

关闭诊断仪器电源总开关。

提示：

（1）切勿在未退至初始界面状态时强行关闭诊断仪器电源开关；

（2）先关闭诊断仪器电源开关，然后再关闭点火开关。

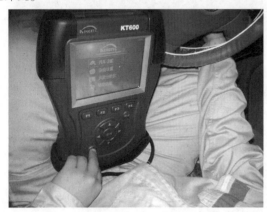

 关闭点火开关，使发动机熄火。

提示：

（1）点火控制电路的故障诊断与排除作业流程到此结束；

（2）其他点火线圈的故障诊断与排除可参照本方法的操作步骤进行；

（3）如果所有线束或连接器都正常，而故障现象存在，但无故障代码，则检查或更换火花塞；

（4）如果更换火花塞后故障症状仍然存在，则更换ECM。

（九）VVT-i控制电路的故障诊断与排除

★任务说明

1 可变气门正时（VVT）系统包括ECM，进、排气凸轮轴正时机油控制阀总成和VVT控制器。ECM向进、排气凸轮轴正时机油控制阀总成传送了一个目标占空比控制信号。这个控制信号用来调节提供给VVT控制器的机油压力。凸轮轴正时控制是根据发动机工作状态来执行的，从而使各种行驶条件下的发动机转矩增加，燃油经济性得到改善，废气排放量减少。可变气门正时（VVT）系统结构图如下图所示。

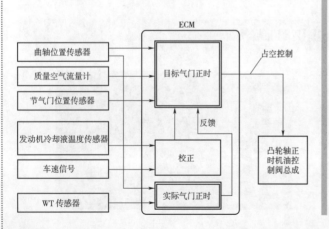

2 VVT控制电路的进气凸轮轴正时机油控制阀总成电路图如下图所示。

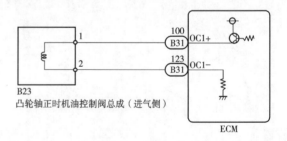

3 进、排气凸轮轴正时机油控制阀总成正确波形图如下图所示。

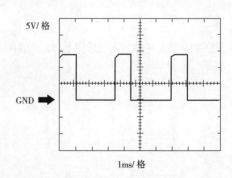

4 进气凸轮轴正时机油控制阀总成的测量端子如下表所示。

进气凸轮轴正时机油控制阀

ECM端子名称	在OC1+和OC1-之间
检测仪量程	5V/格，1ms/格
条件	急速运转时

5 排气凸轮轴正时机油控制阀总成的测量端子如下表所示。

排气凸轮轴正时机油控制阀

ECM端子名称	在OE1+和OE1-之间
检测仪量程	5V/格，1ms/格
条件	急速运转时

★ 第一步 读取静态故障码、冻结帧和数据流

 读取故障代码。仪器显示故障代码和代码定义内容：P0010 凸轮轴位置"A"执行器电路（组1）。

提示：

此故障代码表示为进气侧凸轮轴正时机油控制阀电路系统存在故障。

 读取冻结帧任务中除基本测试数据外的反映故障代码特征的相关数据并记录。

提示：

冻结帧任务中各项数据比较多，但重点必须检查与故障代码特征相关的数据。

 读取冻结帧任务中的基本数据并记录。

Injector (Port)	2.43	ms
IGN Advance	6.5	(°)
Engine Speed	628	r/min
Vehicle Speed	0	km/h
Coolant Temp	85	℃

上述冻结帧数据均正常。

提示：

正确读取故障发生后的基本测试数据对故障诊断有很大的帮助。

 读取并分析发生故障瞬间（多帧数量0组）和故障发生前0.5s时（多帧数量-1组）冻结帧任务中的基本测试数据以及反映故障代码特征的相关数据。

提示：

多帧数量0组的数据与多帧数量-1组的数据不同，通过比较，可以判断故障发现前后发动机工作的不同状况。

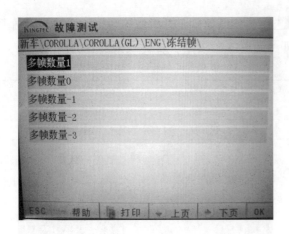

6 选择"清除故障代码"菜单,执行清除故障代码命令。

提示:

清除故障代码命令将自动执行。

5 在数据流测试菜单中,正确读取与故障代码特征相关的静态数据并记录。

VVT Control Status(Bank 1) OFF
VVT Aim Angle(Bank 1) 0.0%
VVT Change Angle(Bank 1) 0.0DegFR
VVT Ex Chg Angle(Bank 1) 0.0DegFR

静态状态下,以上数据流未见异常。

提示:

在众多的静态数据流中,重点读取与故障代码特征相关的静态数据并与标准数据进行比较。

7 再次读取故障码,仪器显示故障代码和代码定义内容:P0010 凸轮轴位置"A"执行器电路(B1)。

提示:

仪器重显相同的故障代码,则系统存在故障。

8 退出所有子菜单至诊断仪器初始界面状态。关闭诊断仪器电源开关及点火开关。

提示:

(1)切勿在未退至初始界面状态时强行关闭诊断仪器电源开关;

(2)应先关闭诊断仪器电源开关,然后再关闭点火开关。

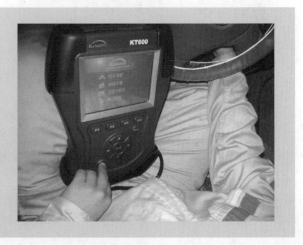

🌲 第二步 零部件安装状态检查

目视检查各传感器、执行器的安装状态是否正常。视需要手动检查、修复各连接端子脱落现象或接触不良状态。

提示:

重点检查与故障代码相关的传感器或执行器的线束或连接器的状况。

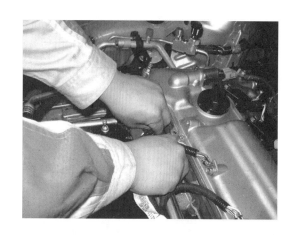

🌲 第三步 确认故障症状

1 起动发动机前，确认车辆周围环境是否安全。

提示:

发动机起动前，再次确认变速器挡位是否置于空挡位置，驻车制动器是否拉紧；对于配置自动变速器的车辆，起动发动机时必须踩踏制动踏板。

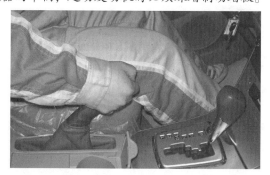

2 起动发动机时，观察起动是否困难。

提示:

起动时间小于5s。如在规定时间内无法起动，需等待30s后再起动。如连续三次未能起动，则根据维修手册"故障症状特征"检查相关任务。

3 观察发动机不同运行状态时的故障症状。

提示:

急速转速时：转速是否偏高。中、高速时：加速性能是否良好，反应是否迟缓。观察不同运行状态下的症状现象并记录。

4 故障症状：急速正常，转速偏高，无负荷时中高速加速性能良好；故障灯亮。

提示:

发动机症状表现为系统正常，但故障灯亮，因此，可以断定发动机电控系统存在故障。

任务 3 发动机电控系统常见故障诊断与排除

第四步 动态下故障码、冻结帧和数据流的再次读取

1 读取动态故障代码。再次显示故障代码和代码定义内容：P0010 凸轮轴位置"A"执行器电路（B1）。

提示：

由于程序开发的原因，有些仪器在读取故障码时只显示故障代码而不显示代码定义内容，需要学生查阅相关维修资料才能获得。

2 读取冻结帧任务中的基本数据并记录。

Injector (Port)	2.43	ms
IGN Advance	6.5	(°)
Engine Speed	628	r/min
Vehicle Speed	0	km/h
Coolant Temp	85	℃

上述冻结帧数据均正常。

提示：

基本数据均正常。

3 读取冻结帧任务中除基本测试数据外的反映故障代码特征的相关数据并记录。

提示：

冻结帧任务中各项数据比较多，但重点必须检查与故障代码特征相关的数据。

4 读取并分析发生故障瞬间（多帧数量0组）和故障发生后0.5s时（多帧数量1组）冻结帧任务中的基本数据以及反映故障代码特征的相关数据。

提示：

多帧数量0组的数据与多帧数量1组的数据可能有所不同，通过比较，可以判断故障发现时和故障发现后发动机工作的不同状况。

5 在"ENGINE AND ECT"菜单中，选择"读数据流"菜单，按"OK"键确认。读取与故障代码特征相关的动态数据并记录。

VVT Control Status（Bank1）	OFF
VVT Aim Angle（Bank1）	0.0%
VVT Change Angle（Bank1）	0.0egFR
VVT Ex Chg Angle（Bank1）	0.0egFR

动态状态下，以上数据流仍未见异常。

提示：

在众多的动态数据流中，重点读取与故障代码特征相关的数据并与标准数据进行比较。

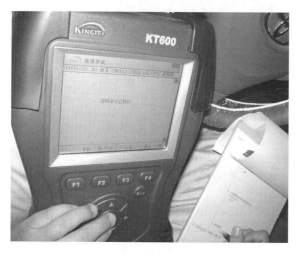

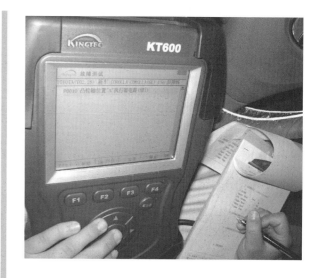

8 退出所有子菜单至诊断仪器初始界面状态。关闭诊断仪器电源开关及点火开关。

提示：

（1）切勿在未退至初始界面状态时强行关闭诊断仪器电源开关；

（2）先关闭诊断仪器电源开关，然后再关闭点火开关。

6 选择"清除故障代码"菜单，按"OK"键确认。执行清除故障代码命令。清除故障代码命令已经执行。

提示：

清除故障代码命令将自动执行。

7 再次读取故障代码。再次重现故障代码和代码定义内容：P0010 凸轮轴位置"A"执行器电路（B1）。

提示：

再次显示同一故障代码，则系统存在永久性（当前性）的故障。

9 查阅维修手册或技术资料。确认诊断思路和检查程序。

提示：

分析判断测量数据的准确性是故障诊断的关键。而查阅相关技术资料能帮助维修人员更快地确认诊断范围和维修思路。

10 P0010凸轮轴位置"A"执行器电路（B1）故障诊断流程图如下图所示。

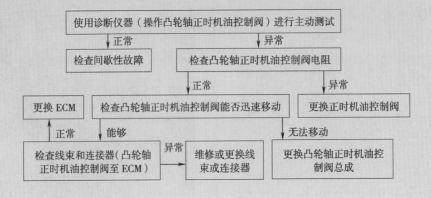

♣ 第五步　进行动作测试

1 起动发动机时。发动机处于怠速状态。开启故障诊断仪器。

 提示：

发动机起动时，发动机冷却液温度应为30℃或更低。

2 选择"动作测试"菜单，按"OK"键确认。

 提示：

利用诊断仪器具备的动作测试功能，可以帮助维修人员快速确认故障范围。

3 按压空调开关，使空调系统工作。

 提示：

（1）空调系统工作时，发动机转速将明显提高；
（2）动作测试时，冷却液温度应为30℃或更低。

4 按压鼓风机开关，转动鼓风机旋钮，使室内鼓风机工作。

 提示：

空调系统工作时，鼓风机系统必须同时工作，否则会造成空调系统蒸发器表面结霜或膨胀阀结冰。

5 选择菜单项：Control the VVT System(Bank1) 选择"ON"任务，按"OK"键进行动作测试。

提示：

如果对排气凸轮轴正时机油控制阀进行动作测试，则选择 Control the VVT Exhaust Linear(Bank1) 菜单进行动作测试。

结论：VVT机油控制阀系统存在故障。

提示：

（1）正常状态下，进行主动测试时，发动机出现失速或怠速不稳，甚至熄火；

（2）如果出现发动机怠速不稳或失速，则进行间歇性故障检查。

6 动作测试时，机油控制阀开闭和关闭状态如下表所示。

正常状态

检测仪操作	规定状态
机油控制阀关闭	正常发动机转速
机油控制阀打开	发动机怠速不稳或失速（机油控制阀从关闭切换至打开后立即出现）

7 动作测试时，当机油控制阀从关闭状态切换至开启状态时，发动机未出现怠速不稳或失速现象，发动机怠速转速无变化。

8 关闭空调开关，使空调系统停止工作。

提示：

关闭空调开关后，发动机的转速将降低至怠速状态。

9 退出所有子菜单至诊断仪器初始界面状态。关闭诊断仪器电源开关及点火开关。

提示：

（1）切勿在未退至初始界面状态时强行关闭诊断仪器电源开关；

（2）应先关闭诊断仪器电源开关，然后再关闭点火开关。

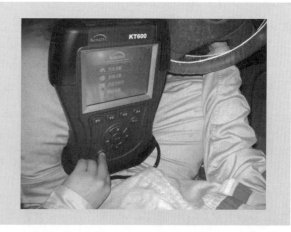

第六步　元件状态检查和测量

 检查凸轮轴正时机油控制阀总成。拔下凸轮轴正时机油控制阀总成连接器。

提示：

拔下连接器时，先按下连接器的锁扣，在确认锁扣完全放松的情况下，拔下连接器。

 使用扳手拧松凸轮轴正时机油控制阀总成的固定螺栓。

提示：

用梅花扳手进行拆卸。

 徒手拧下固定螺栓。

提示：

拧下固定螺栓时，防止螺栓落入发动机舱内。

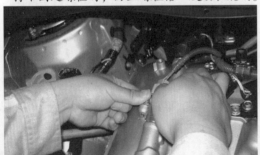

 取下凸轮轴正时机油控制阀总成。

提示：

由于密封圈的作用，拆卸机油控制阀时需左右旋转并稍向外用力，方能拆卸。

 清洁凸轮轴正时机油控制阀总成。

提示：

正时机油控制阀安装孔及内部存有机油，拆卸时应及时清洁。

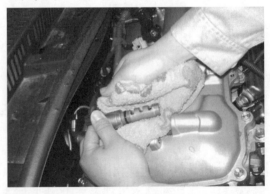

 将凸轮轴正时机油控制阀总成放置于工作台上。

提示：

切忌放置于前格栅布上或车辆的任何地方。

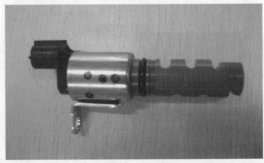

校验数字万用表笔的电阻误差。

提示：

使用数字万用表欧姆（200Ω以下）量程测量电阻时，应先将两表笔短路，测出两表笔导线的电阻值，然后从测得的阻值中减去此值，这才是测量零件的实际阻值。不同型号万用表的两表笔导线的电阻值各不相同，测量电阻时必须进行校验。

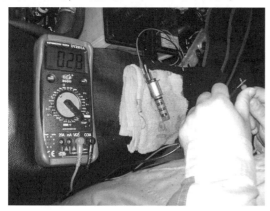

 凸轮轴正时机油控制阀总成电阻测量方法如下图所示。

没有线束连接的零部件：
（凸轮轴正时机油控制阀总成）

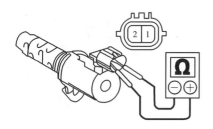

9 根据下表中的值测量电阻。

标 准 电 阻

检测仪连接	条件	规定状态
1-2	20℃（68℉）	6.9~7.9Ω

10 标准电阻值：6.9~7.9Ω。实际测量值：7.83Ω。电阻值正常。

结论：符合规定值，电磁阀电阻值正常。

提示：

（1）实际测量值应减去仪表误差值。因此，真实电阻值为：8.1-0.28=7.83（Ω）；

（2）如果电阻值异常，则更换凸轮轴正时机油控制阀总成。

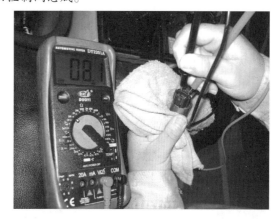

11 检查凸轮轴正时机油控制阀总成的移动状态，观察阀的动作。接线方法如下图所示。

没有线束连接的零部件：
（凸轮轴正时机油控制阀总成）

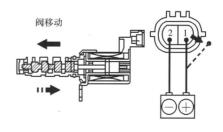

 将测试延长线分别连接凸轮轴正时机油控制阀总成的1#与2#端子。

提示：

注意两测试线束不能有短路产生。防止测试延长线短路，造成事故。

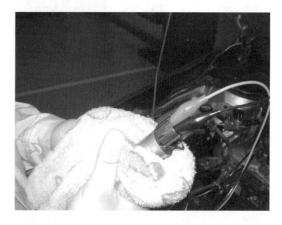

13 将1#测试延长线的另一端连接至蓄电池正极，2#测试延长线的另一端与蓄电池负极进行快速通断，观察凸轮轴正时机油控制阀中的阀门是否迅速移动。

正常状态下：机油控制阀迅速移动。
实际测试状态：机油控制阀迅速移动。
结论：凸轮轴正时机油控制阀正常。

提示：

如机油控制阀无法移动，则更换凸轮轴正时机油控制阀总成。

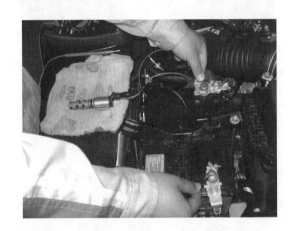

14 在凸轮轴正时机油控制阀密封圈上涂抹少许机油。

提示：

在密封圈上涂抹机油的目的是防止机油控制阀安装时损坏密封圈，造成漏油现象。

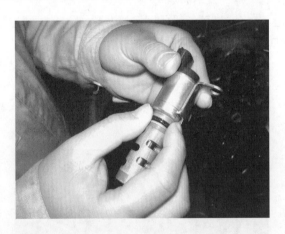

15 正确安装凸轮轴正时机油控制阀总成，且安装必须到位。

提示：

由于密封圈的作用，安装机油控制阀时左右旋转向内压入，方能安装到位。

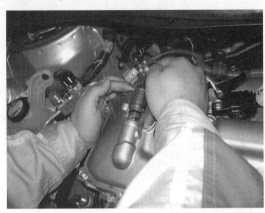

16 徒手拧紧凸轮轴正时机油控制阀紧固定螺栓。

提示：

安装时应防止固定螺栓落入发动机舱内。

17 用扳手拧紧螺栓。

提示：

用梅花扳手预紧固定螺栓。

18 用数字式扭力扳手按规定力矩拧紧固定螺栓。

规定力矩：10N·m。

达到规定力矩时，数字式扭力扳手会发出轻微的响声。

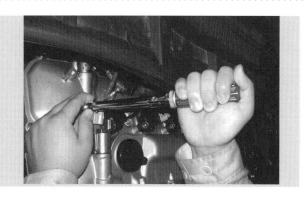

♣ 第七步 检查线束和连接器

1 拧松蓄电池负极接线柱螺母。

采用梅花扳手将蓄电池负极接线柱的固定螺母拧松。

2 断开蓄电池负极接线柱。

分离蓄电池接线柱，确保负极接线柱与蓄电池负极完全脱离。

3 打开ECM连接器的锁扣。

连接器锁扣的手柄必须由水平位置向垂直位置方向扳动，方能完全解除锁止，不允许在未完全解锁的情况下强行拆除连接器。

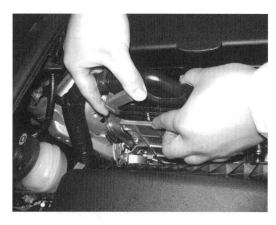

4 断开ECM连接器，并将ECM放置于合适的可测量的位置。

由于线束及连接器的位置布置狭窄，断开ECM连接器时应小心轻放。

5 凸轮轴正时机油控制阀线束连接器B23的前视图如下图所示。

线束连接器前视图：
（至凸轮轴正时机油控制阀）

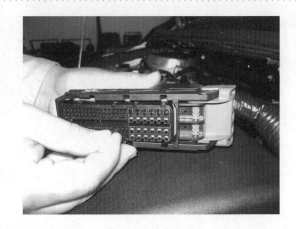

6 ECM的线束连接器B31的前视图如下图所示。

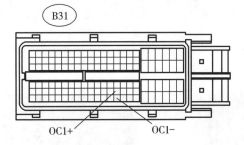

10 用测试延长导线将测量端子插入凸轮轴正时机油控制阀线束连接器B23-1端子内。

不允许用万用表的测量表笔直接插入连接器的端子内，以防连接器内部损坏。

7 凸轮轴正时机油控制阀线束连接器B23与ECM的线束连接器B31线束断路检查的标准电阻值如下表所示。

标准电阻（断路检查）

检测仪连接	条件	规定状态
B23-1—B31-100（OC1+）	始终	小于1Ω
B23-2—B31-123（OC1-）	始终	小于1Ω

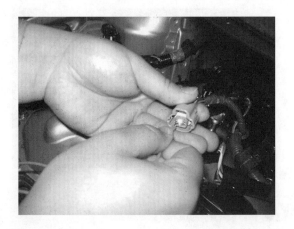

8 凸轮轴正时机油控制阀线束连接器B23或ECM的线束连接器B31线束与车身搭铁的断路检查的标准电阻值如下表所示。

标准电阻（短路检查）

检测仪连接	条件	规定状态
B23-1或B31-100（OC1+）—车身搭铁	始终	10kΩ或更大
B23-2或B31-123（OC1-）—车身搭铁	始终	10kΩ或更大

11 校验万用表电阻误差。

不同型号的万用表内阻各不相同，测量电阻时必须进行校验。

9 用测试探针插入ECM B31-100（CC1+）的连接器端子内。

不允许用万用表的测量表笔直接插入连接器的端子内，以防连接器内部损坏。

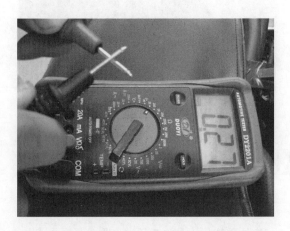

12 将数字万用表的表笔连接至B23-1插接器延长导线的另一端。

> **提示：**
>
> 当测量电阻时，万用表的任一表笔均可连接任何被测导线的两端。

13 将数字万用表的另一表笔连接至ECM连接器B31-100（CC1+）测试探针上。

> **提示：**
>
> 测量时确保万用表笔与测试探针完全接触，以确保测量数据准确无误。

14 测量ECM端的线束连接器B31-100（CC1+）与B23-1连接器端子间的电阻。

> **提示：**
>
> 测量时确保万用表两表笔与测试探针完全接触，以确保测量数据准确无误。

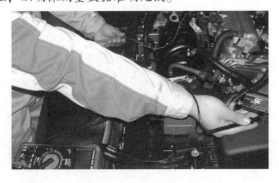

15 标准电阻值：<1Ω。实际测量值：∞。
结论：不符合要求，线束存在断路现象。

> **提示：**
>
> 测量量程应先从小到大，超过10kΩ或无穷大电阻就视为此线束断路。

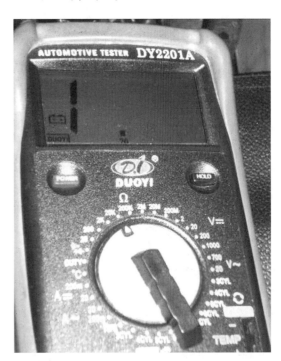

16 用测量探针插入ECM连接器B31-123（CC1-）内。

> **提示：**
>
> 不允许用万用表的表笔直接插入连接器端子内，以防接插件损坏。

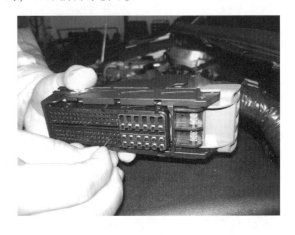

17 用测试延长导线将测量端子插入凸轮轴正时机油控制阀线束连接器B23-2端子内。

提示：

不允许用万用表的测量表笔直接插入连接器的端子内，以防连接器内端子损坏。

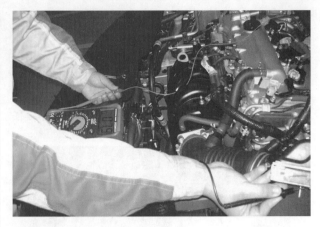

19 测量凸轮轴正时机油控制阀B23-2线束连接器端子或ECM B31-123（CC1-）线束连接器端子与车身搭铁的短路状态。

标准电阻值：10kΩ或更大。实际测量值：∞。

结论：电阻值符合要求，此线束不存在短路现象。

提示：

如果电阻值异常，则维修或更换线束或连接器。

18 测量B23-2线束连接器端子与ECM B31-123线束连接器端子（CC1-）间电阻。

标准电阻值：<1Ω。实际测量值：0.32Ω。

结论：符合规定要求。

提示：

（1）实际测量值应减去仪表误差值，才是线束真实的电阻值；

（2）如果电阻值异常，则维修或更换线束或连接器。

第八步 故障排除

拆检线束发现凸轮轴正时机油控制阀B23-1线束与ECM B31-100（CC1+）线束间存在断路现象。查找断路故障点，维修或更换线束或连接器。

提示：

断路线束的拆解与维修应小心谨慎，防止损坏其他线束。

第九步 维修后的检测

1 维修后的重复检测：再次用测试延长线插入连接器B23-1端子内。

不允许用万用表的测量表笔直接插入连接器。

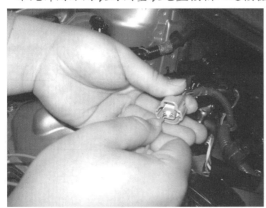

2 再次用测试探针插入 ECM B31-100（CC1+）端子内。

必须采用专用插针或测量延长线进行操作。不允许用万用表的表笔直接插入连接器。

3 再次测量连接器B23-1端子与ECM B31-100（CC1+）端子线束电阻。

标准电阻值：<1Ω。实际测量值：0.10Ω。电阻值符合规定要求。

结论：导线电阻值恢复正常，线束导通正常。

实际测量值应减去仪表误差值，才是线束真实的电阻值。

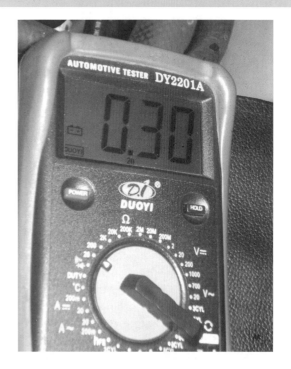

4 测量连接器B23-1端子与车身搭铁短路状态。

（1）采用专用插针或测量延长线操作；
（2）选择的测量量程挡在10kΩ以上。

5 标准电阻值：10kΩ或更大。实际测量值：∞。

结论：符合要求，线束不存在短路现象。

（1）也可选择测量ECM B31-100（CC1+）端子与车身搭铁的方法进行短路测量；
（2）如果电阻值<1Ω，则维修或更换线束或连接器。

7 短路测量状态检查。标准电阻：10kΩ或更大。实际测量值：∞。

测量结果符合规定要求。

 提示：

如果电阻值＜1Ω，则维修或更换线束或连接器。

6 测量连接器B23-1端子与B23-2端子或线束间的短路状态。

提示：

（1）采用专用插针或测量延长线操作；
（2）选择的测量量程挡在10kΩ以上。

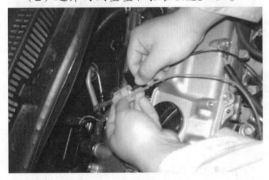

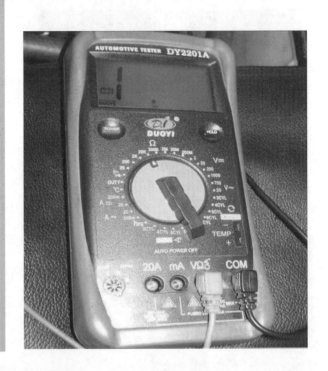

▲第十步 维修后的安装

1 重新连接凸轮轴正时机油控制阀线束连接器。

 提示：

确认连接器连接正常，锁扣安装到位。

2 重新安装连接ECM连接器总成。

 提示：

安装时，必须先将连接器锁扣的手柄置于垂直方向位置，然后将连接器插入ECM插口中，至完全插入后，再将锁扣的手柄置于水平位置锁定。不允许在未完全开锁的情况下强行插入连接器。

3 连接蓄电池负极接线柱，拧紧锁紧螺母。

提示：

先用梅花扳手拧紧蓄电池负极接线柱固定螺母。

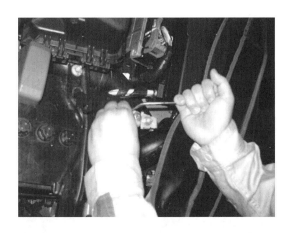

4 再按规定力矩锁紧螺母。
规定力矩：5.4N·m。

提示：

用数字式扭力扳手按规定力矩拧紧螺母。

第十一步　修复后故障码和数据流的再次检查

1 起动发动机，发动机怠速正常，中、高速加速性能良好。仪表显示：故障灯不亮。

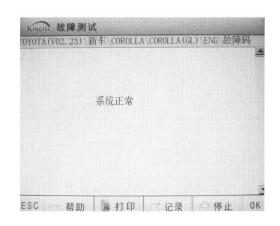

2 再次读取故障码，按"OK"键确认，诊断仪器显示：系统正常。

提示：

发动机运行状态下，系统未检测到故障，则仪器显示正常。

3 再次读取历史故障码。仪器再次显示：系统正常。

提示：

存储在系统中的原故障码代，由于ECM的断电，系统恢复到初始状态。系统未检测到故障，则仪器显示正常。

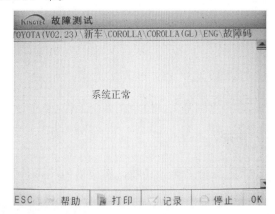

4 选择读取"冻结帧数据流"菜单。仪器显示:无冻结帧产生。

※ 提示:

系统无故障码,则无冻结帧。

5 再次读取数据流。读取并记录相关的数据流。

VVT Control Status (Bank1)　　OFF
VVT Aim Angle (Bank1)　　0.0%
VVT Change Angle (Bank1)　　0.0egFR
VVT Ex Chg Angle (Bank1)　　0.0egFR

动态状态下,以上数据流均正常。

※ 提示:

所有相关的数据流均正常。

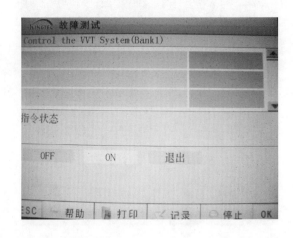

▲ 第十二步　再次进行动作测试

1 再次选择"动作测试"菜单,按"OK"键确认。

※ 提示:

利用诊断仪器具备的动作测试功能,可以验证故障是否已经排除。

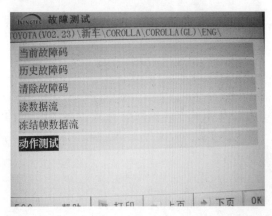

2 打开空调开关,使空调系统工作。

※ 提示:

(1)空调系统工作时,发动机的转速将明显提高;

(2)动作测试时,冷却液温度应为30℃或更低。

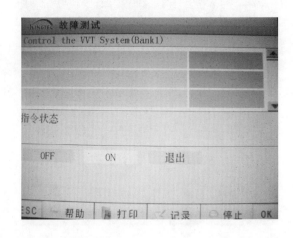

3 选择以下菜单项:

Control the VVT System(Bank1) 再次选择"ON"任务,按"OK"键进行动作测试。

※ 提示:

如果对排气凸轮轴正时机油控制阀进行动作测试,则选择Control the VVT Exhaust Linear(Bank1)菜单进行动作测试。

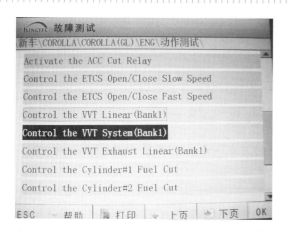

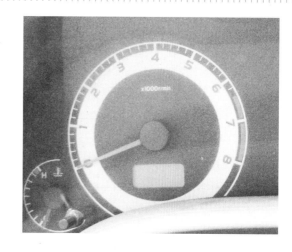

4 仪器操作时,机油控制阀开闭的规定状态如下表所示。

检测仪操作	规定状态
	正 常 状 态
机油控制阀关闭	正常发动机转速
机油控制阀打开	发动机怠速不稳或失速 (机油控制阀从关闭切换至打开后立即出现)

5 正常状态下,当机油控制阀从关闭状态切换至开启状态时,发动机应立即出现怠速不稳或失速。

 提示:

动作测试时,一边操作诊断仪器,一边观察发动机的运行状态。

7 关闭空调开关。

 提示:

同时关闭鼓风机开关。

8 退出测试动作菜单。起动发动机,发动机怠速正常,中、高速加速性能良好。系统正常。

6 实际测试结果:当机油控制阀从关闭状态切换至开启状态时,发动机怠速立即下降,然后立即熄火。

动作测试结果:正常。

结论:VVT机油控制阀系统恢复正常。

 提示:

凸轮轴正时机油控制阀的故障排除,系统工作正常。

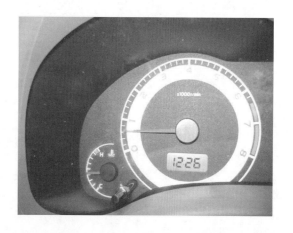

第十三步　退出诊断系统

1 连续按"ESC"键,退出所有子菜单至诊断仪器初始菜单状态。

2 关闭诊断仪器电源开关。

提示:

切勿在未退至初始界面时强行关闭诊断仪器电源开关。

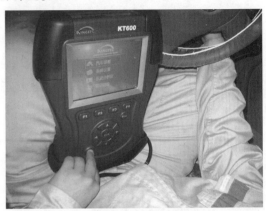

3 关闭点火开关,将点火开关置于OFF位置。

提示:

(1) VVT-i控制电路的故障诊断与排除作业流程到此结束;

(2) 如果上述诊断检测任务均正常,则检查维修发动机的机械部分;

(3) 如果发动机的机械部分正常,则更换ECM。

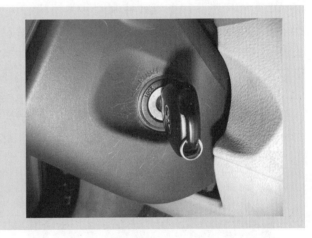

九　考核标准

发动机电控系统故障诊断排除考核评分表

总分:100分　　姓名:_____　学号:_____　总分:_____

序号	任务	配分	内容	扣分标准	分值	得分
1	故障码检查(不起动发动机)	5分	正确读取故障码 记录故障码	操作不当 每项扣分	3分 2分	
2	正确读取数据、清除故障码	11分	定格数据确认 相关数据流确认 故障码清除 再次正确读取故障码	操作不当 每项扣分	4分 4分 1分 2分	
3	安装状态检查	2分	相关器件安装状态检查	酌情扣分	2分	
4	确认故障症状(起动发动机)	2分	发动机运行状态、故障灯显示状态	酌情扣分	2分	

续上表

序号	任务	配分	内容	扣分标准	分值	得分
5	故障代码再次检查	15分	正确读取并记录故障码 与故障代码相关的定格数据确认 与故障代码相关的动态数据确认 故障码清除 再次正确读取故障码	操作不当 每项扣分	2分 5分 5分 1分 2分	
6	根据故障代码，查阅相关资料手册	5分	正确查阅维修资料或手册	酌情扣分	5分	
7	元器件测量及安装状态检查 注：如无须测量元件，则此分值归属故障点的判断与确认	10分	确认测试元件端子 正确选择测量仪器及量程 正确校验仪器、确认误差值 正确检查测量元件及安装状态 正确读取和记录测试数据 正确分析测量结果	操作不当 每项扣分	1分 2分 1分 2分 2分 2分	
8	电路测量	10分	正确选择测量仪器及量程 正确校验仪器、确认误差值 正确选择各端子号及线束 测量各端子线束的短路、断路及车身搭铁 正确读取和记录数据 正确分析测量结果	操作不当 每项扣分	1分 1分 2分 3分 1分 2分	
9	故障点的判断与确认	10分	正确判断与确认故障点	酌情扣分	10分	
10	故障点的排除	10分	正确处理排除故障点	酌情扣分	10分	
11	故障代码再次读取检查	4分	正确读取并记录故障码 定格数据确认 相关数据流内容检查 故障代码再次清除	操作不当 每项扣分	1分 1分 1分 1分	
12	文明安全作业	10分	使用工具、量具及仪器 作业规范安全	操作不当 每项扣分	5分 5分	
13	作业时间及其他	6分	20min终止，未完成任务扣实际分值 存在重大安全隐患每次扣15分（本项可倒扣分值）	酌情扣分	6分	

考评员签字：　　　　　　　　　　　　　　　　　　　　　　　　　　　　年　　月　　日

任务4 尾气检测

一 任务说明

废气分析仪采用不分光红外吸收法原理，测量机动车废气中的一氧化碳（CO）、碳氢化合物（HC）和二氧化碳（CO_2）成分，用电光学电池原理测量排气中的氮氧化合物（NO_x）和氧气（O_2）的成分，并可根据测得的CO、CO_2、HC和O_2的成分计算出过量空气系数。

二 技术标准与要求

发动机怠速工况和双怠速工况下检测排放要求按照国家标准GB 18285—2005的规定执行。

（1）装用点燃式发动机的新生产汽车排气污染物排放限值（体积分数）见下表。

车 型	类 别			
	怠 速		高 怠 速	
	CO%	HC PPM	CO%	HC PPM
2005年7月1日起新生产的第一类轻型汽车	0.5	100	0.3	100
2005年7月1日起新生产的第二类轻型汽车	0.8	150	0.5	150
2005年7月1日起新生产的重型汽车	1.0	200	0.7	200

（2）装用点燃式发动机的在用汽车排气污染物排放限值（体积分数）见下表。

车 型	类 别			
	怠 速		高 怠 速	
	CO%	HC PPM	CO%	HC PPM
1995年7月1日前生产的轻型汽车	4.5	1200	3.0	900
1995年7月1日起生产的轻型汽车	4.5	900	3.0	900
2000年7月1日起生产的第一类轻型汽车	0.8	150	0.3	100
2001年10月1日起生产的第二类轻型汽车	1.0	200	0.5	150
1995年7月1日前生产的重型汽车	5.0	2000	3.5	1200
1995年7月1日起生产的重型汽车	4.5	1200	3.0	900
2004年9月1日起生产的重型汽车	1.5	250	0.7	200

检测工作全部结束，关闭电源前，应将仪器处于测量状态下（这时气泵处于工作状态下）10min左右。同时将取样头放置在洁净的空气中，让洁净的空气通入仪器，吹净管道内残留的排放气体。

三 实训时间 20min ★★★★

四 实训教学目标

（1）了解检测发动机尾气排放的重要性；
（2）熟悉五气分析仪的检测原理；
（3）掌握检测尾气分析仪的操作过程；
（4）能对检测结果进行分析判断。

五 实训器材

一汽丰田卡罗拉车型

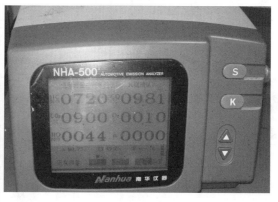
五气体分析仪

其他工具及器材：尾气检测记录表。

六 教学组织

❶ 教学组织形式

每辆车每次安排两名学生参与实训操作。当教师发出"开始"口令后，第一位学生开始操作，第二位学生根据作业流程表及评分表的步骤对第一位学生的操作过程进行跟踪记录。其他同学则通过视频实况观察第一位学生操作的每一个作业步骤，记录其不足之处。当第一位学生操作完毕后，负责跟踪记录的第二位学生根据作业流程表及评定记录对第一位操作的学生进行评定，其他通过视频实况观察的学生则进行补充互评，最后，教师进行总结点评。

❷ 实训教师职责

操作前讲解作业步骤和安全注意事项，下达"开始"口令后，在各工位间交叉监视、检查、指导并纠正错误。在每位学生操作完成后进行总结点评。

❸ 学生职责变换

学生实行职责变换制度，当第一位学生操作完毕后，第二位学生开始进行操作前的准备工作，当教师再次发出"开始"口令后，第二位学生开始进行实际操作。而第三位学生仍然根据作业流程表及评分表的步骤进行跟踪记录，其他同学则通过视频实况进行观察记录。依此循环，直至所有学生操作完成。

任务 4 尾气检测

七 操作步骤

▲ 第一步 前期准备

1 将NHA-4(5)00A型废气分析仪放置在工作台上。

提示：

（1）废气分析仪是贵重仪器，应轻拿轻放；
（2）分析仪的校准在测试前均已完成。

2 正确安装连接测试取样管和电源连接线。

提示：

损坏的电源连接线切莫继续使用。确保取样管连接牢固。

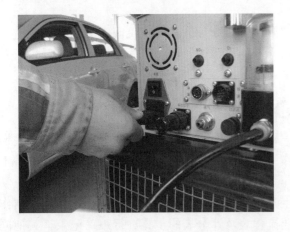

3 连接分析仪器转速信号插头和线索。确保线索和插座连接正常。

提示：

转速信号插头具有方向性，确保安装时插头与插孔连接准确无误。

4 连接分析仪器油温信号插头和线索。确保线索和插座连接正常。

提示：

油温信号插头具有方向性，确保安装时插头与插孔连接准确无误。

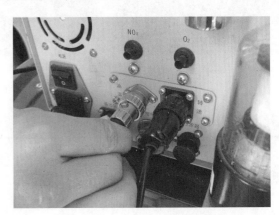

5 连接电源并打开电源开关。对仪器进行自检预热。

提示：

打开电源开关后应确认仪器已进入自检状态。

第二步 泄漏检查与设置测量方式

1 仪器自检预热完成后按照显示屏提示进行"泄漏检查"操作,然后仪器进行自动调零操作。

提示:

(1)必须按仪器的提示方法进行分步操作;
(2)如有泄漏,检查并修复泄漏。

2 按面板上的"S"键将光标移到所需的选项上,进入调零、校准操作界面。

提示:

仪器具有自动调零功能,能对零位进行周期性地(每半小时一次)自动校准,一般情况下无须再调零。

3 按面板上的"K"键进行调零、校准操作。

提示:

调零完毕,显示屏右下角显示"OK",几秒钟后提示消失,重新恢复到五个子菜单选项。

4 完成HC残留检查及发动机预热操作。

提示:

清除取样管内残留的HC物质,使实际测量数据更为准确。

5 按面板上的"S"键使光标移到"设置"选项上,进入子菜单选择:测量方式、发动机行程、点火方式等各项参数。

提示:

测量前应根据被测车辆各项技术参数进行相应的设置,能提高测量的准确性和数据的可靠性。

6 根据被测车辆的各种参数对发动机的冲程、燃料的种类、测量方式以及点火方式等进行设置。

提示：

必须按被测车辆的各种参数进行设置，否则，测量结果将与实际排放不符。

```
（用▲▼S键选择，K键确认）
▶测量方式：  通用    怠速    √双怠速
  冲   程：√四冲程         二冲程
  点火方式：√单次           二次
  燃油种类：√汽油           液化气
  开机检漏：√有             无
  车牌汉字：  浙
  退   出
```

7 设置完成后，按"▲""▼"键将光标移至"退出"栏目，按"K"键确认。退出设置,回到主菜单。

第三步　起动前的安全检查

1 安放车轮挡块。

提示：

正确地安放车轮挡块，能防止车辆意外移动。

2 支承发动机舱盖并确保稳定可靠。

提示：

必须将支承杆插入到发动机舱盖支承孔内。否则，舱盖滑落会造成人身伤害和车辆损坏。

3 检查机油、冷却液位高度。

提示：

做好发动机起动前的机油液位、冷却液液位的检查工作，是为了避免发动机起动后没有足够的机油和冷却液，造成机件损坏；如果机油液位和冷却液位在下刻度线以下，则必须加注机油和冷却液。

4 检查机油液位后，拔出机油标尺。

提示：

将机油标尺放置于工具车上。

5 调整油温信号测量探头的长度，使其与机油标尺的长度相等。

提示：

确认油温信号测量探头前部完全淹没在机油中。

6 确认油温信号测量管的锥形密封口完全与机油标尺导管密封。

提示：

防止测量管的锥形密封处脱离机油标尺孔。

7 注意转速测量钳口背面的箭头，使其指向火花塞。

提示：

如果箭头方向相反，将得不到正确的转速信号。

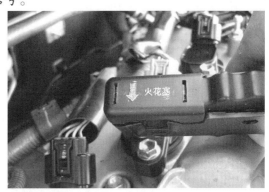

8 将转速测量钳夹在发动机第一缸的火花塞高压线外。

提示：

不要将转速测量钳夹在发动机的其他汽缸的火花塞高压线外。否则，将得不到正确的转速信号。

9 插入废气抽气管。

提示：

发动机工作产生的有害气体必须及时排出室外，这有利于操作人员的身体健康。

10 现场安全确认。

提示：

现场不需要的设施以及无关人员的进入可能会产生安全隐患，必须进行及时的处置。

第四步　起动发动机

1 确认变速器挡位杆置于停车"P"挡位置。

提示：

机械式变速器挡位杆应置于空挡位置，确保发动机起动安全，防止出现窜车，避免发生意外事故。

3 起动发动机，使发动机达到暖机状态。

提示：

正常状态下的发动机冷却液温度为80~95℃。

2 拉紧驻车制动器。

提示：

确保车辆安全，防止出现溜车，防止意外事故的发生。

第五步 尾气的测量

1 按下"选择"键,使光标移到"测量"选项上。

提示:

用"▲""▼""S"键选择,"K"键确认。

2 再按"K"键,仪器进入先前所设置的测量方式,进入相应的子菜单。

提示:

用"▲""▼""S"键选择,"K"键确认。

3 通用测量:进入"通用测量"子菜单后,将取样探头插入被测车辆的排气管中(深度为400mm)。

提示:

取样探头插入到被测车辆的排气管后,仍须插入废气抽气管。

4 按"K"键进入"通用测量"测量菜单。

提示:

用"▲""▼""S"键选择,"K"键确认。

5 取样倒计时结束后,读取并记录测量数据。

提示:

(1)进入"通用测量"方式后,仪器的气泵将起动;

(2)测量完成后将光标移至停止键的上方,按"K"键停止测量。

(用▲▼S键选择,K键确认)			
HC(PPM)	70	CO(%)	0
CO_2(%)	14.07	O_2(%)	0.36
NO(PPM)	305	n	678
λ	1.002	T	68.0℃
▼			
正在测量……	停止	打印	存储

将取样探头从排气管拔出。

提示：

（1）测量后的取样探头可能温度较高，取出时应防止伤及他人；

（2）取样探头应悬空放置，防止杂物被吸入至管道内。

 测量结束后，查阅资料对通用测量的数据进行分析比较。测量结果符合要求。系统排放正常。

提示：

如果通用测量结果不合格，则车辆的排放存在问题，应对发动机机械或电控系统进行维修和诊断。直至排放合格。

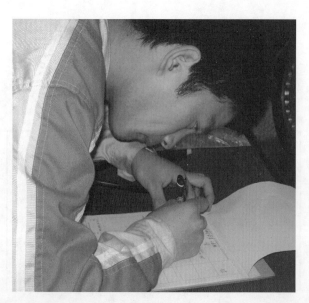

 双怠速排放测量：进入"双怠速测量"子菜单后，仪器首先将进行HC残留物检查和发动机预热。显示屏将出现提示："正在进行HC残留检查……××秒"。检查结束后，根据仪器提示选择"额定转速"，按"K"键确认。

提示：

如果HC残留物检查不合格，则应清洗测试管道。

 根据提示先按"怠速排放测量"程序进行测量准备及发动机预热。

提示：

发动机润滑油温度达不到80℃时，应根据仪器提示使发动机加速预热，完成检测前的准备工作。

10 插入取样探头。将取样探头插入被测车辆的排气管中（深度为400mm）。

提示：

取样探头插入到被测车辆的排气管后，仍须插入废气抽气管。

11 按仪器提示进行高怠速的取样测量。保持发动机转速在2500/min，屏幕显示取样时间为倒计时45s，前15s为预备阶段，后30s为实际取样阶段。

提示：

如果发动机转速在取样阶段无法保持在2500r/min±100r/min范围内，则仪器将重新计时。

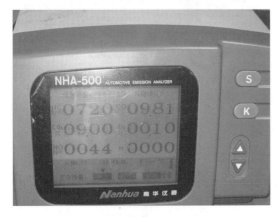

12 取样倒计时结束时，高怠速的排放测量完毕。根据提示进入怠速下的排放测量阶段。将发动机减速并保持怠速运转。屏幕显示取样时间为倒计时45s，前15s为预备阶段，后30s为实际取样阶段。

提示：

必须按仪器的提示进行相关的操作。

13 取样倒计时结束后，双怠速状态下的排放测量完毕，仪器显示测量结果。读取并记录测量数据。

提示：

测量完成后将光标移至退出键的上方。

高怠速平均值			
HC（PPM）	30	CO（%）	0
CO$_2$（%）	8.07	O$_2$（%）	0.18
NO（PPM）	158	n	2500
λ	1.000	T	68.0℃
低怠速平均值			
HC（PPM）	70	CO（%）	0
CO$_2$（%）	14.07	O$_2$（%）	0.36
NO（PPM）	305	n	678
λ	1.002	T	68.0℃

正在测量…… 退出 打印 存储

14 测量结束后，查阅资料对双怠速排放测量的数据进行分析比较。测量结果符合要求。系统排放正常。

提示：

如果双怠速排放测量结果不合格，则车辆排放存在问题，应对发动机机械或电控系统进行维修和诊断。直至排放合格。

第六步 结束测量

1 检测工作完成后,将取样探头从排气管拔出。继续保持仪器处于测量状态下10min左右,将取样探头放置在洁净的空气中,让洁净空气通入仪器,吹净管道内残留的排放气体。

提示:

(1)测量后的取样探头可能温度较高,取出时应防止伤及他人。

(2)取样探头应悬空放置,防止杂物被吸入至管道内。

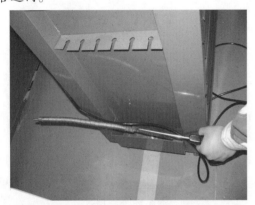

2 关闭发动机电源开关,使发动熄火。

3 取下转速测量钳。

4 拔出油温测量探头。清洁测量探头并放回工具车上。

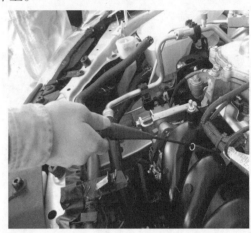

5 按"S"键和"K"键,返回主菜单。

6 关闭分析仪器电源。拆除各连接管路及导线,清洁仪器和连接管路。

提示:

尾气测量的作业流程到此结束。

八 考核标准

考 核 标 准 表

考核时间	序号	考 核 任 务	满分	评 分 标 准	得分
20min	1	将废气分析仪放置在工作台上	3分	酌情扣分	
	2	正确安装连接仪器测试管道及插口	5分	安装不当扣5分	
	3	连接线索,确认仪器及线索连接正常	5分	连接不当扣5分	
	4	连接电源,打开电源开关进行预热	2分	操作不当扣2分	
	5	进行"泄漏检查"操作	5分	操作不当扣5分	
	6	根据仪器提示进行自动调零操作	3分	操作不当扣3分	
	7	安装车轮挡块	2分	操作错误扣2分	
	8	支撑发动机盖	2分	操作错误扣2分	
	9	检查机油、冷却液	4分	操作错误扣4分	
	10	插尾气抽气管	2分	操作不当扣2分	
	11	现场安全检查确认	2分	操作不当扣2分	
	12	起动发动机,达到暖机状态	3分	操作不当扣3分	
	13	按面板上的"S"键进行调零、校准操作	3分	操作不当扣3分	
	14	选择正确的测量方式和设置各项参数	5分	酌情扣分	
	15	将取样探头插入被测车辆的排气管中	2分	操作不当扣2分	
	16	急速排放测量并记录	10分	操作不当扣10分	
	17	根据提示进行双怠速排放测量操作,读取并记录测量数据	20分	操作不当每项扣5分	
	18	关闭发动机电源开关,使发动机熄火	2分	操作不当扣2分	
	19	将取样探头从排气管拔出	2分	操作不当扣2分	
	20	取下转速测量钳并放回原处	2分	操作不当扣2分	
	21	拔出油温测量探头并放回原处	2分	操作不当扣2分	
	22	操作仪器,返回主菜单	2分	操作不当扣2分	
	23	关闭电源并拆除各连接管路及导线	2分	操作不当扣2分	
	24	拆除车轮挡块及排气抽气管	2分	操作不当扣2分	
	25	清洁整理工作环境	3分	操作不当扣3分	
	26	根据测试数据判断废气是否符合标准	10分	判断不当扣10分	
	27	保证作业安全		因违规操作造成人身和设备事故的,总分按0分计	
		分数合计	100分		

任务 5　工位整理

一　任务说明

故障诊断与排除维修工作结束后,必须对工位进行整理。工位的整理包括车辆的内外部清洁,各种仪器的清洁与整理,防护用具及工具的清洁整理等等。整顿、整理、清扫、清洁、自律、安全的"6S"操作规范会在最后的工位整理中将得到充分的体现。良好的作业习惯能提升汽车维修操作人员的整体素质。

二　技术标准与要求

（1）掌握工位整理作业流程,熟悉作业步骤；
（2）规范工位整理工作的操作要求；
（3）对"6S"操作规范提出明确的要求。

三　实训时间　5min　

四　实训教学目标

（1）了解汽车维修作业后工位整理工作的重要性；
（2）熟悉维修诊断作业后工位整理的基本工作内容及任务；
（3）掌握诊断仪器的拆除方法及维修工具、设备的清洁整理等注意事项。

五　实训器材

设备及工具车

汽车

其他工具及器材：

翼子板布、前格栅布、座椅套、地板垫及转向盘套；车轮挡块、诊断仪器、尾气分析仪、尾气抽气管、维修手册、作业工单、抹布等。

六　教学组织

❶ 教学组织形式

每辆车每次安排两名学生参与实训操作。当教师发出"开始"口令后,第一位学生开始操作,第二位学生根据作业流程表及评分表的步骤对第一位学生的操作过程进行跟踪记录。其他同学则通过视频实况观察第一位学生操作的每一个作业步骤,记录其不足之处。当第一位学生操作完毕后,负责跟踪记录的第二位学生根据作业流程表及评定记录对第一位操作的学生进行评定，其他通过视频实况观察的学生则进行补充互评，最后，教师进行总结点评。

② 实训教师职责

操作前讲解作业步骤和安全注意事项，下达"开始"口令后，在各工位间交叉监视、检查、指导并纠正错误。在每位学生操作完成后进行总结点评。

③ 学生职责变换

学生实行职责变换制度，当第一位学生操作完毕后，第二位学生开始进行操作前的准备工作，当教师再次发出"开始"口令后，第二位学生开始进行实际操作。而第三位学生仍然根据作业流程表及评分表的步骤进行跟踪记录，其他同学则通过视频实况进行观察记录。依此循环，直至所有学生实训操作完成。

七 操作步骤

 将诊断插头从车辆的诊断座中拔出。

提示：

手握诊断插头，稍用力向外拔出。切勿采用拉扯线索或上下摇动的方法强行拔下诊断插头。

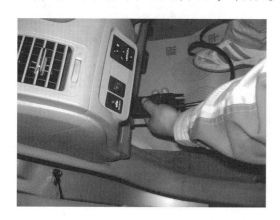

 关闭车辆诊断座盖板，恢复车辆原状。

提示：

确认诊断座盖板完全锁定，否则，车辆在行驶或振动状态下，盖板可能会自动脱落，妨碍驾驶。

 将点火开关置于"ON"位置，将驾驶人侧车窗玻璃升起。

提示：

任务作业完成后，应将车辆恢复到完好状态。

 关闭点火开关，再将点火开关逆时针按压转动45°左右，然后拔出点火开关。

提示：

在未逆时针按压转动点火开关的状态下，点火开关将无法拔下。强力地拔取点火开关将导致点火锁及开关损坏。

5 将诊断仪器放置于工作台上。

提示：

诊断仪器是精密仪器，应小心轻放。操作完成后应将触摸笔插入仪器背面的固定插孔内，防止遗失；将诊断插头和测试延长线从诊断仪器中拆除并整理。

6 拆除转向盘护套。

提示：

转向盘护套是一次性的用品，拆除后将其应放在可回收的垃圾筒中，统一处理；切勿随意丢弃，以免污染环境。

7 取下座椅套罩。

提示：

座椅套罩是由薄塑料制成，是一次性用品。拆除后，应放置于可回收的垃圾筒中，统一处理；切勿随意丢弃，以免污染环境。

8 取出地板垫。

提示：

地板垫是一次性的用品，拆除后应放置于可回收的垃圾筒中，统一处理；切勿随意丢弃，以免污染环境。

9 将车钥匙取出，关闭车门，将车钥匙放置于工作台上。

提示：

关闭车门后，需用抹布清洁车门把手，防止留下手印。

10 将地板垫、座椅套及转向盘套分类投入到可回收的垃圾筒中。

提示：

所有垃圾必须统一处理；切勿随意丢弃，以免污染环境。

11 取下翼子板护垫。

提示：

清洁整理翼子板护垫，以便下次继续使用。

12 取下前格栅护垫。

提示：

清洁整理前格栅护垫，以便下次继续使用。

13 将整理好的翼子板护垫、前格栅护垫放置于工具车上。

提示：

护垫内外材料不同，整理时将布面朝内，防止污损。

14 取下发动机舱盖支承杆。

提示：

取下发动机舱盖支承杆前，应先用右手轻推发动机舱盖，左手护住发动机舱支承杆，将支承杆头部脱离发动机舱盖。

15 将发动机支承杆放下，置于规定位置。

提示：

确认发动机支承杆已放置于规定位置并确认锁扣位置正常。

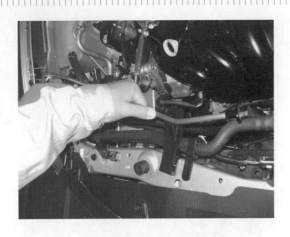

16 关闭发动机舱盖。

提示：

用双手轻放发动机舱盖，切勿采用自由落体式的重扣，以防止发动机舱盖及锁扣损坏。

17 双手均匀按压发动机舱盖，确认双重锁扣已安全到位。

提示：

当锁扣安全锁定后，发动机舱盖与前格栅的接合处间隙很小。

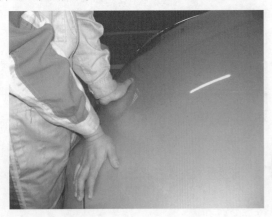

18 拆除发动机尾气检测仪的取样管。

提示：

刚检测完尾气的取样管表面温度较高，拆除时应防止取样管表面与人体接触，造成灼伤。

19 将拆除的尾气检测仪的取样管放置于人员不易接触的清洁地方，冷却并吸收排除取样管内的残余尾气。

提示：

切勿将取样管放置在地面上，防止灰尘和杂物被吸入到仪器内部。

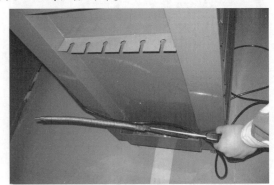

20 拆除尾气抽气管。

提示：

将拆除的尾气抽气管放置于规定位置。随意放置将会妨碍其他操作人员的工作，甚至导致人身伤害。

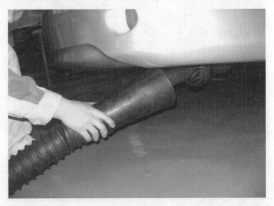

21 拆除车轮挡块。

提示:

拆除挡块时,应避免其碰擦车身,防止车身漆面被划伤。

22 将车轮挡块置于规定位置。

提示:

随意放置挡块将会妨碍其他操作人员的工作,甚至导致人身伤害。

23 清洁检查万用表及相关工具,擦拭后放置于工具车上。

提示:

确认万用表电源已经关闭;清点工具,确认工具没有缺少或遗留在车辆上。

24 清洁整理工具。

提示:

在操作的前期、中期、后期,都必须做到整顿、整理、清扫、清洁、自律、安全的"6S"作业规范。良好的操作习惯将提升学生的职业素质。

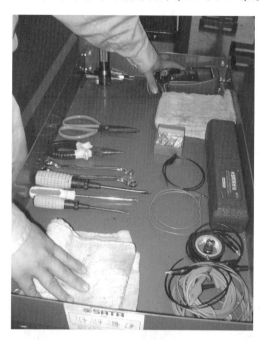

25 拧松测试延长线两端的固定螺栓,拆除诊断仪器与测试延长线插头的连线,然后再拆除测试延长线与诊断插头的连线。

提示:

逆时针拧松测试延长线两端的固定螺栓,方能分离诊断仪器和诊断插座;切勿在没有拧松螺栓的情况下强行拆除。

26 整理测试延长线并将其放入至包装袋中。

提示:

切勿扭曲测试延长线,以防止线索损坏。

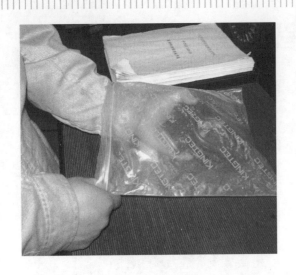

27 将诊断仪器等相关配件放置于诊断盒内。

提示：

必须按规定位置放置诊断仪器及相关配件，否则，诊断盒将无法合上。

28 将诊断仪器等相关配件放置于大诊断箱内。

提示：

必须按规定位置放置，否则，诊断箱将无法合上。

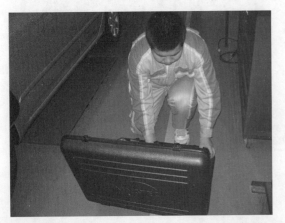

29 尾气检测仪取样管内的残余尾气被收取排空后，关闭尾气检测仪的电源。

提示：

必须在无残余气体的状态下才能关闭总电源。

30 将工具车、检测仪器等设备和器械放置在工作区域外。

提示：

这样做便于车辆驶离工作区域，防止碰擦事故的发生。

31 清洁车辆表面，将车辆驶离工作区域，进行试车检验。

提示：

试车检验前应检查灯光系统、制动系统等安全装置是否处于正常状态。

清洁工作场地,做好下次操作前的安全检查工作。

提示:

干净整洁的工作场所能使操作人员心情舒畅,提高工作效率,有利于安全作业。

八 考核标准

考 核 标 准 表

考核时间	序号	考 核 任 务	满分	评 分 标 准	得分
5min	1	将诊断头从诊断座中拔出	2分	酌情扣分	
	2	关闭诊断座盖板,恢复车辆原状	2分	操作不当扣2分	
	3	将驾驶人侧车窗玻璃升起	3分	操作不当扣3分	
	4	关闭并拔出点火开关	5分	操作不当扣5分	
	5	拆除转向盘护套	2分	操作不当扣2分	
	6	拆除座椅套	3分	操作错误扣3分	
	7	拆除地板垫	2分	操作错误扣2分	
	8	清洁车门把手	3分	操作错误扣3分	
	9	将垃圾投入至可回收的垃圾筒中	5分	操作不当扣5分	
	10	取下翼子板护垫	6分	操作不当扣6分	
	11	取下前格栅护垫	3分	操作不当扣3分	
	12	放下发动机支承杆至规定位置	3分	操作不当扣3分	
	13	正确关闭发动机舱盖	5分	酌情扣分	
	14	拆除尾气检测仪的取样管	5分	酌情扣分	
	15	拆除尾气抽气管	5分	操作错误扣5分	
	16	拆除车轮挡块	4分	操作错误扣4分	
	17	清洁整理工具	5分	操作错误扣5分	
	18	诊断仪器拆除与整理	5分	操作不当扣5分	
	19	关闭尾气检测仪的总电源	3分	操作不当扣3分	
	20	将器械放置在工作区域外	5分	操作不当扣5分	
	21	清洁车身	5分	操作不当扣5分	
	22	遵守相关安全规范		因违规操作造成人身和设备事故的,总分按0分计	
	分数合计		100分		

附录

一、P0010故障代码诊断作业记录表之一

故障诊断作业记录表

班级：　　　　姓名：　　　　成绩：　　　　考评员签字：

整车型号	TV7161GL：
车辆识别代码	CFMADE2C480025738
发动机型号	1ZR

任务	作业记录内容	备注
一、前期准备	安装三件套、翼子板布和前格栅布； 工具准备，万用表校零，尾气检测仪检查	
二、安全检查	安装车轮挡块；检查机油、冷却液、ATF、蓄电池电压、驻车制动器及挡位；插尾气抽气管；现场安全确认	
三、仪器连接内容	点火开关关闭；正确连接诊断仪器	
四、故障代码检查（不起动发动机）	故障代码记录（只记录故障代码，不记代码定义内容） P0010 P0013	存在历史性或永久性故障
五、正确读取数据和清除故障码	1. 定格数据记录（只记录故障发生时的数据帧内容） 1）基本数据 Injector (Port)　　2.0　　ms IGN Advance　　5.0　　(°) Engine Speed　　800　　r/min Vehicle Speed　　0　　km/h Coolant Temp　　75　　℃ 2）定格数据中除基本数据外的反应故障代码特征的相关数据 VVT Control Status (Bank1)　　Off VVT Aim Angle (Bank1)　　0.0% VVT Change Angle (Bank1)　　0° FR 2. 与故障代码特征相关的动态数据记录（不起动发动机状态） VVT Control Status (Bank1)　　Off VVT Aim Angle (Bank1)　　0.0% VVT Change Angle (Bank1)　　0° FR VVT Ex Chg Angle (Bank1)　　0° FR 3. 清除故障码 P0010 P0013	CTP偏低；怠速偏高 存在历史性或永久性故障
六、安装状态检查	目视检查、处理并记录： 凸轮轴位置传感器B连接端子脱落；已正确连接	
七、确认故障症状	确认故障症状并记录症状现象（起动发动机状态） 1. 起动发动机时 起动困难。 2. 发动机不同运行状态时 怠速转速为800r/min，转速偏高； 发动机中、高速加速不良，反应迟缓。 3. 故障灯显示状态 亮	运行状态不正常 可能存在永久性故障
八、故障代码再次检查	1. 故障代码再次检查记录（只记录故障代码不记代码定义内容） P0010 P0013 2. 定格数据记录（只记录故障发生时的数据帧内容） 1）基本数据 Injector (Port)　　5.0　　ms	存在历史性或永久性故障

续上表

任　　务	作 业 记 录 内 容	备　注
八、故障代码再次检查	IGN Advance　　　4.8　　　（°） Engine Speed　　　70　　　r/min Vehicle Speed　　　0　　　km/h Coolant Temp　　　85　　　℃ 2）定格中除基本数据外的反应故障代码特征的相关数据 VVT Control Status (Bank1)　　Off VVT Aim Angle (Bank1)　　　0.0% VVT Change Angle (Bank1)　　0° VVT Ex Chg Angle (Bank1)　　0°FR 3．与故障代码特征相关的动态数据记录 VVT Control Status (Bank1)　　Off VVT Aim Angle (Bank1)　　　0.0% VVT Change Angle (Bank1)　　0° VVT Ex Chg Angle (Bank1)　　0°FR 4．清除故障代码 P0010	存在永久性故障
九、根据检测出的故障代码，标出相关信号的测试点，并画出正确波形	示波器正表笔连接ECM端口编号：B31-100示波器负表笔连接ECM端口编号：B31-123发动机转速：700 r/min	左侧为正确波形
十、元件测量和安装状态检查	注明元件名称/插接件代码、编号和测量结果，以及元件安装状态说明： （1）动作测试：打开空调，进入VVT System (Bank 1)，选择ON挡，没有出现发动机转速不稳或失速现象，不正常。 （2）查进气凸轮轴机油控制阀安装状态，正常。 （3）测控制阀总成B23-1～2的电阻：标准：6.9～7.9Ω（20℃条件）。实测：7.7Ω，正常。 （4）查控制阀的工作状态：将B+施加到B23-1端子，B-施加到B23-2端子，控制阀迅速移动，正常	主动测试失效
十一、电路测量	注明插件代码和编号，ECM针脚代号以及测量结果： 1．断路检查 B23-1～B31-100（OC1+），标准电阻值：<1Ω；实际测量值：∞。不正常。 B23-2～B31-123（OC1−），标准电阻值：<1Ω；实际测量值：0.5Ω。正常。 2．短路检查 B23-1或B31-100（OC1+）与车身搭铁，标准电阻值：10kΩ或更大；实际测量值：∞。正常。 B23-2或B31-123（OC1−）与车身搭铁，标准电阻值：10kΩ或更大；实际测量值：∞。正常。 B23-1～B23-2，标准电阻值：10kΩ或更大；实际测量值：∞。正常	B23-1-B31-100（OC1+）线索断路
十二、故障点确认和排除	1．故障点的确认 （1）凸轮轴执行器B连接器端子脱落。 （2）B23-1～B31-100（OC1+）线路断路。 2．故障点的排除说明 （1）正确插入连接器端子，确认连接正常。 （2）维修或更换B23-1～B31-100线索。 （3）复测B23-1～B31-100线索电阻为0.6Ω，正常	确认故障排除
十三、故障代码再次检查	1．维修后故障代码读取 无故障码 2．相关定格数据记录 无相关定格数据记录 3．与原故障代码相关的动态数据检查结果 VVT Control Status (Bank1)　　Off VVT Aim Angle (Bank1)　　　0.0% VVT Change Angle (Bank1)　　0° VVT Ex Chg Angle (Bank1)　　0° FR 再次进行动作测试：出现发动机熄火现象，动作测试恢复正常 4．故障代码最终清除结果记录 系统正常	

续上表

任 务	作业记录内容		备 注
	正常怠速	2500r/min	
十四、四气体尾气测量 注：转速的确定参照本车仪表中发动机转速值；NO$_x$值不读	HC： 056 ppm CO： 1.2 % CO$_2$： 2.0 % O$_2$： 0.03 % λ： 1.01	HC： 032 ppm CO： 0.85 % CO$_2$： 1.00 % O$_2$： 0.00 % λ： 1.00	尾气测量符合规定值
十五、安全文明作业	内 容		备 注
	正确使用工具及各种诊断仪器，无安全隐患，做到文明作业		诊断作业完成

二 P0010故障代码诊断作业记录表之二

发动机电控系统故障诊断作业记录表

班级： 姓名： 成绩： 考评员签字：

整车型号	TV7161GL：
车辆识别代码	CFMADE2C480025738
发动机型号	1ZR

任 务	作业记录内容	备 注
一、前期准备	安装座椅套、安装地板垫、安装转向盘套； 安装翼子板布,安装前格栅布； 工具仪器准备	前期工作准备完成
二、安全检查	安装车轮挡块:检查机油、蓄电池电压、冷却液位； 插尾气抽气管； 现场安全检查确认	安全确认正常
三、仪器连接内容	确认点火开关已关闭； 诊断仪器已正确连接到诊断插座DLC3上（指示灯亮）	连接完成
四、故障代码检查（不起动发动机）	故障代码记录（只记录故障代码，不记代码定义内容）： P0010　　P0013　　P0368	存在历史性或永久性故障
五、正确读取数据和清除故障码	1. 定格数据记录（只记录故障发生时的数据帧内容） 1）基本数据 Injector (Port)　　　　2.3　　　ms IGN Advance　　　　5.0　　　(°) Engine Speed　　　　900　　　r/min Vehicle Speed　　　　0　　　 km/h Coolant Temp　　　　74　　　 ℃ 2）定格数据中除基本数据外的反应故障代码特征的相关数据 MAF　　　　　　　　2.932　　g/s Intake Air　　　　　　20　　　 ℃ Air-Fuel Ratio　　　　1.126 VVT Control Status (Bank1)　Off VVT Aim Angle (Bank1)　　 0.0% VVT Change Angle (Bank1)　0° FR 2. 与故障代码特征相关的静态数据记录（不起动发动机状态） MAF　　　　　　　　0.149　　g/s Intake Air　　　　　　18　　　 ℃ Air-Fuel Ratio　　　　1.724 Coolant Temp　　　　61　　　 ℃ VVT Control Status (Bank1)　Off VVT Aim Angle (Bank1)　　 0.0% VVT Change Angle (Bank1)　0° FR VVT Ex Chg Angle (Bank1)　0° FR 3. 清除故障码 P0010　　P0013　　P0368	CTP偏低（正常状态：80~95℃），其他基本数据正常 A/F数据不正常,偏稀;其他相关数据正常 A/F数据不正常,偏稀；CTP偏低（正常80~95℃）其他相关的静态数据正常 存在历史性或永久性故障
六、安装状态检查	目视检查、处理并记录 凸轮轴位置传感器B连端子脱落；凸轮轴执行器B连端子脱落。已正确连接二连接器端子	因端子脱落，导致产生P0010和P0368故障码

续上表

任 务	作业记录内容	备 注
七、确认故障症状	确认故障症状并记录症状现象（起动发动机状态） 1. 起动发动机时 发动机起动困难，急速不稳。 2. 发动机不同运行状态时 急速转速为900r/min 转速偏高；发动机加速不良 3. 故障灯显示状态 亮	起动状态不正常； 急速偏高；加速不良，状态不正常； 存在永久性故障
八、故障代码再次检查	1. 故障代码再次检查记录（只记录故障代码不记代码定义内容） P0010　P0013　P0368 2. 定格数据记录（只记录故障发生时的数据帧内容） 1）基本数据 Injector (Port)　　　　5.0　　　　ms IGN Advance　　　　4.8　　　　(°) Engine Speed　　　　860　　　　r/min Vehicle Speed　　　　0　　　　km/h Coolant Temp　　　　76　　　　℃ 2）定格中除基本数据外的反应故障代码特征的相关数据 MAF　　　　　　　　　　0.129　　　　g/s Intake Air　　　　　　　　20　　　　　℃ Air-Fuel Ratio　　　　　1.124 VVT Control Status (Bank1)　　Off VVT Aim Angle (Bank1)　　　0.0% VVT Change Angle (Bank1)　　0° VVT Ex Chg Angle (Bank1)　　0° FR 3. 与故障代码特征相关的动态数据记录（起动发动机状态） MAF　　　　　　　　　　2.00　　　　g/s Intake Air　　　　　　　　22　　　　　℃ Coolant Temp　　　　　　80　　　　　℃ Air-Fuel Ratio　　　　　0.999 VVT Control Status (Bank1)　　Off VVT Aim Angle (Bank1)　　　0.0% VVT Change Angle (Bank1)　　0° VVT Ex Chg Angle (Bank1)　　0° FR O2SB1 S1　0.01V O2SB1 S2　0.00V 4. 清除故障码 P0010（使用诊断仪进行动作测试：起动发动机，打开空调，冷却液温度低于30℃，进入VVT System (Bank 1)，选择ON挡，没有出现发动机转速不稳或失速现象，不正常）	存在历史性或永久性故障 急速转速偏高；CTP偏低 A/F 数据不正常，偏稀；其他相关数据正常 所有与故障相关的动态数据均正常 进行主动测试时，VVT执行器不工作。主动测试失效。存在永久性故障
九、根据检测出的故障码。标出相关信号波形的测试点，并画出正确波形	示波器正表笔连接ECM端口编号：B31-100 示波器负表笔连接ECM端口编号：B31-123 发动机转速： 急速转速：700 r/min 每格电压：5V　每格时间：1 ms	左侧为正确波形
十、元件测量和安装状态检查	注明元器件名称/插接件代码、编号和测量结果，以及元器件安装状态说明： 检查进气凸轮轴机油控制阀安装状态正常；拆卸控制阀，测量控制阀总成的电阻值；标准值：6.9~7.9Ω（20℃条件）；实际测量值：7.7Ω。正常，符合规定要求。检查控制阀的工作状态：将蓄电池的正电源施加到端子1，负电源施加到端子2，控制阀能迅速移动，正常。重装控制阀总成（在密封圈处涂抹机油，螺栓拧紧力矩10 N·m）	测试数据及控制阀的移动状态均正常
十一、电路测量	注明插件代码和编号，ECM针脚代号以及测量结果： 1. 断路检查 B23-1 ~ B31-100（OC1+），标准电阻值：<1Ω；实际测量值：∞，不正常； B23-2 ~ B31-123（OC1-），标准电阻值：<1Ω；实际测量值：0.5Ω，正常。 2. 短路检查 B23-1或B31-100（OC1+）与车身搭铁，标准电阻值：∞；实际测量值：∞，正常； B23-2或B31-123（OC1-）与车身搭铁，标准电阻值：∞；实际测量值：∞,正常； B23-1 ~ B23-2，标准电阻值：∞；实际测量值：∞，正常	B23-1 ~ B31-100（OC1+）线索断路，其他测量数据正常

续上表

任 务	作业记录内容	备 注
十二、故障点确认和排除	1. 故障点的确认 （1）凸轮轴位置传感器B连接器端子脱落； （2）凸轮轴执行器B连接器端子脱落； （3）B23-1～B31-100（OC1+）线路断路。 2. 故障点的排除说明 （1）正确插入二连接器端子，确认连接正常； （2）维修或更换线索，重复测量B23-1～B31-100线索电阻<1Ω，正常	故障确认排除
十三、故障代码再次检查	1. 维修后故障代码读取 无故障码	系统正常
	2. 相关定格数据记录 无相关定格数据记录	系统正常
	3. 与原故障代码相关的动态数据检查结果 动态数据检查结果与任务八-3相同，在正常范围内。 再次使用诊断仪进行动作测试：起动发动机，打开空调，冷却液温度低于30℃，进入VVT System (Bank 1)，选择ON挡，出现发动机熄火现象，动作测试正常	与原故障码的相关动态数据均正常。主动测试结果有效
	4. 故障代码最终清除结果记录 无故障码	系统正常
十四、四气体尾气测量 注：转速的确定参照本车仪表中发动机转速值；NOₓ值不读	正常急速：HC: 056 ppm；CO: 1.2 %；CO_2: 2.0 %；O_2: 0.03 %；λ: 1.01 2500r/min：HC: 032 ppm；CO: 0.85 %；CO_2: 1.00 %；O_2: 0.00 %；λ: 1.00	尾气测量符合规定值，系统正常
十五、安全文明作业	内 容：正确使用工具及各种诊断仪器，无安全隐患出现，做到文明作业	备 注：操作完成

▣ P0102故障代码诊断作业记录表

发动机电控系统故障诊断作业记录表

班级： 姓名： 成绩： 考评员签字：

整车型号	TV7161GL：
车辆识别代码	CFMADE2C480025738
发动机型号	1ZR

任 务	作业记录内容	备 注
一、前期准备	安装座椅套、安装地板垫、安装转向盘套；安装翼子板布,安装前格栅布；工具仪器准备	前期工作准备完成
二、安全检查	安装车轮挡块;检查机油、蓄电池电压12.8V、冷却液位；插尾气抽气管；现场安全检查确认	安全确认正常
三、仪器连接内容	确认点火开关已关闭；诊断仪器已正确连接到诊断插座DLC3上（指示灯亮）	连接完成
四、故障代码检查（不起动发动机）	故障代码记录（只记录故障代码，不记代码定义内容） P0102	存在历史性或永久性故障
五、正确读取数据和清除故障码	1. 定格数据记录（只记录故障发生时的数据帧内容） 1）基本数据 Injector (Port) 0.60 ms IGN Advance 5.0 (°) Engine Speed 607 r/min Vehicle Speed 0 km/h Coolant Temp 58 ℃ 2）定格数据中除基本数据外的反应故障代码特征的相关数据 MAF 0.12 g/s Intake Air 30 ℃ Air-Fuel Ratio 1.120	CTP偏低，发动机转速过高 A/F数据不正常,偏稀

续上表

任　务	作业记录内容	备　注
五、正确读取数据和清除故障码	2．与故障代码特征相关的静态数据记录（不起动发动机状态） MAF　　　　　　0.18　　　g/s Intake Air　　　　33　　　　℃ Air-Fuel Ratio　　1.156 3．清除故障码 P0102	A/F数据不正常,偏稀；MAF数据不正常； 存在历史性或永久性故障
六、安装状态检查	目视检查、处理并记录 安装状态与各连接器均正常	
七、确认故障症状	确认故障症状并记录症状现象（起动发动机状态） 1．起动发动机时 发动机起动困难。 2．发动机不同运行状态时 怠速转速为660r/min，发动机加速不良。 3．故障灯显示状态 亮	存在永久性故障
八、故障代码再次检查	1．故障代码再次检查记录（只记录故障代码不记代码定义内容） P0102 2．定格数据记录（只记录故障发生时的数据帧内容） 1）基本数据 Injector (Port)　　0.0　　　ms IGN Advance　　5.0　　　(°) Engine Speed　　0　　　　r/min Vehicle Speed　　0　　　　km/h Coolant Temp　　58 2）定格中除基本数据外的反应故障代码特征的相关数据 MAF　　　　　　0.12　　　g/s Intake Air　　　　38　　　　℃ Air-Fuel Ratio　　1.114 3．与故障代码特征相关的动态数据记录（起动发动机状态） MAF　　　　　　0.18　　　g/s Intake Air　　　　32　　　　℃ Coolant Temp　　78　　　　℃ Air-Fuel Ratio　　1.35 4．清除故障码 P0102	存在历史性或永久性故障 相关的定格数据正常 A/F数据不正常,偏稀； 其他相关数据正常 CT数值偏低A/F数值不正常；其他与故障代码相关的动态数据记录均正常 存在永久性故障
九、元件测量和安装状态检查	注明元件名称/插接件代码、编号和测量结果，以及元件安装状态说明： 检查质量空气流量计元件安装状态及外观，均正常；测量：向质量空气流量计端子3#（B+）与4#（E2G）间施加蓄电池电压，将万用表（+）连接至端子5#（VG），万用表（=）连接至端子4#（E2G），标准：0.2～4.9V，实测：0.72V，正常	
十、电路测量	注明插件代码和编号，ECM针脚代号以及测量结果： 1．电压检查（点火开关置于ON位置） 测量：B2-3(+)-车身搭铁，标准电压值：9～14V；实际测量值12.99V，正常。 2．断路检查： 测量：B2-5（VG）与B31-118（VG）线束间电阻，标准电阻值<1Ω；实际测量值：0.78Ω，正常。 测量：B2-4（E2G）与B31-116（E2G）线束间电阻，标准电阻值：<1Ω；实际测量值：0.70Ω，正常。 3．短路检查 测量：B2-5（VG）或B31-118（VG）与车身搭铁间电阻，标准电阻值：10kΩ或∞；实际测量值：∞，正常。 测量：B2-4（E2G）-B2-5（VG）间电阻，标准电阻值：10kΩ或∞；实际测量值：0.76Ω，不正常。 测量：B2-3(+B)-B2-5（VG）间电阻，标准电阻值：10kΩ或∞；实际测量值：∞，正常	B2-4(E2G)-B2-5（VG）间线索短路；其他测量数据正常
十一、故障点确认和排除	1．故障点的确认 B2-4(E2G)-B2-5（VG）间线索短路 2．故障点的排除说明 维修或更换线索。修复后重复测量B2-4(E2G)- B2-5（VG）间电阻值为∞，线索恢复正常	故障确认排除

续上表

任　务	作业记录内容	备　注
十二、故障代码再次检查	1. 维修后故障代码读取 无故障码	系统正常
	2. 相关定格数据记录 无相关定格数据记录	系统正常
	3. 与原故障代码相关的动态数据检查结果 MAF　　　　　　3.149　　g/s Intake Air　　　　30　　　℃ Coolant Temp　　88　　　℃ Air-Fuel Ratio　　0.999	相关的动态数据均正常
	4. 故障代码最终清除结果记录 无故障码	系统正常
十三、四气体尾气测量 注：转速的确定参照本车仪表中发动机转速值；NO_x值不读	正常急速 HC：　125　　ppm CO：　0.80　　% CO_2：　14.74　　% O_2：　0.00　　% λ：　0.96	2500r/min HC：　308　　ppm CO：　0.64　　% CO_2：　0.09　　% O_2：　0.00　　% λ：　1.00	尾气测量符合规定值，系统正常
十四、安全文明作业	内　　容	备　注
	正确使用工具及各种诊断仪器，无安全隐患出现，做到文明作业	作业完成

四 P0122故障代码诊断作业记录表

发动机电控系统故障诊断作业记录表

班级：　　　　　姓名：　　　　　成绩：　　　　　考评员签字：

整车型号	TV7161GL：
车辆识别代码	CFMADE2C480025738
发动机型号	1ZR

任　务	作业记录内容	备　注
一、前期准备	安装座椅套、安装地板垫、安装转向盘套；安装翼子板布,安装前格栅布；工具仪器准备	前期工作准备完成
二、安全检查	安装车轮挡块；检查机油液位、自动变速器液位(ATF)、蓄电池电压(B+)、冷却液位；插尾气抽气管； 现场安全检查确认：驻车制动器已拉紧，挡位置于P挡	安全确认正常
三、仪器连接内容	确认点火开关已关闭；诊断仪器已正确连接到诊断插座DLC3上（指示灯亮）	连接完成
四、故障代码检查（不起动发动机）	故障代码记录（只记故障代码，不记代码定义内容） P0121 P0122	存在历史性或永久性故障
五、正确读取数据和清除故障码	1. 定格数据记录（只记故障发生时的数据帧内容） 1）基本数据 Injector (Port)　　2.56　　ms IGN Advance　　30.0.　　(°) Engine Speed　　1717　　r/min Vehicle Speed　　0　　km/h Coolant Temp　　29　　℃ 2）定格数据中除基本数据外的反应故障代码特征的相关数据 MAF　　　　　　1.10　　g/s Intake Air　　　　28　　　℃ Air-Fuel Ratio　　1.000 TSP　　　　　　0.0% 2. 与故障代码特征相关的静态数据记录（不起动发动机状态） MAF　　　　　　0.149　　g/s Intake Air　　　　25　　　℃ Air-Fuel Ratio　　1.124	ＣＴＰ偏低（正常80～95℃）；IGN数据偏高；发动机转速偏高；其他基本数据正常 TSP数据不正常,其他相关数据正常 A/F数据不正常,稀；CTP偏低（正常温度80～95℃）

续上表

任　务	作 业 记 录 内 容	备　注
五、正确读取数据和清除故障码	Coolant Temp　　72　　　℃ O2SB1 S1　　　0.01V O2SB1 S2　　　0.00V Short Fr#　　−0.0% Long Fr#　　 −0.0% 踏板放松时：TP No.1　0.1V　不正常 　　　　　　 TP No.2　4.9V　不正常 踏板踩下时：TP No.1　无变化　不正常 　　　　　　 TP No.2　无变化　不正常 3. 清除故障码 P0122	TP No.1与 TP No.2数据不正常；其他相关的静态数据正常 存在历史性或永久性故障
六、安装状态检查	目视检查、处理并记录 连接器端子均正常	安装状态连接均正常
七、确认故障症状	确认故障症状并记录症状现象（起动发动机状态） 1. 起动发动机时 发动机能起动。 2. 发动机不同运行状态时 怠速为1 600r/min 转速偏高。 发动机无法加速，踩踏加速踏板无变化。 3. 故障灯显示状态 亮	状态不正常 存在永久性故障
八、故障代码再次检查	1. 故障代码再次检查记录（只记录故障代码不记代码定义内容） P0121　　　　P0122 2. 定格数据记录（只记录故障发生时的数据帧内容） 1）基本数据 Injector (Port)　0.0　　　ms IGN Advance　　5.0　　 （°） Engine Speed　　0　　　 r/min Vehicle Speed 　 0　　　 km/h Coolant Temp　 0　　　　℃ 2）定格中除基本数据外的反应故障代码特征的相关数据 MAF　　　　　0.149　　g/s Intake Air　　　25　　　℃ Air-Fuel Ratio　 1.124 TSP 100%　　　不正常。 3. 与故障代码特征相关的动态数据记录（起动发动机状态） MAF　　　　　1.879　　g/s Intake Air　　　25　　　℃ Coolant Temp　 81　　　℃ Air-Fuel Ratio　 0.999 O2SB1 S1　0.01V　O2SB1 S2　0.00V TP No.1　0.1V　 不正常 TP No.2　4.9V　 不正常 踏板踩下时：无变化，不正常 4. 清除故障码 P0122	存在历史性或永久性故障 CTP数值偏低；其他相关的定格数据正常 A/F 数据不正常,偏稀; TSP 数据不正常；其他相关数据正常 TP No.1与TP No.2数值不正常,其他与故障代码相关的动态数据记录均正常 存在永久性故障
九、元件测量和安装状态检查	注明元件名称/插接件代码、编号和测量结果，以及元件安装状态说明：元件安装状态检查正常，暂不需要测量节气门位置传感器	安装正常
十、电路测量	注明插件代码和编号，ECM针脚代号以及测量结果： 1. 断路检查 B25-3（E2）~B31-91（ETA），标准电阻值：<1Ω；实际测量值：0.5Ω，正常。 B25-4（VTA2）~B31-114（VTA2），标准电阻值：<1Ω；实际测量值：∞；不正常。 B25-5（VC）~B31-67（VCTA），标准电阻值：<1Ω；实际测量值：∞；不正常。 B25-6（VTA）~B31-115（VTA1），标准电阻值：<1Ω；实际测量值：0.5Ω，正常。 2. 短路检查 B25-4（VTA2）或B31-114（VTA2），标准电阻值：10kΩ或更大；实际测量值：∞，正常。 B25-5（VC）或B31-67（VCTA），标准电阻值：10kΩ或更大；实际测量值：∞，正常。 B25-6（VTA）或B31-115（VTA1），标准电阻值：10kΩ或更大；实际测量值：∞，正常。 3. 电压检查（点火开关置于ON位置） B25-5（VC）~ B25-3（E2），标准电压值：4.5~5.5V；实际测量值：5V，正常。 4. 线索间互测 互测B25-3 ~ B25-6线索间以及与车身搭铁的电阻值，标准电阻值：10kΩ或更大；实际测量值：∞，正常。	B25-4（VTA2）-B31-114（VTA2）线索断路B25-5（VC）-B31-6（VCTA）线索断路，其他测量数据正常

续上表

任 务	作业记录内容	备 注
十一、故障点确认和排除	1. 故障点的确认 （1）B25-4（VTA2）~B31-114（VTA2）线索断路。 （2）B25-5（VC）~B31-67（VCTA）线索断路。 2. 故障点的排除说明 （1）维修或更换线索。复测B25-4（VTA2）与B31-114（VTA2）线索电阻0.5Ω，恢复正常 （2）维修或更换线索。复测B25-5（VC）~B31-67（VCTA）线索电阻0.5Ω，恢复正常	故障确认已排除
十二、故障代码再次检查	1. 维修后故障代码读取 无故障码	系统正常
	2. 相关定格数据记录 无相关定格数据记录	系统正常
	3. 与原故障代码相关的动态数据检查结果 踏板放松时：TP No.1 0.8V 正常 　　　　　　TP No.2 2.4V 正常 踏板踩下时：TP No.1与TP No.2 数据流均正常	相关的动态数据均正常
	4. 故障代码最终清除结果记录 无故障码（加速正常）	系统正常
十三、四气体尾气测量 注：转速的确定参照本车仪表中发动机转速值；NO_x值不读	正常怠速 HC： 78　　ppm CO： 0.0　　% CO_2： 15.12　% O_2： 0.04　% λ： 1.01	2500r/min HC： 68　　ppm CO： 0.0　　% CO_2： 15.24　% O_2： 0.00　% λ： 1.00	尾气测量符合规定值，系统正常
十四、安全文明作业	内　　　　容	备　注
	正确使用工具及各种诊断仪器，无安全隐患出现，做到文明作业	作业完成

五 P0343故障代码诊断作业记录表

发动机电控系统故障诊断作业记录表

班级：　　　姓名：　　　成绩：　　　考评员签字：

整车型号	TV7161GL：
车辆识别代码	CFMADE2C480025738
发动机型号	1ZR

任 务	作业记录内容	备 注
一、前期准备	安装座椅套、安装地板垫、安装转向盘套；安装翼子板布,安装前格栅布；工具仪器准备	前期工作准备完成
二、安全检查	安装车轮挡块;检查机油液位、蓄电池电压12.8V、冷却液液位位；插尾气抽气管；现场安全检查确认	安全确认正常
三、仪器连接内容	确认点火开关已关闭；诊断仪器已正确连接到诊断插座DLC3上（指示灯亮）	连接完成
四、故障代码检查（不起动发动机）	故障代码记录（只记录故障代码，不记代定义内容） P0343	存在历史性或永久性故障
五、正确读取数据和清除故障码	1. 定格数据记录（只记录故障发生时的数据帧内容） 1）基本数据 　Injector (Port)　　2.56　　ms 　IGN Advance　　　8.5　　（°） 　Engine Speed　　　647　　r/min 　Vehicle Speed　　　0　　km/h 　Coolant Temp　　　78　　℃	CTP偏低（正常80~95℃）发动机转速过高；其他基本数据正常
	2）定格数据中除基本数据外的反应故障代码特征的相关数据 　MAF　　　　　　2.07　　g/s 　Intake Air　　　　30　　℃ 　Air-Fuel Ratio　　1.012	A/F 数据不正常,偏稀；其他相关数据正常；

续上表

任 务	作业记录内容	备 注
五、正确读取数据和清除故障码	2. 与故障代码特征相关的静态数据记录（不起动发动机状态） MAF 0.20 g/s Intake Air 35 ℃ Air-Fuel Ratio 1.124 3. 清除故障码 P0343	A/F 数据不正常，偏稀其他相关的静态数据正常； 存在历史性或永久性故障
六、安装状态检查	目视检查、处理并记录 安装状态与各连接器均正常	
七、确认故障症状	确认故障症状并记录症状现象（起动发动机状态） 1. 起动发动机时： 发动机起动正常。 2. 发动机不同运行状态时： 怠速转速为900r/min 转速偏高；发动机加速不良。 3. 故障灯显示状态： 亮	加速不良，状态不正常 存在永久性故障
八、故障代码再次检查	1. 故障代码再次检查记录（只记录故障代码不记代码定义内容） P0343 2. 定格数据记录（只记录故障发生时的数据帧内容） 1）基本数据 Injector (Port) 0.0 ms IGN Advance 5.0 (°) Engine Speed 0 r/min Vehicle Speed 0 km/h Coolant Temp 63 ℃ 2）定格中除基本数据外的反应故障代码特征的相关数据 MAF 0.20 g/s Intake Air 35 ℃ Air-Fuel Ratio 1.124 3. 与故障代码特征相关的动态数据记录（起动发动机状态） MAF 2.18 g/s Intake Air 31 ℃ Coolant Temp 75 ℃ Air-Fuel Ratio 0.999 4. 清除故障码 P0343	存在历史性或永久性故障 相关的定格数据正常 A/F 数据不正常，偏稀；其他相关数据正常 CTP数值偏低，其他与故障代码相关的动态数据记录均正常 存在永久性故障
九、元件测量和安装状态检查	注明元件名称/插接件代码、编号和测量结果，以及元件安装状态说明： 检查凸轮轴位置传感器"A"元件安装状态，接触平面有杂物，清除杂物后凸轮轴位置传感器安装状态正常	修复后安装正常
十、电路测量	注明插件代码和编号，ECM针脚代号以及测量结果： 1. 电压检查（点火开关置于ON位置） 测量：B21-3(VC)-车身搭铁，标准电压值：4.5~5.0V；实际测量值：5V，正常。 2. 断路检查 测量：B21-1（VVI+）~B31-99（G2+）间电阻，标准电阻值：<1Ω；实际测量值：0.78Ω，正常； 测量：A21-2（VVI-）~B31-98（G2-）间电阻，标准电阻值：<1Ω；实际测量值：0.70Ω，正常。 3. 短路检查 测量：B21-1（VVI+）或B31-99（G2+）与车身搭铁，标准电阻值：10kΩ或∞；实际测量值：∞，正常。 测量：B21-2（VVI-）或B31-98（G2-）与车身搭铁，标准电阻值：10kΩ或∞；实际测量值：∞，正常。 测量：B21-3(VC)-B21-1（VVI+）间电阻，标准电阻值：10kΩ或∞；实际测量值：0.76Ω，不正常。 B21-3(VC)-B21-2（VVI-）间电阻，标准电阻值：10kΩ或∞；实际测量值：∞，正常。 B21-1（VVI+）-B21-2（VVI-）间电阻，标准电阻值：10kΩ或∞；实际测量值：∞，正常	B21-3(VC)- B21-1（VVI+）间线索短路，其他测量数据正常
十一、故障点确认和排除	1. 故障点的确认 （1）凸轮轴位置传感器"A"元件安装状态不正常； （2）B21-3(VC)-B21-1（VVI+）间线路断路。 2. 故障点的排除说明 （1）清除平面杂物，确认安装正确正常； （2）维修或更换线索。修复后重复测量B21-3(VC)- B21-1（VVI+）间电阻∞，线索电阻恢复正常	故障确认排除

任 务	作 业 记 录 内 容	备 注
十二、故障代码再次检查	1. 维修后故障代码读取 无故障码	系统正常
	2. 相关定格数据记录 无相关定格数据记录	系统正常
	3. 与原故障代码相关的动态数据检查结果 MAF 2.32 g/s Intake Air 33 ℃ Coolant Temp 85 ℃ Air-Fuel Ratio 0.999	相关的动态数据均正常
	4. 故障代码最终清除结果记录 无故障码	系统正常
十三、四气体尾气测量 注：转速的确定参照本车仪表中发动机转速值；NO$_x$值不读	正常怠速 2 500 r/min HC: 125 ppm HC: 408 ppm CO: 0.80 % CO: 1.64 % CO$_2$: 14.74 % CO$_2$: 0.09 % O$_2$: 0.00 % O$_2$: 0.00 % λ： 0.96 λ： 1.00	尾气测量符合规定值，系统正常
十四、安全文明作业	内 容	备 注
	正确使用工具及各种诊断仪器，无安全隐患出现，做到文明作业	作业完成

六 P0352故障代码诊断作业记录表

发动机电控系统故障诊断作业记录表

班级：   姓名：   成绩：   考评员签字：

整车型号	TV7161GL:
车辆识别代码	CFMADE2C480025738
发动机型号	1ZR

任 务	作 业 记 录 内 容	备 注
一、前期准备	安装座椅套、安装地板垫、安装转向盘套；安装翼子板布，安装前格栅布；工具仪器准备	前期工作准备完成
二、安全检查	安装车轮挡块；检查机油液位、蓄电池电压12.6V、冷却液液位；插尾气抽气管；现场安全检查确认	安全确认正常
三、仪器连接内容	确认点火开关已关闭；诊断仪器已正确连接到诊断插座DLC3上（指示灯亮）	连接完成
四、故障代码检查（不起动发动机）	故障代码记录（只记录故障代码，不记代码定义内容） P0368	存在历史性或永久性故障
五、正确读取数据和清除故障码	1. 定格数据记录（只记录故障发生时的数据帧内容） 1）基本数据 Injector (Port) 0.0 ms IGN Advance 5.0 (°) Engine Speed 0 r/min Vehicle Speed 0 km/h Coolant Temp 86 ℃	基本数据正常
	2）定格数据中除基本数据外的反应故障代码特征的相关数据 MAF 0.20 g/s Intake Air 35 ℃ Air-Fuel Ratio 1.124	A/F 数据不正常,偏稀；其他相关数据正常
	2. 与故障代码特征相关的静态数据记录（不起动发动机状态） MAF 0.20 g/s Intake Air 38 ℃ Air-Fuel Ratio 1.124	A/F 数据不正常,偏稀 其他相关的静态数据正常
	3. 清除故障码 清后读码P0368	存在历史性或永久性故障
六、安装状态检查	目视检查、处理并记录 凸轮轴位置传感器B20连接器连接不良；其他安装状态和各连接器均正常	已连接正常

续上表

任　务	作业记录内容	备　注
七、确认故障症状	确认故障症状并记录症状现象（起动发动机状态） 1. 起动发动机时 发动机能起动。 2. 发动机不同运行状态时 急速转速为900r/min 转速偏高；发动机加速不良，振动。 3. 故障灯显示状态 亮	加速不良,状态不正常 存在永久性故障
八、故障代码再次检查	1. 故障代码再次检查记录（只记录故障代码不记代码定义内容） P0352　　P0368 2. 定格数据记录（只记录故障发生时的数据帧内容） 1）基本数据 Injector (Port)　　0.0　　　　ms IGN Advance　　　5.0　　　　　（°） Engine Speed　　　0　　　　　r/min Vehicle Speed　　　0　　　　　km/h Coolant Temp　　　78　　　　　℃ 2）定格中除基本数据外的反应故障代码特征的相关数据 MAF　　　　　　0.20　　　　g/s Intake Air　　　　39　　　　　℃ Air-Fuel Ratio　　1.124 3. 与故障代码特征相关的动态数据记录（起动发动机状态） MAF　　　　　　2.60　　　　g/s Intake Air　　　　33　　　　　℃ Coolant Temp　　　80　　　　　℃ Air-Fuel Ratio　　0.998 4. 清除故障码 P0352	存在历史性或永久性故障 相关的定格数据正常 A/F 数据不正常,偏稀；其他相关数据正常 CTP数值偏低, 其他与故障代码相关的动态数据记录均正常 存在永久性故障
九、根据检测出的故障码。标出相关信号波形的试点，并画出正确波形	示波器正表笔连接ECM端口编号：B31-84 示波器负表笔连接ECM端口编号：B31-104 发动机转速：660 r/min 每格电压：2V 每格时间：20ms 2V/格 CH1（1GT1至4）　←GND CH2（1GF1）　←GND 20ms/格	左侧为正确波形
十、元件测量和安装状态检查	注明元器件名称/插接件代码、编号和测量结果，以及元器件安装状态说明： 2号点头线圈连接器接触平面有杂物，交换2号/3号点头线圈，故障代码无变化，2号点头线圈正常	清除杂物后平面安装正常
十一、电路测量	注明插件代码和编号，ECM针脚代号以及测量结果： 1. 电压检查（点火开关置于ON位置） 　测量 B27-1(B+)- B27-4(GND)，标准电压值：9~14V，实际测量值：12.49V，正常。 2. 断路检查 　测量 B27-2（EGF）~ B31-81（EGF1）间电阻，标准电阻值：<1Ω；实际测量值：0.80Ω，正常； 　测量 B27-3（EGT2）~ B31-84（EGT2）间电阻，标准电阻值：<1Ω；实际测量值：∞，不正常； 3. 短路检查 　测量 B27-2（EGF）或B31-81（EGF1）与车身搭铁，标准电阻值：10kΩ或∞；实际测量值：∞，正常。 　测量 B27-3（EGT2）或B31-84（EGT2）与车身搭铁，标准电阻值：10kΩ或∞；实际测量值：∞，正常。 　测量 B27-1（B+）- B27-2（EGF）、B27-1(B+)- B27-3（EGT2）。B27-2（EGF）- B27-3（EGT2）、B27-3（EGT2）- B27-4（GND）间电阻，标准电阻值：10kΩ或∞；实际测量值：均∞，正常。	B27-3（EGT2）-B31-84（EGT2）间线索断路。 其他测量数据正常
十二、故障点确认和排除	1. 故障点的确认 （1）凸轮轴位置传感器B20连接器连接不良。 （2）B27-3（EGT2）~ B31-84（EGT2）间线路断路。 2. 故障点的排除说明 （1）清除平面杂物，确认安装正确正常。 （2）维修或更换线索。修复后复测B27-3（EGT2）与B31-84（EGT2）间电阻0.60Ω，正常。线索电阻恢复正常	故障确认排除

续上表

任 务	作 业 记 录 内 容	备 注
十三、故障代码再次检查	1. 维修后故障代码读取 无故障码，系统正常	系统正常
	2. 相关定格数据记录 无相关定格数据记录	系统正常
	3. 与原故障代码相关的动态数据检查结果 MAF　　　　　2.22　　　g/s Intake Air　　　33　　　　℃ Coolant Temp　 88　　　　℃ Air-Fuel Ratio　1.000	相关的动态数据均正常
	4. 故障代码最终清除结果记录 无故障码，系统正常	系统正常
十四、四气体尾气测量 注：转速的确定参照本车仪表中发动机转速值；NO_x值不读	正常急速　　　　　　　　　　　　2500 r/min HC：　125　 ppm　　　　　HC：　408　 ppm CO：　0.80　 %　　　　　　CO：　1.64　 % CO_2：14.74　%　　　　　　CO_2：0.09　 % O_2：　0.00　 %　　　　　　O_2：　0.00　 % λ：　0.96　　　　　　　　　λ：　1.00	尾气测量符合规定值，系统正常
十五、安全文明作业	内　　容	备　注
	正确使用工具及各种诊断仪器，无安全隐患出现，做到文明作业	作业完成

七 P0354故障代码诊断作业记录表

发动机电控系统故障诊断作业记录表

班级：　　　　姓名：　　　　成绩：　　　　考评员签字：

整车型号	TV7161GL：
车辆识别代码	CFMADE2C480025738
发动机型号	1ZR

任 务	作 业 记 录 内 容	备 注
一、前期准备	安装座椅套、安装地板垫、安装转向盘套；安装翼子板布,安装前格栅布；工具仪器准备	前期工作准备完成
二、安全检查	安装车轮挡块；检查机油液位、蓄电池电压12.9V、冷却液液位；插尾气抽气管；现场安全检查确认	安全确认正常
三、仪器连接内容	确认点火开关关闭； 诊断仪器已正确连接到诊断插座DLC3上（指示灯亮）	连接完成
四、故障代码检查（不起动发动机）	故障代码记录（只记录故障代码，不记代码定义内容） P0013	存在历史性或永久性故障
五、正确读取数据和清除故障码	1. 定格数据记录（只记录故障发生时的数据帧内容） 1）基本数据 Injector (Port)　　4.61　　　ms IGN Advance　　 5.0　　　　（°） Engine Speed　　 900　　　r/min Vehicle Speed　　0　　　　km/h Coolant Temp　　46　　　　℃ 2）定格数据中除基本数据外的反应故障代码特征的相关数据 MAF　　　　　　　 2.932　　g/s Intake Air　　　　20　　　　℃ Air-Fuel Ratio　　1.126 VVT Control Status (Bank1)　Off VVT Aim Angle (Bank1)　　0.0% VVT Change Angle (Bank1)　0° FR 2. 与故障代码特征相关的静态数据记录（不起动发动机状态） MAF　　　　　　　0.149　　g/s Intake Air　　　　18　　　　℃	CTP偏低（正常：80~95℃），其他基本数据正常 A/F数据不正常,偏稀；其他相关数据正常

续上表

任　务	作业记录内容	备　注
五、正确读取数据和清除故障码	Air-Fuel Ratio　　　　　　　1.724 Coolant Temp　　　　　　　61　　　℃ VVT Control Status (Bank1)　Off VVT Aim Angle (Bank1)　　 0.0% VVT Change Angle (Bank1)　0º FR VVT Ex Chg Angle (Bank1)　0º FR 3．清除故障码 P0013	A/F 数据不正常,偏稀；CTP偏低（正常80~95℃），其他相关的静态数据正常 存在历史性或永久性故障
六、安装状态检查	目视检查、处理并记录 凸轮轴执行器B22连接端子脱落，其他均正常	因连接端子脱落，产生P0013故障码
七、确认故障症状	确认故障症状并记录症状现象（起动发动机状态） 1．起动发动机时 发动机起动困难，怠速不稳。 2．发动机不同运行状态时 怠速转速为1000 r/min，转速偏高。发动机中高速加速不良，振动。 3．故障灯显示状态 亮	起动状态不正常 怠速转速偏高；加速不良,状态不正常 存在永久性故障
八、故障代码再次检查	1．故障代码再次检查记录（只记录故障代码不记代码定义内容） P0013　　P0354 2．定格数据记录（只记录故障发生时的数据帧内容） 1）基本数据 Injector (Port)　　　　　　　0　　　ms IGN Advance　　　　　　　5.0　　（º） Engine Speed　　　　　　　0　　　r/min Vehicle Speed　　　　　　　0　　　km/h Coolant Temp　　　　　　　42　　　℃ 2）定格中除基本数据外的反应故障代码特征的相关数据 MAF　　　　　　　　　　　0.129　g/s Intake Air　　　　　　　　　20　　　℃ Air-Fuel Ratio　　　　　　　1.124 VVT Control Status (Bank1)　Off VVT Aim Angle (Bank1)　　 0.0% VVT Change Angle (Bank1)　0º VVT Ex Chg Angle (Bank1)　0º FR 3．与故障代码特征相关的动态数据记录（起动发动机状态） MAF　　　　　　　　　　　2.00　　g/s Intake Air　　　　　　　　　22　　　℃ Coolant Temp　　　　　　　80　　　℃ Air-Fuel Ratio　　　　　　　0.999 VVT Control Status (Bank1)　Off VVT Aim Angle (Bank1)　　 0.0% VVT Change Angle (Bank1)　0º VVT Ex Chg Angle (Bank1)　0º FR O2SB1 S1 0.01V　O2SB1 S2 0.00V 使用诊断仪进行动作测试：起动发动机，打开空调，冷却液温度低于30℃，进入control the VVT Exhaust Linear (Bank 1),选择ON挡，出现发动机转速不稳和熄火现象，主动测试正常。 4．清除故障码 P0354	存在历史性或永久性故障 CTP偏低 A/F 数据不正常,偏稀。其他相关数据正常 所有与故障相关的动态数据均正常 进行主动测试时，VVT执行器工作正常 存在永久性故障
九、根据检测出的故障码。标出相关信号波形的测试点，并画出正确波形	示波器正表笔连接ECM端口编号：B31-82 示波器负表笔连接ECM端口编号：B31-104 发动机转速：650 r/min 每格电压：5V　每格时间：20 ms （波形图：CH1（1GT1至4），CH2（1GF1），20ms/格）	左侧为正确波形
十、元器件测量和安装状态检查	注明元器件名称/插接件代码、编号和测量结果，以及元器件安装状态说明： 交换3缸与4缸的点火线圈，故障码变为P0354和P0353 确认：4缸点火线圈损坏，更换	4缸点火线圈损坏
十一、电路测量	注明插件代码和编号，ECM针脚代号以及测量结果： 1．电压检查（点火开关置于ON位置） 测量：B29-1(B+)- B29-4(GND)，标准电压值：9~14V；实际测量值：0.49V，不正常。 B29-1(B+)与车身搭铁，标准电压值：9~14V，实际测量值：12.49V，正常。	电压不正常

续上表

任　务	作业记录内容	备　注
十一、电路测量	2. 断路检查 测量：B29-4(GND)与车身搭铁间的电阻，标准电阻值：<1Ω；实际测量值：∞，不正常。 B29-2（EGF）~B31-81（EGF1）间电阻，标准电阻值：<1Ω；实际测量值：0.80Ω，正常。 B29-3（EGT4）~B31-82（EGT4）间电阻，标准电阻值：<1Ω；实际测量值：∞，不正常。 3. 短路检查 测量：B29-2（EGF）或B31-81（EGF1）与车身搭铁间的电阻，标准电阻值：10kΩ或∞；实际测量值：∞，正常。 测量：B29-3（EGT4）或B31-82（EGT4）与车身搭铁，标准电阻值：10kΩ或∞；实际测量值：∞，正常。 测量：B29-1(B+)与B29-2（EGF）、B27-1(B+)与B29-3（EGT4）、B29-2（EGF）与B29-3（EGT4）、B29-3（EGT4）与B29-4(GND)间电阻，标准电阻值：10kΩ或∞；实际测量值：均∞，正常	B29-4(GND)与车身搭铁线索断路 B29-3（EGT4）-B31-82（EGT4）间线索断路，其他测量数据正常
十二、故障点确认和排除	1. 故障点的确认 （1）凸轮轴执行器B22连接端子脱落；4缸点火线圈损坏。 （2）B29-4(GND)与车身搭铁线索断路。 （3）B29-3（EGT4）~B31-82（EGT4）间线索断路。 2. 故障点的排除说明 （1）正确插入B22连接器端子，确认连接正常；4缸点火线圈更换。 （2）维修或更换B29-4(GND)与车身搭铁线索，复测B29-4(GND)与车身搭铁线索，实测电阻0.35Ω，线路恢复正常。 （3）维修B29-3（EGT4）~B31-82（EGT4）间线索，复测电阻0.35Ω，线路恢复正常	故障确认排除
十三、故障代码再次检查	1. 维修后故障代码读取 无故障码，仪器显示系统正常	系统正常
	2. 相关定格数据记录 无相关定格数据记录	系统正常
	3. 与原故障代码相关的动态数据检查结果 MAF　　　　　　3.02　　　g/s Air-Fuel Ratio　　1.000	
	4. 故障代码最终清除结果记录 无故障码	系统正常
十四、四气体尾气测量 注：转速的确定参照本车仪表中发动机转速值；NO_x值不读	正常怠速 HC：　056　　ppm CO：　1.2　　% CO_2：　2.0　　% O_2：　0.03　　% λ：　1.01	2500 r/min HC：　032　　ppm CO：　0.85　　% CO_2：　1.00　　% O_2：　0.00　　% λ：　1.00	尾气测量符合规定值，系统正常
十五、安全文明作业	内　　容	备　注
	正确使用工具及各种诊断仪器，无安全隐患出现，做到文明作业	操作完成

八 P0368故障代码诊断作业记录表

发动机电控系统故障诊断作业记录表

班级：　　　　姓名：　　　　成绩：　　　　考评员签字：

整车型号	TV7161GL：
车辆识别代码	CFMADE2C480025738
发动机型号	1ZR

任　务	作业记录内容	备　注
一、前期准备	安装座椅套、安装地板垫、安装转向盘套；安装翼子板布，安装前格栅布；工具仪器准备	前期工作准备完成
二、安全检查	安装车轮挡块；检查机油液位、蓄电池电压12.8V、冷却液液位；插尾气抽气管；现场安全检查确认	安全确认正常

续上表

任 务	作业记录内容	备 注
三、仪器连接内容	确认点火开关已关闭；诊断仪器已正确连接到诊断插座DLC3上（指示灯亮）	连接完成
四、故障代码检查（不起动发动机）	故障代码记录（只记录故障代码，不记代码定义内容）： P0368	存在历史性或永久性故障

五、正确读取数据和清除故障码	1. 定格数据记录（只记录故障发生时的数据帧内容）
	1）基本数据
	  Injector (Port) 2.60 ms
	  IGN Advance 8.0 （°）
	  Engine Speed 607 r/min
	  Vehicle Speed 0 km/h
	  Coolant Temp 80 ℃
	2）定格数据中除基本数据外的反应故障代码特征的相关数据
	  MAF 2.05 g/s
	  Intake Air 35 ℃
	  Air-Fuel Ratio 1.141
	2. 与故障代码特征相关的静态数据记录（不起动发动机状态）
	  MAF 0.22 g/s
	  Intake Air 38 ℃
	  Air-Fuel Ratio 1.156
	3. 清除故障码
	P0368
		CTP偏低（正常80~95℃），发动机转速过高；其他基本数据正常
		
		A/F数据不正常,偏稀；其他相关数据正常
		
		A/F数据不正常,偏稀其他相关的静态数据正常
		
		存在历史性或永久性故障

六、安装状态检查	目视检查、处理并记录 安装状态与各连接器均正常	
七、确认故障症状	确认故障症状并记录症状现象（起动发动机状态） 1. 起动发动机时 发动机起动困难。 2. 发动机不同运行状态时 急速转速为900r/min 转速偏高；无负荷时发动机加速正常。 3. 故障灯显示状态 亮	存在永久性故障

八、故障代码再次检查	1. 故障代码再次检查记录（只记录故障代码不记代码定义内容）
	P0368
	2. 定格数据记录（只记录故障发生时的数据帧内容）
	1）基本数据
	  Injector (Port) 0.0 ms
	  IGN Advance 4.7 （°）
	  Engine Speed 0 r/min
	  Vehicle Speed 0 km/h
	  Coolant Temp 73 ℃
	2）定格中除基本数据外的反应故障代码特征的相关数据
	  MAF 0.26 g/s
	  Intake Air 38 ℃
	  Air-Fuel Ratio 1.114
	3. 与故障代码特征相关的动态数据记录（起动发动机状态）
	  MAF 2.20 g/s
	  Intake Air 32 ℃
	  Coolant Temp 78 ℃
	  Air-Fuel Ratio 0.999
	4. 清除故障码
	P0368
		存在历史性或永久性故障
		
		相关的定格数据正常
		
		A/F数据不正常,偏稀；其他相关数据正常
		CTP数值偏低，其他与故障代码相关的动态数据记录均正常
		
		存在永久性故障

九、元件测量和安装状态检查	注明元件名称/插接件代码、编号和测量结果，以及元件安装状态说明： 检查凸轮位置传感器"B"元件安装状态，接触平面有杂物，清除杂物后凸轮轴位置传感器安装状态正常	修复后安装正常
十、电路测量	注明插件代码和编号，ECM针脚代号以及测量结果： 1. 电压检查（点火开关置于ON位置） 测量：B20-3(VC2)-车身搭铁，标准电压值：4.5~5.0V;实际测量值：5V，正常。 2. 断路检查 测量：B20-1（VVE+）~ B31-76（EV1+）间电阻，标准电阻值：<1Ω；实际测量值：0.78Ω，正常； 测量：A20-2（VVE-）~ B31-75（EV1-）间电阻，标准电阻值：<1Ω；实际测量值：0.70Ω，正常。 3. 短路检查 测量：B20-1（VVE+）或B31-76（EV1+）与车身搭铁，标准电阻值：10kΩ或∞；实际测量值：∞，正常。 测量：B20-2（VVE-）或B31-75（EV1-）与车身搭铁，标准电阻值：10kΩ或∞；实际测量值：∞，正常。	B20-3(VC2)-B20-1（VVE+）间线索短路。其他测量数据正常

续上表

任 务	作业记录内容	备 注
十、电路测量	测量：B20-3(VC2)- B20-1（VVE+）间电阻，标准电阻值：10kΩ或∞；实际测量值：0.76Ω，不正常。 B20-3(VC2)-B20-2（VVE-）间电阻，标准电阻值：10kΩ或∞；实际测量值：∞，正常。 B20-1（VVE+）-B20-2（VVE-）间电阻，标准电阻值：10kΩ或∞；实际测量值：∞，正常。	B20-3(VC2)- B20-1（VVE+）间线索短路。其他测量数据正常
十一、故障点确认和排除	1. 故障点的确认 （1）凸轮轴位置传感器"B"元件安装状态不正常 （2）B20-3(VC2)- B20-1（VVE+）间线路断路。 2. 故障点的排除说明 （1）清除平面杂物，确认安装正确正常。 （2）维修或更换线索。修复后重复测量B20-3(VC2)- B21-1（VVE+）间电阻∞，线索电阻恢复正常	故障确认排除
十二、故障代码再次检查	1. 维修后故障代码读取 无故障码	系统正常
	2. 相关定格数据记录 无相关定格数据记录	系统正常
	3. 与原故障代码相关的动态数据检查结果 MAF　　　　　　2.35　　　　g/s Intake Air　　　　30　　　　　℃ Coolant Temp　　88　　　　　℃ Air-Fuel Ratio　　0.999	相关的动态数据均正常
	4. 故障代码最终清除结果记录 无故障码	系统正常
十三、四气体尾气测量 注：转速的确定参照本车仪表中发动机转速值；NO$_x$值不读	正常怠速　　　　　　　　　　　　　2500 r/min HC：　125　　　ppm　　　HC：　308　　　ppm CO：　0.80　　　%　　　　CO：　0.64　　　% CO$_2$：14.74　　　%　　　　CO$_2$：0.09　　　% O$_2$：　0.00　　　%　　　　O$_2$：　0.00　　　% λ：　0.96　　　　　　　　　λ：　1.00	尾气测量符合规定值，系统正常
	内　　容	备　注
十四、安全文明作业	正确使用工具及各种诊断仪器，无安全隐患出现，做到文明作业	作业完成

九　P2122故障代码诊断作业记录表

发动机电控系统故障诊断作业记录表

班级：　　　　姓名：　　　　成绩：　　　　考评员签字：

整车型号	TV7161GL:
车辆识别代码	CFMADE2C480025738
发动机型号	1ZR

任 务	作业记录内容	备 注
一、前期准备	安装座椅套、安装地板垫、安装转向盘套；安装翼子板布,安装前格栅布；工具仪器准备	前期工作准备完成
二、安全检查	安装车轮挡块；检查机油液位、自动变速器液位(ATF)、蓄电池电压(B+)、冷却液位；插尾气抽气管；现场安全检查确认	安全确认正常
三、仪器连接内容	确认点火开关已关闭；诊断仪器已正确连接到诊断插座DLC3上（指示灯亮）	连接完成
四、故障代码检查（不起动发动机）	故障代码记录（只记录故障代码，不记代码定义内容） P0118　P2122	存在历史性或永久性故障
五、正确读取数据和清除故障码	1. 定格数据记录（只记录故障发生时的数据帧内容） 1）基本数据 Injector (Port)　　2.56　　　ms IGN Advance　　13.5　　　(°) Engine Speed　　1361　　　r/min	CTP偏低（正常80~95℃）发动机转速过高；其他基本数据正常

续上表

任 务	作业记录内容	备 注
五、正确读取数据和清除故障码	Vehicle Speed　　0　　km/h Coolant Temp　　57　　℃ 2）定格数据中除基本数据外的反应故障代码特征的相关数据 MAF　　　　　　3.68　　g/s Intake Air　　　　21　　℃ Air-Fuel Ratio　　1.112 AP No.1　　　　　0.0% AP No.2　　　　　32.2% 2．与故障代码特征相关的静态数据记录（不起动发动机状态） MAF　　　　　　0.149　　g/s Intake Air　　　　21　　℃ Air-Fuel Ratio　　1.124 Coolant Temp　　-40　　℃ O2SB1 S1　　　　0.01V O2SB1 S2　　　　0.00V Short　Fr#　　　-0.0% Long　Fr#　　　　-0.0% 踏板放松时： AP No.1　0.0%　　0.0V　不正常 AP No.2　32.2%　 1.6V　正常 踏板踩下时： AP No.1　0.0%　　0.0V　不正常 AP No.2　85.0%　 4.5V　正常 3．清除故障码 P0118 P2122	AIF 数据不正常，偏稀；AP No.1 数据不正常，其他相关数据正常 AIF 数据不正常，偏稀；CTP不正常（正常温度80～95℃） AP No.1数据不正常其他相关的静态数据正常 存在历史性或永久性故障
六、安装状态检查	目视检查、处理并记录： 冷却液温度传感器连接器端子脱落； 重新连接传感器连接器端子	因连接器脱落，导致产生P0118故障码
七、确认故障症状	确认故障症状并记录症状现象（起动发动机状态） 1．起动发动机时 发动机起动正常 2．发动机不同运行状态时 急速转速为600r/min 转速正常。 发动机加速不良，踩踏加速踏板提速困难。 3．故障灯显示状态 亮	加速不良，状态不正常 存在永久性故障
八、故障代码再次检查	1．故障代码再次检查记录（只记录故障代码不记代码定义内容） P0118 P2122 2．定格数据记录（只记录故障发生时的数据帧内容） 1）基本数据 Injector (Port)　　0.0　　ms IGN Advance　　5.8　　（°） Engine Speed　　0　　r/min Vehicle Speed　　0　　km/h Coolant Temp　　-40　　℃ 2）定格中除基本数据外的反应故障代码特征的相关数据 MAF　　　　　　0.149　　g/s Intake Air　　　　25　　℃ Air-Fuel Ratio　　1.998 AP No.1　　0.0%　　不正常 AP No.2　　32.2%　 正常 3．与故障代码特征相关的动态数据记录（起动发动机状态） MAF　　　　　　2.079　　g/s Intake Air　　　　25　　℃ Coolant Temp　　75　　℃ Air-Fuel Ratio　　0.999 O2SB1 S1　　　　0.01V O2SB1 S2　　　　0.00V 踏板放松时： AP　No.1　0.0%　　0.0V　不正常 AP　No.2　32.2%　 1.6V　正常 踏板踩下时： AP　No.1　0.0%　　0.0V　不正常 AP　No.2　85.0%　 4.5V　正常 4．清除故障码 P2122	存在历史性或永久性故障 CTP数值不正常其他相关的定格数据正常 A/F 数据不正常，偏稀；AP No.1数据不正常；其他相关数据正常 CTP数值偏低．AP No.1数值无变化，不正常,其他与故障代码相关的动态数据记录均正常 存在永久性故障

续上表

任 务	作业记录内容	备 注
九、元件测量和安装状态检查	注明元器件名称/插接件代码、编号和测量结果，以及元器件安装状态说明：元器件安装状态检查正常，暂不需要测量踏板位置传感器	安装正常
十、电路测量	注明插件代码和编号，ECM针脚代号以及测量结果： 1. 电压检查（点火开关置于ON位置） 测量：A3-4（VCPA）~A3-5（EPA），标准电压值：4.5~5.5V；实际测量值：0V，不正常；A3-4（VCPA）与车身搭铁，标准电压值：4.5~5.5V；实际测量值：0V，不正常。 以此可确定：A3-1（VCP2）线索断路。线索修理后复测电压恢复正常。 2. 电阻值检查 测量：A3-5（EPA）-A3-6（VPA）间电阻，标准电阻值：36.6~41.6kΩ；实际测量值：∞，不正常。由此可确定：A3-6（VPA）线索断路；线索修理后复测电阻，达到标准值。 3. 断路检查： A3-6~A50-55间电阻，标准电阻值：<1Ω；实际测量值：∞，不正常。 4. 短路检查： A3-6或A50-55与车身搭铁，标准电阻值：∞；实际测量值：<1Ω，不正常。由此可确定A3-6与车身搭铁短路	A3-4（VCPA）线索断路 A3-6（VPA）线索断路 A3-6与车身搭铁短路 其他测量数据正常
十一、故障点确认和排除	1. 故障点的确认 （1）冷却液温度传感器连接器端子脱落。 （2）A3-4（VCPA）线路断路。 （3）A3-6（VPA）线路断路，同时与车身搭铁短路。 2. 故障点的排除说明 （1）正确插入冷却液温度传感器连接器端子，确认连接正常。 （2）维修或更换线索。重复测量电压恢复正常，复测各线索电阻均为<1Ω，正常；复测A3-6（VPA）与车身搭铁，电阻值为∞，恢复正常	故障确认排除
十二、故障代码再次检查	1. 维修后故障代码读取 无故障码	系统正常
	2. 相关定格数据记录 无相关定格数据记录	系统正常
	3. 与原故障代码相关的动态数据检查结果 踏板放松时：AP No.1　16.1%　　0.8V　　正常 　　　　　　　AP No.2　32.6%　　1.6V　　正常 踏板踩下时：AP No.1　68.5%　　3.5V　　正常 　　　　　　　AP No.2　85.0%　　4.5V　　正常	相关的动态数据均正常
	4. 故障代码最终清除结果记录 无故障码（加速正常）	系统正常
十三、四气体尾气测量 注：转速的确定参照本车仪表中发动机转速值；NO_x值不读	正常怠速　　　　　　　　　　　　　　　2500 r/min HC:　　50　　ppm　　　　HC:　　30　　ppm CO:　　0　　　%　　　　　CO:　　0.0　　% CO_2:　12.86　%　　　　　CO_2:　6.00　% O_2:　　0.21　%　　　　　O_2:　　0.00　% λ:　　　1.01　　　　　　　λ:　　　1.00	尾气测量符合规定值，系统正常
十四、安全文明作业	内　　容　／　正确使用工具及各种诊断仪器，无安全隐患出现，做到文明作业	备　注　／　作业完成

P2123故障代码诊断作业记录表之一

发动机电控系统故障诊断作业记录表

班级：　　　　姓名：　　　　成绩：　　　　考评员签字：

整车型号	TV7161GL：
车辆识别代码	CFMADE2C480025738
发动机型号	1ZR

任　务	作业记录内容	备　注
一、前期准备	安装座椅套、安装地板垫、安装转向盘套；安装翼子板布,安装前格栅布；工具仪器准备	前期工作准备完成
二、安全检查	安装车轮挡块；检查机油液位、自动变速器液位(ATF)、蓄电池电压(B+)、冷却液液位；插尾气抽气管；现场安全检查确认	安全确认正常
三、仪器连接内容	确认点火开关已关闭，诊断仪器已正确连接到诊断插座DLC3上（指示灯亮）	连接完成
四、故障代码检查（不起动发动机）	故障代码记录（只记录故障代码，不记代码定义内容） P2123	存在历史性或永久性故障
五、正确读取数据和清除故障码	1. 定格数据记录（只记录故障发生时的数据帧内容） 1）基本数据 Injector (Port)　　3.22　　　ms IGN Advance　　　2.6　　　(°) Engine Speed　　　1 595　　r/min Vehicle Speed　　　0　　　　km/h Coolant Temp　　　82　　　　℃ 2）定格数据中除基本数据外的反应故障代码特征的相关数据 MAF　　　　　　　3.59　　　g/s Intake Air　　　　19　　　　℃ Air-Fuel Ratio　　　1.124 AP No.1　　　　　100% AP No.2　　　　　32.2% 2. 与故障代码特征相关的静态数据记录（不起动发动机状态） MAF　　　　　　　0.189　　　g/s Intake Air　　　　24　　　　℃ Air-Fuel Ratio　　　1.124 Coolant Temp　　　72　　　　℃ O2SB1　S1　　　0.01V O2SB1　S2　　　0.00V Short Fr#　　　　-0.0% Long Fr#　　　　-0.0% 踏板放松时： AP　No.1　　100%　　4.9V　　不正常 AP　No.2　　32.2%　　1.6V　　正常 踏板踩下时： AP　No.1　　100%　　4.9V　　不正常 AP　No.2　　83.0%　　4.1V　　正常 3. 清除故障码 P2123（加速踏板踩到底时出现故障码）	发动机转速过高；其他基本数据正常 AP No.1数据不正常,其他相关数据正常 AIF 数据不正常,偏稀CTP不正常（正常温度80~95℃） AP No.1数据不正常 其他相关的静态数据正常 存在历史性或永久性故障
六、安装状态检查	目视检查、处理并记录 各传感器、执行器连接器端子连接正常	安装状态与连接均正常
七、确认故障症状	确认故障症状并记录症状现象（起动发动机状态） 1. 起动发动机时 起动正常。 2. 发动机不同运行状态时 急速转速为880r/min 转速偏高。 发动机加速不良，踩踏加速踏板提速困难。 3. 故障灯显示状态 亮	加速不良,状态不正常，存在故障 存在永久性故障
八、故障代码再次检查	1. 故障代码再次检查记录（只记录故障代码不记代码定义内容） P2123 2. 定格数据记录（只记录故障发生时的数据帧内容） 1）基本数据 Injector (Port)　　0.0　　　ms IGN Advance　　　5.0　　　(°) Engine Speed　　　0　　　　r/min Vehicle Speed　　　0　　　　km/h Coolant Temp　　　71　　　　℃ 2）定格中除基本数据外的反应故障代码特征的相关数据 MAF　　　　　　　0.179　　　g/s Intake Air　　　　25　　　　℃ Air-Fuel Ratio　　　1.124 AP No.1　　　　　100%　　　不正常 AP No.2　　　　　32.2%　　　正常 3. 与故障代码特征相关的动态数据记录（起动发动机状态） MAF　　　　　　　2.07　　　g/s	存在历史性或永久性故障 相关的定格数据正常 A/F 数据不正常,偏稀。AP No.1数据不正常。其他相关数据正常

续上表

任 务	作业记录内容	备 注
八、故障代码再次检查	Intake Air　　　28　　　℃ Coolant Temp　　80　　　℃ Air-Fuel Ratio　　0.999 O2SB1　S1　　　0.01V O2SB1　S2　　　0.00V 踏板放松时： AP No.1　100%　4.9V　不正常 AP No.2　32.6%　1.6V　正常 踏板踩下时： AP No.1　100%　4.9V　不正常 AP No.2　88.0%　4.4V　正常 4. 清除故障码 P2123	AP No.1数值无变化。不正常。其他与故障代码相关的动态数据记录均正常 存在永久性故障
九、元件测量和安装状态检查	注明元器件名称/插接件代码、编号和测量结果，以及元器件安装状态说明：元器件安装状态检查正常，暂不需要测量踏板位置传感器	安装正常
十、电路测量	注明插件代码和编号，ECM针脚代号以及测量结果： 1. 电压检查（点火开关置于ON位置） 1）A3-4（VCPA）与A3-5（EPA），标准电压值：4.5~5.5V；实际测量值：2.2V，不正常。 2）A3-4（VCPA）与车身搭铁，标准电压值：4.5~5.5V；实际测量值：0V，不正常。 以此可确定：A3-4（VCPA）线索断路。线索修理后复测A3-4（VCPA）与车身搭铁电压以及A3-4（VCPA）~A3-5（EPA）电压，恢复正常。 2. 电阻值检查 测量：A3-6（VPA）~A3-5（EPA）间电阻，标准电阻值：36.6~41.6kΩ；实际测量值：37.4kΩ，正常。 3. 断路检查 A3-4~A50-57间电阻，标准电阻值：<1Ω；实际测量值：∞不正常。 4. 短路检查 A3-1或A50-58~车身搭铁，标准电阻值：∞；实际测量值：∞ 正常。 A3-4或A50-57~车身搭铁，标准电阻值：∞；实际测量值：∞，正常。 A3-5或A50-59~车身搭铁，标准电阻值：∞；实际测量值：∞，正常。 A3-6或A50-55~车身搭铁，标准电阻值：∞；实际测量值：∞，正常。 A3-1~A3-6相互间短路测量，标准电阻值：∞；实际测量值：A3-1~A3-6电阻<1Ω，不正常；其他各端子实际测量值均为∞，正常	A3-4（VCPA）线索断路 再次确认A3-4~A50-57间线索短路A3-1~A3-6线索短路 其他测量数据正常
十一、故障点确认和排除	1. 故障点的确认 （1）A3-4（VCPA）线路断路。 （2）A3-1~A3-6线索短路。 2. 故障点的排除说明 （1）维修或更换A3-4（VCPA）~A50-57（VCPA）间线索。 （2）维修或更换A3-1（VCP2）~A3-6（VPA）短路线索。 维修后：复测A3-4~A50-57间电阻，<1Ω，恢复正常。复测A3-1~A3-6线索电阻，∞，恢复正常。 故障点确认排除	故障确认排除
十二、故障代码再次检查	1. 维修后故障代码读取 无故障码 2. 相关定格数据记录 无相关定格数据记录 3. 与原故障代码相关的动态数据检查结果 踏板放松时： AP No.1　16.1%　0.8V　正常 AP No.2　32.6%　1.6V　正常 踏板踩下时： AP No.1　68.5%　3.5V　正常 AP No.2　85.0%　4.5V　正常 4. 故障代码最终清除结果记录 无故障码	系统正常 系统正常 相关的动态数据均正常 系统正常
十三、四气体尾气测量 注：转速的确定参照本车仪表中发动机转速值；NO$_x$值不读	正常急速　　　　　　　　　　　2500r/min HC:　50　　ppm　　　　HC:　30　　ppm CO:　0　　　%　　　　 CO:　0.0　　% CO$_2$:　12.66　%　　　　CO$_2$:　6.00　% O$_2$:　0.20　%　　　　 O$_2$:　0.00　% λ:　1.00　　　　　　　 λ:　1.00	尾气测量符合规定值，系统正常
	内　　容	备　注
十四、安全文明作业	正确使用工具及各种诊断仪器，无安全隐患出现，做到文明作业	作业完成

十一 P2123故障代码诊断作业记录表之二

发动机电控系统故障诊断作业记录表

班级：　　　　姓名：　　　　成绩：　　　　考评员签字：

整车型号	TV7161GL：
车辆识别代码	CFMADE2C480025738
发动机型号	1ZR

任　务	作业记录内容	备　注
一、前期准备	安装座椅套、安装地板垫、安装转向盘套；安装翼子板布,安装前格栅布；工具仪器准备	前期工作准备完成
二、安全检查	安装车轮挡块；检查机油液位、自动变速器液位(ATF)、蓄电池电压(B+)、冷却液液位；插尾气抽气管；现场安全检查确认	安全确认正常
三、仪器连接内容	确认点火开关已关闭；诊断仪器已正确连接到诊断插座DLC3上（指示灯亮）	连接完成
四、故障代码检查（不起动发动机）	故障代码记录（只记录故障代码，不记代码定义内容） P0368 P2123	存在历史性或永久性故障
五、正确读取数据和清除故障码	1. 定格数据记录（只记录故障发生时的数据帧内容） 1）基本数据 Injector (Port)　2.69　　　ms IGN Advance　　12.0　　　(°) Engine Speed　　1 136　　r/min Vehicle Speed　　0　　　　km/h Coolant Temp　　46　　　　℃ 2）定格数据中除基本数据外的反应故障代码特征的相关数据 MAF　　　　　　3.93　　　g/s Intake Air　　　　19　　　　℃ Air-Fuel Ratio　　0.999 AP No.1　　　　100% AP No.2　　　　32.2% 2. 与故障代码特征相关的静态数据记录（不起动发动机状态） MAF　　　　　　0.149　　　g/s Intake Air　　　　24　　　　℃ Air-Fuel Ratio　　1.405 Coolant Temp　　45　　　　℃ O2SB1 S1　　　　0.01V O2SB1 S2　　　　0.00V Short Fr#　　　　-0.0% 　Long Fr#　　　　-0.0% 踏板放松时： AP　No.1　　100%　　4.9V　不正常 AP　No.2　　32.2%　　1.6V　正常 踏板踩下时： AP　No.1　　100%　　4.9V　不正常 AP　No.2　　85.0%　　4.5V　正常 3. 清除故障码 P0368 P2123	CTP偏低（正常80～95℃）发动机转速过高；其他基本数据正常 AP No.1数据不正常，其他相关数据正常 AIF 数据不正常,偏稀CTP不正常（正常温度80～95℃） AP No.1数据不正常其他相关的静态数据正常 存在历史性或永久性故障
六、安装状态检查	目视检查、处理并记录： 排气凸轮轴位置传感器连接器端子脱落；重新连接传感器连接器端子	因连接器脱落，导致产生P0368故障码
七、确认故障症状	确认故障症状并记录症状现象（起动发动机状态） 1. 起动发动机时 起动正常。 2. 发动机不同运行状态时 急速转速为660r/min 转速正常。 发动机加速不良，踩踏加速踏板提速困难。 3. 故障灯显示状态 亮	加速不良，状态不正常 存在永久性故障

续上表

任 务	作业记录内容	备 注
八、故障代码再次检查	1. 故障代码再次检查记录（只记录故障代码不记代码定义内容） P2123 2. 定格数据记录（只记录故障发生时的数据帧内容） 1）基本数据 Injector (Port)　　0.0　　ms IGN Advance　　5.0　　（°） Engine Speed　　0　　r/min Vehicle Speed　　0　　km/h Coolant Temp　　44　　℃ 2）定格中除基本数据外的反应故障代码特征的相关数据 MAF　　　　　0.14　　g/s Intake Air　　　25　　　℃ Air-Fuel Ratio　 1.442 AP No.1　　　100%　　不正常。 AP No.2　　　32.6%　　正常。 3. 与故障代码特征相关的动态数据记录（起动发动机状态） MAF　　　　　2.07　　g/s Intake Air　　　21　　　℃ Coolant Temp　　61　　　℃ Air-Fuel Ratio　 0.999 O2SB1　S1　0.01V O2SB1　S2　0.00V 踏板放松时： AP　No.1　100%　4.9V　不正常 AP　No.2　32.6%　1.6V　正常 踏板踩下时： AP　No.1　100%　4.9V　不正常 AP　No.2　85.0%　4.5V　正常 4. 清除故障码 P2123	存在历史性或永久性故障 CTP数值不正常 其他相关的定格数据正常 A/F 数据不正常,偏稀；AP No.1数据不正常；其他相关数据正常 CTP数值偏低 AP No.1数值无变化，不正常,其他与故障代码相关的动态数据记录均正常 存在永久性故障
九、元件测量和安装状态检查	注明元器件名称/插接件代码、编号和测量结果，以及元器件安装状态说明：元器件安装状态检查正常，暂不需要检测踏板位置传感器	安装正常
十、电路测量	注明插件代码和编号，ECM针脚代号以及测量结果： 1. 电压检查（点火开关置于ON位置） 　　测量：A3-4（VCPA）~ A3-5（EPA），标准电压值：4.5 ~ 5.5V；实际测量值：0V 不正常；A3-4（VCPA）与车身搭铁，标准电压值：4.5 ~ 5.5V；实际测量值：0V，不正常。以此可确定：A3-4（VCPA）线索断路。线索修理后复测A3-4（VCPA）与车身搭铁电压，恢复正常。 　　但复测A3-4（VCPA）~ A3-5（EPA）电压，仍为0V以此可确定：A3-5（EPA）线索断路。检修后再次复测电压，恢复正常。 2. 电阻值检查 　　测量：A3-6（VPA）~ A3-5（EPA）间电阻，标准电阻值：36.6 ~ 41.6kΩ；实际测量值：∞，不正常；此可确定：A3-6（VPA）线索断路。 3. 断路检查： 　　A3-6 ~ A50-55间电阻，标准电阻值：<1Ω；实际测量值：∞不正常。 4. 短路检查： 　　A3-4（VCPA）~ A3-6（VPA）间电阻，标准电阻值：∞；实际测量值：<1Ω，不正常。A3-6或A50-55与车身搭铁，标准电阻值：∞；实际测量值：∞，正常	A3-4（VCPA）和A3-5（EPA）线索断路 A3-6（VPA）线索断路 A3-4（VCPA）-A3-6（VPA）间线索短路 其他测量数据正常
十一、故障点确认和排除	1. 故障点的确认 （1）冷却液温度传感器连接器端子脱落。 （2）A3-4（VCPA）线路断路；A3-5（EPA）线索断路。 （3）A3-6（VPA）线路断路。 （4）A3-4（VCPA）~ A3-6（VPA）间线索短路。 2. 故障点的排除说明 （1）正确插入冷却液温度传感器连接器端子，确认连接正常。 （2）维修或更换线索上述4个故障点。重复测量电压恢复正常，复测各线索电阻均<1Ω，正常；再次复测各线索与车身搭铁电阻均>10kΩ，正常；复测各线索间的电阻均>10kΩ，正常	故障确认排除

续上表

任　务	作业记录内容	备　注
十二、故障代码再次检查	1. 维修后故障代码读取 无故障码	系统正常
	2. 相关定格数据记录 无相关定格数据记录	系统正常
	3. 与原故障代码相关的动态数据检查结果 踏板放松时： 　AP　No.1　16.1%　　0.8V　　正常 　AP　No.2　32.6%　　1.6V　　正常 踏板踩下时： 　AP　No.1　68.5%　　3.5V　　正常 　AP　No.2　85.0%　　4.5V　　正常	相关的动态数据均正常
	4. 故障代码最终清除结果记录 无故障码	系统正常
十三、四气体尾气测量 注：转速的确定参照本车仪表中发动机转速值；NO_x值不读	正常急速　　　　　　　　　　　2500 r/min HC:　50　ppm　　　　HC:　30　ppm CO:　0　%　　　　　　CO:　0.0　% CO_2:　12.66　%　　　　CO_2:　6.00　% O_2:　0.20　%　　　　　O_2:　0.00　% λ:　1.00　　　　　　　λ:　1.00	尾气测量符合规定值，系统正常
十四、安全文明作业	内　容	备　注
	正确使用工具及各种诊断仪器，无安全隐患出现，做到文明作业	作业完成

十二　P2127故障代码诊断作业记录表之一

发动机电控系统故障诊断作业记录表

班级：　　　姓名：　　　成绩：　　　考评员签字：

整车型号	TV7161GL:
车辆识别代码	CFMADE2C480025738
发动机型号	1ZR

任　务	作业记录内容	备　注
一、前期准备	安装座椅套、安装地板垫、安装转向盘套；安装翼子板布,安装前格栅布；工具仪器准备	前期工作准备完成
二、安全检查	安装车轮挡块；检查机油液位、蓄电池电压、冷却液液位；插尾气抽气管；现场安全检查确认	安全确认正常
三、仪器连接内容	确认点火开关已关闭；诊断仪器已正确连接到诊断插座DLC3上（指示灯亮）	连接完成
四、故障代码检查（不起动发动机）	故障代码记录（只记录故障代码，不记代码定义内容） P0118 P2127	存在历史性或永久性故障
五、正确读取数据和清除故障码	1. 定格数据记录（只记录故障发生时的数据帧内容） 1）基本数据 　Injector (Port)　　　　2.56　　ms 　IGN Advance　　　　13.5　　（°） 　Engine Speed　　　　1 361　r/min 　Vehicle Speed　　　　0　　　km/h 　Coolant Temp　　　　57　　　℃ 2）定格数据中除基本数据外的反应故障代码特征的相关数据 　MAF　　　　　　　　3.68　　g/s 　Intake Air　　　　　　21　　　℃ 　Air-Fuel Ratio　　　　1.112 　AP No.1　　　　　　　16.1% 　AP No.2　　　　　　　32.2% 2. 与故障代码特征相关的静态数据记录（不起动发动机状态） 　MAF　　　　　　　　0.149　g/s	CTP偏低（正常80~95℃）发动机转速过高；其他基本数据正常 A/F 数据不正常,偏稀；其他相关数据正常

续上表

任 务	作业记录内容	备 注
五、正确读取数据和清除故障码	Intake Air　　　　21　　　℃ Air-Fuel Ratio　　1.124 Coolant Temp　　−40　　　℃ O2SB1 S1　　　　0.01V O2SB1 S2　　　　0.00V Short Fr#　　　　−0.0% Long Fr#　　　　−0.0% 踏板放松时： AP No.1　16.1%　　0.8V　正常 AP No.2　0.0%　　 0.0V　不正常 踏板踩下时： AP No.1　69.8%　　3.3V　正常 AP No.2　0.0%　　 0.0V　不正常 3. 清除故障码 P0118 P2127	A/F 数据不正常,偏稀；CTP不正常（正常温度80~95℃） AP No.2数据不正常； 其他相关的静态数据正常 存在历史性或永久性故障
六、安装状态检查	目视检查、处理并记录： 冷却液温度传感器连接器端子脱落。 重新连接传感器连接器端子	因连接器端子脱落，产生P0118故障码
七、确认故障症状	确认故障症状并记录症状现象（起动发动机状态） 1. 起动发动机时 发动机起动正常 2. 发动机不同运行状态时 怠速转速为600r/min 转速正常。 发动机加速不良，踩踏加速踏板提速困难 3. 故障灯显示状态 亮	加速不良,状态不正常 存在永久性故障
八、故障代码再次检查	1. 故障代码再次检查记录（只记录故障代码不记代码定义内容） P0118 P2127 2. 定格数据记录（只记录故障发生时的数据帧内容） 1）基本数据 Injector (Port)　　　　0.0　　　　　ms IGN Advance　　　　 5.8　　　　　(°) Engine Speed　　　　 0　　　　　 r/min Vehicle Speed　　　　0　　　　　 km/h Coolant Temp　　　　−40　　　　　℃ 2）定格中除基本数据外的反应故障代码特征的相关数据 MAF　　　　　0.149　　　g/s Intake Air　　　25　　　　℃ Air-Fuel Ratio　1.998 AP No.1　16.1%　　正常 AP No.2　0.0%　　 不正常 3. 与故障代码特征相关的动态数据记录（起动发动机状态） MAF　　　　　2.079　　　g/s Intake Air　　　25　　　　℃ Coolant Temp　 75　　　　℃ Air-Fuel Ratio　0.999 O2SB1 S1　　　　0.01V O2SB1 S2　　　　0.00V 踏板放松时： AP No.1　16.1%　　0.8V　正常 AP No.2　0.0%　　 0.0V　不正常 踏板踩下时： AP No.1　68.5%　　3.5V　正常 AP No.2　0.0%　　 0.0V　不正常 4. 清除故障码 P2127	存在历史性或永久性故障 CTP数值不正常。其他相关的定格数据正常 A/F 数据不正常,偏稀；AP No.2数据不正常；其他相关数据正常 CTP数值偏低. AP No.2数值无变化，不正常,其他与故障代码相关的动态数据记录均正常 存在永久性故障
九、元件测量和安装状态检查	注明元器件名称/插接件代码、编号和测量结果，以及元器件安装状态说明： 元器件安装状态检查正常，暂不需要测量踏板位置传感器	安装状态良好

续上表

任 务	作 业 记 录 内 容	备 注
十、电路测量	注明插件代码和编号，ECM针脚代号以及测量结果： 1. 电压检查（点火开关置于ON位置） 　测量：A3-1（VCP2）～A3-2（EPA2），标准：4.5至5.5V，实际0V，不正常。A3-1（VCP2）与车身搭铁，标准：4.5至5.5V，实际0V，不正常。以此可确定：A3-1（VCP2）线索断路。线索修理后复测电压恢复正常。 2. 电阻值检查 　测量：A3-3（VPA2）～A3-2（EPA2）间电阻，标准值：36.6～41.6KΩ实际测量：∞ 不正常；此可确定：A3-3（VPA2）线索断路；线索修理后复测电阻，达到标准值。 3. 断路检查：A3-3～A50-56间电阻，标准值：<1Ω，实际测量：∞，不正常。 4. 短路检查：A3-3或A50-56与车身搭铁，标准电阻：∞，实际测量：<1Ω，不正常。由此可确定A3-3与车身搭铁短路。	A3-1（VCP2）线索断路 A3-3（VPA2）线索断路。同时与车身搭铁短路 其他测量数据正常
十一、故障点确认和排除	1. 故障点的确认 （1）冷却液温度传感器连接器端子脱落。 （2）A3-1（VCP2）线路断路。 （3）A3-3（VPA2）线路断路，同时与车身搭铁短路。 2. 故障点的排除说明 （1）正确插入冷却液温度传感器连接器端子，确认连接正常。 （2）维修或更换线索。重复测量电压恢复正常，各线索电阻均<1Ω，正常。复测A3-3（VPA2）与车身搭铁，电阻∞，恢复正常	故障确认排除
十二、故障代码再次检查	1. 维修后故障代码读取 　无故障码	系统正常
	2. 相关定格数据记录 　无相关定格数据记录	系统正常
	3. 与原故障代码相关的动态数据检查结果 踏板放松时： AP No.1　16.1%　0.8V　正常 AP No.2　32.6%　1.6V　正常 踏板踩下时： AP No.1　68.5%　3.5V　正常 AP No.2　85.0%　4.5V　正常	相关的动态数据均正常
	4. 故障代码最终清除结果记录 　无故障码	系统正常
十三、四气体尾气测量 注：转速的确定参照本车仪表中发动机转速值；NO_x值不读	正常急速　　　　　　　　　　2500 r/min HC：　50　　ppm　　　HC：　30　　ppm CO：　0　　　%　　　　CO：　0.0　　% CO_2：12.86　%　　　CO_2：6.00　% O_2：　0.21　%　　　　O_2：　0.00　% λ：　1.01　　　　　　λ：　1.00	尾气测量符合规定值，系统正常
十四、安全文明作业	内　　　容	备　注
	正确使用工具及各种诊断仪器，无安全隐患出现，做到文明作业	作业完成

十三 P2127故障代码诊断作业记录表之二

发动机电控系统故障诊断作业记录表

班级：　　　　姓名：　　　　成绩：　　　　考评员签字：

整车型号	TV7161GL：
车辆识别代码	CFMADE2C480025738
发动机型号	1ZR

任 务	作业记录内容	备 注
一、前期准备	安装座椅套、安装地板垫、安装转向盘套；安装翼子板布,安装前格栅布；工具仪器准备	前期工作准备完成
二、安全检查	安装车轮挡块；检查机油液位、蓄电池电压、冷却液液位；插排气抽气管；现场安全检查确认	安全确认正常
三、仪器连接内容	确认点火开关已关闭；诊断仪器已正确连接到诊断插座DLC3上（指示灯亮）	连接完成
四、故障代码检查（不起动发动机）	故障代码记录（只记录故障代码，不记代码定义内容） P0118 P2127	存在历史性或永久性故障
五、正确读取数据和清除故障码	1. 定格数据记录（只记录故障发生时的数据帧内容） 1）基本数据 Injector (Port)　2.86　　ms IGN Advance　　9.5　　（°） Engine Speed　　934　　r/min Vehicle Speed　　0　　km/h Coolant Temp　　74　　℃ 2）定格数据中除基本数据外的反应故障代码特征的相关数据 MAF　　　　　3.68　　g/s Intake Air　　　25　　　℃ Air-Fuel Ratio　1.122 AP No.1　　　24.1% AP No.2　　　0.0% 2. 与故障代码特征相关的静态数据记录（不起动发动机状态） MAF　　　　　0.18　　g/s Intake Air　　　21　　　℃ Air-Fuel Ratio　1.124 Coolant Temp　-40　　　℃ O2SB1 S1　　　0.01V O2SB1 S2　　　0.00V Short Fr#　　　-0.0% Long Fr#　　　-0.0% 踏板放松时： AP No.1　16.1%　0.8V　正常 AP No.2　0.0%　　0.0V　不正常 踏板踩下时： AP No.1　71.0%　3.5V　正常 AP No.2　0.0%　　0.0V　不正常 3. 清除故障码 P0118 P2127	CTP偏低（正常80~95℃）发动机转速过高；其他基本数据正常 A/F 数据不正常,偏稀；AP No.2数据不正常,其他相关数据正常 A/F 数据不正常,偏稀；CTP不正常（正常温度80~95℃）AP No.2数据不正常 其他相关的静态数据正常 存在历史性或永久性故障
六、安装状态检查	目视检查、处理并记录： 冷却液温度传感器连接器端子脱落； 重新连接传感器连接器端子	因端子脱落，导致产生P0118故障码
七、确认故障症状	确认故障症状并记录症状现象（起动发动机状态） 1. 起动发动机时 发动机起动正常。 2. 发动机不同运行状态时 怠速转速为680r/min，转速正常。 发动机加速不良，踩踏加速踏板提速困难 3. 故障灯显示状态 亮	加速不良,状态不正常 存在永久性故障
八、故障代码再次检查	1. 故障代码再次检查记录（只记录故障代码不记代码定义内容） P2127 2. 定格数据记录（只记录故障发生时的数据帧内容） 1）基本数据 Injector (Port)　0.0　　ms IGN Advance　　5.8　　（°） Engine Speed　　0　　　r/min Vehicle Speed　　0　　　km/h Coolant Temp　　75　　℃ 2）定格中除基本数据外的反应故障代码特征的相关数据 MAF　　　　　0.189　g/s Intake Air　　　24　　　℃ Air-Fuel Ratio　1.948 AP No.1　31.1%　正常 AP No.2　0.0%　　不正常	存在历史性或永久性故障 CTP数值偏低；其他相关的定格数据正常 A/F 数据不正常,偏稀；AP No.2数据不正常；其他相关数据正常

续上表

任 务	作 业 记 录 内 容	备 注
八、故障代码再次检查	3. 与故障代码特征相关的动态数据记录（起动发动机状态） MAF　　　　　　　　2.079　　　g/s Intake Air　　　　　　26　　　　℃ Coolant Temp　　　　75　　　　℃ Air-Fuel Ratio　　　　0.999 O2SB1 S1　　　　　　0.01V O2SB1 S2　　　　　　0.00V 踏板放松时： AP　No.1　16.1%　　0.8V　　正常 AP　No.2　0.0%　　　0.0V　　不正常 踏板踩下时： AP　No.1　73.5%　　3.5V　　正常 AP　No.2　0.0%　　　0.0V　　不正常 4. 清除故障码 P2127	CTP数值偏低；AP No.2数值无变化，不正常，其他与故障代码相关的动态数据记录均正常 存在永久性故障
九、元件测量和安装状态检查	注明元器件名称/插接件代码、编号和测量结果，以及元器件安装状态说明： 元器件安装状态检查正常，暂不需要测量踏板位置传感器	安装正常
十、电路测量	注明插件代码和编号，ECM针脚代号以及测量结果： 1. 电压检查（点火开关置于ON位置） 测量：A3-1（VCP2）~A3-2（EPA2），标准电压值：4.5~5.5V；实际测量值：0V，不正常。A3-1（VCP2）与车身搭铁，标准电压值：4.5~5.5V；实际测量值：0V，不正常。以此可确定：A3-1（VCP2）线索断路。线索修理后复测电压恢复正常。 2. 电阻值检查 测量：A3-3（VPA2）~A3-2（EPA2）间电阻，标准电阻值：36.6~41.6kΩ；实际测量值：0Ω，不正常。 3. 断路检查 A3-1~A50-58间电阻，标准电阻值：<1Ω；实际测量值：∞ 不正常。 4. 短路检查 A3-1至A3-6或A50-55至A50-60与车身搭铁，标准电阻值：∞；实际测量值：A3-3~A3-5电阻<1Ω不正常。由此可确定A3-3与A3-5线索短路；其他测量数据均∞ 正常	A3-1-A50-58间线索断路A3-3与A3-5线索短路（导致A3-3与A3-2电阻<1Ω） 其他测量数据正常
十一、故障点确认和排除	1. 故障点的确认 （1）冷却液温度传感器连接器端子脱落。 （2）A3-1（VCP2）线路断路。 （3）A3-3与A3-5线索短路。 2. 故障点的排除说明 （1）正确插入冷却液温度传感器连接器端子，确认连接正常。 （2）维修或更换线索。重复测量电压恢复正常，各线索间电阻均<1Ω正常。复测A3-3（VPA2）与A3-5线索，电阻∞恢复正常	故障确认排除
十二、故障代码再次检查	1. 维修后故障代码读取 无故障码	系统正常
	2. 相关定格数据记录 无相关定格数据记录	系统正常
	3. 与原故障代码相关的动态数据检查结果 踏板放松时： AP　No.1　16.1%　　0.8V　　正常 AP　No.2　32.6%　　1.6V　　正常 踏板踩下时： AP　No.1　68.5%　　3.5V　　正常 AP　No.2　85.0%　　4.5V　　正常	相关的动态数据均正常
	4. 故障代码最终清除结果记录 无故障码	系统正常
十三、四气体尾气测量 注：转速的确定参照本车仪表中发动机转速值；NO$_x$值不读	正常急速　　　　　　　　　2500 r/min HC:　　22　　ppm　　　　HC:　　10　　ppm CO:　　0　　　%　　　　　CO:　　0.0　　% CO$_2$:　12.86　%　　　　CO$_2$:　6.00　% O$_2$:　　0.21　%　　　　　O$_2$:　　0.00　% λ：　　1.01　　　　　　　λ：　　1.00	尾气测量符合规定值，系统正常
	内　　　容	备　注
十四、安全文明作业	正确使用工具及各种诊断仪器，无安全隐患出现，做到文明作业	作业完成

十四 P2127故障代码诊断作业记录表之三

发动机电控系统故障诊断作业记录表

班级：　　　　姓名：　　　　成绩：　　　　考评员签字：

整车型号	TV7161GL:
车辆识别代码	CFMADE2C480025738
发动机型号	1ZR

任　务	作 业 记 录 内 容	备　注
一、前期准备	安装座椅套、安装地板垫、安装转向盘套；安装翼子板布，安装前格栅布；工具仪器准备	前期工作准备完成
二、安全检查	安装车轮挡块；检查机油液位、自动变速器液位(ATF)、蓄电池电压(B+)、冷却液液位；插排气抽气管；现场安全检查确认	安全确认正常
三、仪器连接内容	确认点火开关已关闭；诊断仪器已正确连接到诊断插座DLC3上（指示灯亮）	连接完成
四、故障代码检查（不起动发动机）	故障代码记录（只记录故障代码，不记代码定义内容） P0118 P2127	存在历史性或永久性故障
五、正确读取数据和清除故障码	1. 定格数据记录（只记录故障发生时的数据帧内容） 1）基本数据 Injector (Port)　　2.56　　ms IGN Advance　　13.5　　(°) Engine Speed　　1 361　　r/min Vehicle Speed　　0　　km/h Coolant Temp　　57　　℃ 2）定格数据中除基本数据外的反应故障代码特征的相关数据 MAF　　3.68　　g/s Intake Air　　21　　℃ Air-Fuel Ratio　　1.112 AP No.1　　16.1% AP No.2　　32.2% 2. 与故障代码特征相关的静态数据记录（不起动发动机状态） MAF　　0.149　　g/s Intake Air　　21　　℃ Air-Fuel Ratio　　1.124 Coolant Temp　　-40　　℃ O2SB1　S1　　0.01V O2SB1　S2　　0.00V Short Fr#　　-0.0% Long Fr#　　-0.0% 踏板放松时： AP No.1　16.1%　　0.8V　正常 AP No.2　0.0%　　0.0V　不正常 踏板踩下时： AP No.1　69.8%　　3.3V　正常 AP No.2　0.0%　　0.0V　不正常 3. 清除故障码 P0118 P2127	CTP偏低（正常80～95℃）发动机转速过高；其他基本数据正常 A/F数据不正常,偏稀；其他相关数据正常 A/F数据不正常,偏稀；CTP不正常（正常温度80～95℃）AP No.2数据不正常 其他相关的静态数据正常 存在历史性或永久性故障
六、安装状态检查	目视检查、处理并记录： 冷却液温度传感器连接器端子脱落； 重新连接传感器连接器端子	因连接器脱落,导致产生P0118故障码
七、确认故障症状	确认故障症状并记录症状现象（起动发动机状态） 1. 起动发动机时 发动机起动正常。 2. 发动机不同运行状态时 急速转速为600r/min 转速正常。	加速不良,状态不正常

续上表

任　　务	作业记录内容	备　　注
七、确认故障症状	发动机加速不良，踩踏加速踏板提速困难。 3．故障灯显示状态 亮	存在永久性故障
八、故障代码再次检查	1．故障代码再次检查记录（只记录故障代码不记代码定义内容） P0118 P2127 2．定格数据记录（只记录故障发生时的数据帧内容） 1）基本数据 Injector (Port)　　0.0　　ms IGN Advance　　5.8　　（°） Engine Speed　　0　　r/min Vehicle Speed　　0　　km/h Coolant Temp　　−40　　℃ 2）定格中除基本数据外的反应故障代码特征的相关数据 MAF　　0.149　　g/s Intake Air　　25　　℃ Air-Fuel Ratio　　1.998 AP　No.1　　16.1%　　正常 AP　No.2　　0.0%　　不正常 3．与故障代码特征相关的动态数据记录（起动发动机状态） MAF　　2.079　　g/s Intake Air　　25　　℃ Coolant Temp　　75　　℃ Air-Fuel Ratio　　0.999 O2SB1　S1　0.01V O2SB1　S2　0.00V 踏板放松时： AP　No.1　16.1%　　0.8V　　正常 AP　No.2　0.0%　　0.0V　　不正常 踏板踩下时： AP　No.1　68.5%　　3.5V　　正常 AP　No.2　0.0%　　0.0V　　不正常 4．清除故障码 P2127	存在历史性或永久性故障 CTP数值不正常 其他相关的定格数据正常 A/F数据不正常，偏稀；AP No.2数据不正常；其他相关数据正常 CTP数值偏低. AP No.2数值无变化，不正常,其他与故障代码相关的动态数据记录均正常 存在永久性故障
九、元器件测量和安装状态检查	注明元器件名称/插接件代码、编号和测量结果，以及元器件安装状态说明： 元器件安装状态检查正常，暂不需要检测踏板位置传感器	安装正常
十、电路测量	注明插件代码和编号，ECM针脚代号以及测量结果： 1．电压检查（点火开关置于ON位置） 测量：A3-1（VCP2）～A3-2（EPA2），标准电压值：4.5～5.5V；实际测量值：0V，不正常。A3-1（VCP2）与车身搭铁，标准电压值：4.5～5.5V；实际测量值：0V，不正常。以此可确定：A3-1（VCP2）线索断路。线索修理后复测电压恢复正常。 2．电阻值检查 测量：A3-3（VPA2）～A3-2（EPA2）间电阻，标准电阻值：36.6～41.6kΩ；实际测量值：∞，不正常；此可确定：A3-3（VPA2）线索断路。 3．断路检查 A3-3～A50-56间电阻，标准电阻值：<1Ω；实际测量值：∞ 不正常。 4．短路检查 A3-3或A50-56与车身搭铁，标准电阻值：∞；实际测量值：∞ 正常	A3-1（VCP2）线索断路 A3-3（VPA2）线索断路 其他测量数据正常
十一、故障点确认和排除	1．故障点的确认 （1）冷却液温度传感器连接器端子脱落。 （2）A3-1（VCP2）线路断路。 （3）A3-3（VPA2）线路断路 2．故障点的排除说明 （1）正确插入冷却液温度传感器连接器端子，确认连接正常 （2）维修或更换线索。重复测量电压恢复正常，复测各线索电阻均<1Ω，正常	故障确认排除

续上表

任　务	作业记录内容	备　注
十二、故障代码再次检查	1. 维修后故障代码读取 无故障码	系统正常
	2. 相关定格数据记录 无相关定格数据记录	系统正常
	3. 与原故障代码相关的动态数据检查结果 踏板放松时： AP No.1　16.1%　0.8V　正常 AP No.2　32.6%　1.6V　正常 踏板踩下时： AP No.1　68.5%　3.5V　正常 AP No.2　85.0%　4.5V　正常	相关的动态数据均正常
	4. 故障代码最终清除结果记录 无故障码	系统恢复正常
十三、四气体尾气测量 注：转速的确定参照本车仪表中发动机转速值；NO_x值不读	正常急速 HC:　　50　　ppm CO:　　0　　　% CO_2:　12.86　% O_2:　　0.21　% λ:　　1.01 　　　　　2500 r/min HC:　　30　　ppm CO:　　0.0　　% CO_2:　6.00　% O_2:　　0.00　% λ:　　1.00	尾气测量符合规定值，系统正常
十四、安全文明作业	内　容 正确使用工具及各种诊断仪器，无安全隐患出现，做到文明作业	备　注 作业完成

十五　P2128故障代码诊断作业记录表

发动机电控系统故障诊断作业记录表

班级：　　　　姓名：　　　　成绩：　　　　考评员签字：

整车型号	TV7161GL:
车辆识别代码	CFMADE2C480025738
发动机型号	1ZR

任　务	作业记录内容	备　注
一、前期准备	安装座椅套、安装地板垫、安装转向盘套；安装翼子板布，安装前格栅布；工具仪器准备	前期工作准备完成
二、安全检查	安装车轮挡块；检查机油液位、自动变速器液位（ATF）、蓄电池电压（B+）、冷却液液位；插排气抽气管；现场安全检查确认	安全确认正常
三、仪器连接内容	确认点火开关已关闭；诊断仪器已正确连接到诊断插座DLC3上（指示灯亮）	连接完成
四、故障代码检查（不起动发动机）	故障代码记录（只记录故障代码，不记代码定义内容） P0368 P2128	存在历史性或永久性故障
五、正确读取数据和清除故障码	1. 定格数据记录（只记录故障发生时的数据帧内容） 1）基本数据 Injector (Port)　　2.69　　ms IGN Advance　　12.0　　（°） Engine Speed　　1136　r/min Vehicle Speed　　0　　km/h Coolant Temp　　46　　℃ 2）定格数据中除基本数据外的反应故障代码特征的相关数据 MAF　　　　　　3.939　g/s Intake Air　　　　19　　℃ Air-Fuel Ratio　　0.999 AP No.1　　　　16.1% AP No.2　　　　100%	CTP偏低（正常80~95℃）发动机转速过高；其他基本数据正常 AP No.2数据不正常，其他相关数据正常

222

续上表

任　务	作业记录内容	备　注
五、正确读取数据和清除故障码	2. 与故障代码特征相关的静态数据记录（不起动发动机状态） 　MAF　　　　　　0.149　　g/s 　Intake Air　　　24　　　℃ 　Air-Fuel Ratio　1.405 　Coolant Temp　　45　　　℃ 　O2SB1 S1　　0.01V 　O2SB1 S2　　0.00V 　Short Fr#　　−0.0% 　Long Fr#　　−0.0% 踏板放松时： 　AP No.1　16.1%　0.8V　正常 　AP No.2　100%　　4.9V　不正常 踏板踩下时： 　AP No.1　69.8%　3.4V　正常 　AP No.2　100%　　4.9V　不正常 3. 清除故障码 P0368 P2128	A/F 数据不正常,偏稀；CTP不正常（正常温度80~95℃） AP No.2数据不正常 其他相关的静态数据正常 存在历史性或永久性故障
六、安装状态检查	目视检查、处理并记录： 排气凸轮轴位置传感器连接器端子脱落。 重新连接传感器连接器端子	因连接器端子脱落，产生P0368故障码
七、确认故障症状	确认故障症状并记录症状现象（起动发动机状态） 1. 起动发动机时 起动正常。 2. 发动机不同运行状态时 怠速转速为660r/min 转速正常。 发动机加速不良，踩踏加速踏板提速困难。 3. 故障灯显示状态 亮	加速不良,状态不正常 存在永久性故障
八、故障代码再次检查	1. 故障代码再次检查记录（只记录故障代码不记代码定义内容） P2128 2. 定格数据记录（只记录故障发生时的数据帧内容） 1）基本数据 　Injector (Port)　　0.0　　ms 　IGN Advance　　　5.0　　（°） 　Engine Speed　　　0　　　r/min 　Vehicle Speed　　　0　　　km/h 　Coolant Temp　　　44　　 ℃ 2）定格中除基本数据外的反应故障代码特征的相关数据 　MAF　　　　　　0.14　　g/s 　Intake Air　　　25　　　℃ 　Air-Fuel Ratio　1.442 　AP No.1　　　16.1%　　正常 　AP No.2　　　100%　　不正常 3. 与故障代码特征相关的动态数据记录（起动发动机状态） 　MAF　　　　　　2.07　　g/s 　Intake Air　　　21　　　℃ 　Coolant Temp　　61　　　℃ 　Air-Fuel Ratio　0.999 　O2SB1 S1　　0.01V 　O2SB1 S2　　0.00V 踏板放松时： 　　AP No.1　16.1%　0.8V　正常 　　AP No.2　100%　　4.9V　不正常 踏板踩下时： 　　AP No.1　68.1%　3.3V　正常 　　AP No.2　100%　　4.9V　不正常 4. 清除故障码 P2128	存在历史性或永久性故障 CTP数值不正常 其他相关的定格数据正常 A/F 数据不正常,偏稀；AP No.2数据不正常；其他相关数据正常 CTP 数值偏低 AP No.2数值无变化，不正常。其他与故障代码相关的动态数据记录均正常 存在永久性故障
九、元件测量和安装状态检查	注明元器件名称/插接件代码、编号和测量结果，以及元器件安装状态说明： 元器件安装状态检查正常，暂不需要测量踏板位置传感器	安装正常
十、电路测量	注明插件代码和编号，ECM针脚代号以及测量结果： 1. 电压检查（点火开关置于ON位置）： 测量：A3-1（VCP2）与 A3-2（EPA2），标准电压值：4.5~5.5V；实际测量值：0V，不正常。A3-1（VCP2）与车身搭铁，标准电压值：4.5~5.5V；实际测量值：0V，不正常。以此可确定：A3-1（VCP2）线索断路。线索修理后复测A3-1（VCP2）与车身搭铁电压，恢复正常，但复测A3-1（VCP2）与A3-2（EPA2）电压，仍为0V。以此可确定：A3-2（EPA2）线索断路。检修后再次复测电压，恢复正常。	A3-1（VCP2）与A3-2（EPA2）线索断路 A3-3（VPA2）线索断路 A3-1（VCP2）~A3-3（VPA2）间线索短路

续上表

任　务	作 业 记 录 内 容	备　注
十、电路测量	2. 电阻值检查 测量：A3-3（VPA2）与A3-2（EPA2）间电阻，标准电阻值：36.6～41.6kΩ；实际测量值：∞，不正常；此可确定：A3-3（VPA2）线索断路。 3. 断路检查 A3-3与A50-56间电阻，标准电阻值：<1Ω；实际测量值：∞，不正常。 4. 短路检查 A3-1（VCP2）与A3-3（VPA2）间电阻，标准电阻值：∞；实际测量值：∞，不正常。A3-3或A50-56与车身搭铁，标准电阻值：∞；实际测量值：∞，正常。	其他测量数据正常
十一、故障点确认和排除	1. 故障点的确认 （1）冷却液温度传感器连接器端子脱落。 （2）A3-1（VCP2）线索断路；A3-2（EPA2）线索断路。 （3）A3-3（VPA2）线索断路。 （4）A3-1（VCP2）～A3-3（VPA2）间线索短路。 2. 故障点的排除说明 （1）正确插入冷却液温度传感器连接器端子，确认连接正常。 （2）维修或更换线索上述4个故障点。重复测量电压恢复正常，复测各线索电阻均<1Ω，正常；再次复测各线索与车身搭铁电阻均>10kΩ，正常；复测各线索间的电阻均>10kΩ，正常	故障确认排除
十二、故障代码再次检查	1. 维修后故障代码读取 无故障码	系统正常
	2. 相关定格数据记录 无相关定格数据记录	系统正常
	3. 与原故障代码相关的动态数据检查结果 踏板放松时： AP No.1　16.1%　0.8V　正常 AP No.2　32.6%　1.6V　正常 踏板踩下时： AP No.1　68.5%　3.5V　正常 AP No.2　85.0%　4.5V　正常	相关的动态数据均正常
	4. 故障代码最终清除结果记录 无故障码	系统恢复正常
十三、四气体尾气测量 注：转速的确定参照本车仪表中发动机转速值；NO_x值不读	正常怠速 HC：　50　　ppm CO：　0　　　% CO_2：12.66　% O_2：　0.20　% λ：　1.00　　　　　　2500 r/min HC：　30　　ppm CO：　0.0　　% CO_2：6.00　% O_2：　0.00　% λ：　1.00	尾气测量符合规定要求值，系统正常
十四、安全文明作业	内　　容	备　注
	正确使用工具及各种诊断仪器，无安全隐患出现，做到文明作业	作业完成

十六　P2138故障代码诊断作业记录表之一

发动机电控系统故障诊断作业记录表

班级：　　　姓名：　　　成绩：　　　考评员签字：

整车型号	TV7161GL：
车辆识别代码	CFMADE2C480025738
发动机型号	1ZR

任　务	作 业 记 录 内 容	备　注
一、前期准备	安装座椅套、安装地板垫、安装转向盘套；安装翼子板布,安装前格栅布；工具仪器准备	前期工作准备完成
二、安全检查	安装车轮挡块；检查机油液位、自动变速器液位(ATF)、蓄电池电压(B+)、冷却液液位；插排气抽气管；现场安全检查确认	安全确认正常
三、仪器连接内容	确认点火开关已关闭； 诊断仪器已正确连接到诊断插座DLC3上（指示灯亮）	连接完成
四、故障代码检查（不起动）	故障代码记录（只记录故障代码，不记代码定义内容） P2138	存在历史性或永久性故障

续上表

任　务	作业记录内容	备　注
五、正确读取数据和清除故障码	1. 定格数据记录（只记录故障发生时的数据帧内容） 1）基本数据 　Injector (Port)　　2.30　　ms 　IGN Advance　　10.0　　(°) 　Engine Speed　　663　　r/min 　Vehicle Speed　　0　　km/h 　Coolant Temp　　81　　℃ 2）定格数据中除基本数据外的反应故障代码特征的相关数据 　MAF　　　　1.90　　g/s 　Intake Air　　23　　℃ 　Air-Fuel Ratio　0.999 　AP No.1　　　31.8% 　AP No.2　　　31.8% 　TSP（TP）1#　0.0% 　TSP（TP）2#　49.0% 2. 与故障代码特征相关的静态数据记录（不起动发动机状态） 　MAF　　　　0.15　　g/s 　Intake Air　　24　　℃ 　Air-Fuel Ratio　1.405 　Coolant Temp　63　　℃ 　O2SB1 S1　　0.01V 　O2SB1 S2　　0.00V 　Short Fr#　　-0.0% 　Long Fr#　　-0.0% 踏板放松时： 　　　AP No.1　31.8%　1.6V　不正常 　　　AP No.2　31.8%　1.6V　不正常 踏板踩下时： 　　　AP No.1　72.8%　3.6V　不正常 　　　AP No.2　72.8%　3.6V　不正常 3. 清除故障码 　P2138	基本数据正常 AP No.1和AP No.2数据不正常。其他相关数据正常 A/F数据不正常，偏稀。CTP不正常（正常温度80～95℃） AP No.1和AP No.2数据不正常。其他相关的静态数据正常 存在历史性或永久性故障
六、安装状态检查	目视检查、处理并记录 各传感器、执行器连接器端子等均连接正常	安装状态与连接均正常
七、确认故障症状	确认故障症状并记录症状现象（起动发动机状态） 1. 起动发动机时 　能够起动 2. 发动机不同运行状态时 　怠速转速为660r/min 转速正常。 　发动机加速不良，踩踏加速踏板提速困难 3. 故障灯显示状态 　亮	加速不良，状态不正常 存在永久性故障
八、故障代码再次检查	1. 故障代码再次检查记录（只记录故障代码不记代码定义内容） 　P2138 2. 定格数据记录（只记录故障发生时的数据帧内容） 1）基本数据 　Injector (Port)　0.0　　ms 　IGN Advance　　5.0　　(°) 　Engine Speed　　0　　r/min 　Vehicle Speed　　0　　km/h 　Coolant Temp　　63　　℃ 2）定格中除基本数据外的反应故障代码特征的相关数据 　MAF　　　　0.14　　g/s 　Intake Air　　25　　℃ 　Air-Fuel Ratio　1.442 　AP No.1　　　16.1%　　正常 　AP No.2　　　100%　　不正常 3. 与故障代码特征相关的动态数据记录（起动发动机状态） 　MAF　　　　2.07　　g/s 　Intake Air　　21　　℃ 　Coolant Temp　73　　℃ 　Air-Fuel Ratio　0.999 　O2SB1 S1　　0.01V 　O2SB1 S2　　0.00V 踏板放松时：AP No.1　31.8%　1.6V　不正常 　　　　　　AP No.2　31.8%　1.6V　不正常 踏板踩下时：AP No.1　73.5%　3.6V　不正常 　　　　　　AP No.2　73.5%　3.6V　不正常 　　　　　　TP No.1　0.0%　0.8V 　　　　　　TP No.2　47.8%　2.3 V 4. 清除故障码 　P2138	存在历史性或永久性故障 CTP数值不正常 其他相关的定格数据正常 A/F数据不正常,偏稀。AP No.2数据不正常。其他相关数据正常 CTP数值偏低。 AP No.1以及AP No.2数值无变化，不正常。其他与故障代码相关的动态数据记录均正常 存在永久性故障

续上表

任 务	作 业 记 录 内 容	备 注
九、元件测量和安装状态检查	注明元器件名称/插接件代码、编号和测量结果，以及元器件安装状态说明：元器件安装状态检查正常，暂不需要测量踏板位置传感器	安装正常
十、电路测量	注明插件代码和编号，ECM针脚代号以及测量结果： （1）电压检查（点火开关置于ON位置） A3-1（VCP2）与A3-2（EPA2），标准电压值：4.5～5.5V；实际测量值：4.95V，正常。A3-4（VCP）与A3-5（EPA）。标准电压值：4.5～5.5V；实际测量值：4.95V，正常。 （2）电阻值检查 测量：A3-3（VPA2）与A3-2（EPA2）间电阻，标准电阻值：36.6～41.6kΩ；实际测量值：19.3kΩ，不正常。A3-5（EPA）与A3-6（VPA）间电阻，标准电阻值：36.6与41.6kΩ；实际测量值：19.3kΩ，不正常。 （3）断路检查 A3-2～A50-60间电阻，标准电阻值：<1Ω；实际测量值：<1Ω，正常。A3-3～A50-56间电阻，标准电阻值：<1Ω；实际测量值：<1Ω，正常。A3-5～A50-59间电阻，标准电阻值：<1Ω；实际测量值：<1Ω，正常。A3-6～A50-55间电阻，标准电阻值：<1Ω；实际测量值：<1Ω，正常。 （4）短路检查 （A3-2、A3-3、A3-5、A3-6）与车身搭铁，标准电阻值：10 kΩ或更大；实际测量值：∞，正常。 （A3-2、A3-3、A3-5、A3-6）互测，标准电阻值：10 kΩ或更大；实际测量值：A3-3～A3-6电阻<1Ω，不正常；其他数据正常	A3-3（VCP2）-A3-6（VPA）间线索短路。其他测量数据正常
十一、故障点确认和排除	1. 故障点的确认 A3-3（VCP2）～A3-6（VPA）间线索短路。 2. 故障点的排除说明 维修或更换A3-3（VCP2）～A3-6（VPA）间线索，排除故障点。复测A3-3（VCP2）～A3-6（VPA）间线索电阻，测量值：∞，恢复正常。再次复测：A3-3（VPA2）～A3-2（EPA2）间电阻：38.5kΩ，恢复正常。A3-5（EPA）～A3-6（VPA）间电阻：38.5kΩ，恢复正常	故障确认排除
十二、故障代码再次检查	1. 维修后故障代码读取 无故障码	系统正常
	2. 相关定格数据记录 无相关定格数据记录	系统正常
	3. 与原故障代码相关的动态数据检查结果 MAF 2.5 g/s Intake Air 25 ℃ Coolant Temp 80 ℃ Air-Fuel Ratio 0.999 O2SB1 S1 0.01V O2SB1 S2 0.00V 踏板放松时： AP No.1 16.1% 0.8V 正常 AP No.2 32.6% 1.6V 正常 踏板踩下时： AP No.1 68.5% 3.5V 正常 AP No.2 85.0% 4.5V 正常	相关的动态数据均正常
	4. 故障代码最终清除结果记录 无故障码	系统恢复正常
十三、四气体尾气测量 注：转速的确定参照本车仪表中发动机转速值；NO_x值不读	正常急速 HC: 134 ppm CO: 0.15 % CO_2: 15.46 % O_2: 0.10 % λ： 1.00 2500 r/min HC: 30 ppm CO: 0.0 % CO_2: 6.00 % O_2: 0.00 % λ： 1.00	尾气测量符合规定值，系统正常
十四、安全文明作业	内 容	备 注
	正确使用工具及各种诊断仪器，无安全隐患出现，做到文明作业	作业完成

十七 P2138故障代码诊断作业记录表之二

发动机电控系统故障诊断作业记录表

班级：　　　　姓名：　　　　成绩：　　　　考评员签字：

整车型号	TV7161GL:
车辆识别代码	CFMADE2C480025738
发动机型号	1ZR

任　务	作 业 记 录 内 容	备　注
一、前期准备	安装座椅套、安装地板垫、安装转向盘套；安装翼子板布,安装前格栅布；工具仪器准备	前期工作准备完成
二、安全检查	安装车轮挡块；检查机油液位、自动变速器液位(ATF)、蓄电池电压(B+)、冷却液液位；插排气抽气管；现场安全检查确认：	安全确认正常
三、仪器连接内容	确认点火开关已关闭。诊断仪器已正确连接到诊断插座DLC3上（指示灯亮）	连接完成
四、故障代码检查（不起动发动机）	故障代码记录（只记录故障代码，不记代码定义内容） P0010 P2138	存在历史性或永久性故障
五、正确读取数据和清除故障码	1．定格数据记录（只记录故障发生时的数据帧内容） 1）基本数据 Injector (Port)　　2.56　　ms IGN Advance　　9.0　　(°) Engine Speed　　668　　r/min Vehicle Speed　　0　　km/h Coolant Temp　　73　　℃ 2）定格数据中除基本数据外的反应故障代码特征的相关数据 MAF　　1.17　　g/s Intake Air　　28　　℃ Air-Fuel Ratio　　1.000 AP No.1　　0.0% TP1#　　0.0% AP No.2　　0.0% TP2#　　49.0% 2．与故障代码特征相关的静态数据记录（不起动发动机状态） MAF　　0.149　　g/s Intake Air　　25　　℃ Air-Fuel Ratio　　1.124 Coolant Temp　　72　　℃ O2SB1　S1　　0.01V O2SB1　S2　　0.00V Short Fr#　　-0.0% Long Fr#　　-0.0% 踏板放松时： AP No.1　0.0%　0.0V　不正常 AP No.2　0.0%　0.0V　不正常 踏板踩下时： AP No.1　0.0%　0.0V　不正常 AP No.2　0.0%　0.0V　不正常 3．清除故障码 P0010 P2138	CTP偏低（正常80~95℃）其他基本数据正常 AP No.1与AP No.2 TP1#与TP2#数据不正常。其他相关数据正常 A/F 数据不正常,偏稀。CTP偏低（正常温度80~95℃）AP No.1与 AP No.2数据不正常。其他相关的静态数据正常 存在历史性或永久性故障
六、安装状态检查	目视检查、处理并记录： 凸轮轴位置"A"执行器连接器端子脱落。重新连接传感器连接器端子	因连接器端子脱落,产生P0010故障码
七、确认故障症状	确认故障症状并记录症状现象（起动发动机状态） 1．起动发动机时 发动机起动困难，急速不稳。 2．发动机不同运行状态时 急速转速为700r/min 转速正常。 发动机加速不良，踩踏加速踏板提速困难。 3．故障灯显示状态 亮	加速不良,状态不正常 存在永久性故障

续上表

任 务	作 业 记 录 内 容	备 注
八、故障代码再次检查	1. 故障代码再次检查记录（只记录故障代码不记代码定义内容） P0010 P2138 2. 定格数据记录（只记录故障发生时的数据帧内容） 1）基本数据 Injector (Port)　　0.0　　　　ms IGN Advance　　　5.0　　　　（°） Engine Speed　　　0　　　　　r/min Vehicle Speed　　　0　　　　　km/h Coolant Temp　　　72　　　　℃ 2）定格中除基本数据外的反应故障代码特征的相关数据 MAF　　　　　　0.149　　　g/s Intake Air　　　　25　　　　℃ Air-Fuel Ratio　　1.124 AP No.1　　　　0.0%　　　不正常 AP No.2　　　　0.0%　　　不正常 3. 与故障代码特征相关的动态数据记录（起动发动机状态） MAF　　　　　　1.879　　　g/s Intake Air　　　　25　　　　℃ Coolant Temp　　　81　　　　℃ Air-Fuel Ratio　　0.999 O2SB1　S1　　　0.01V O2SB1　S2　　　0.00V 踏板放松时： AP No.1　0.0%　0.0V　不正常 AP No.2　0.0%　0.0V　不正常 踏板踩下时： AP No.1　0.0%　0.0V　不正常 AP No.2　0.0%　0.0V　不正常 4. 清除故障码 P2138	存在历史性或永久性故障 CTP数值偏低。其他相关的定格数据正常 A/F数据不正常，偏稀。AP No.1与AP No.2数据不正常。其他相关数据正常 AP No.1与AP No.2数值无变化，不正常，其他与故障代码相关的动态数据记录均正常 存在永久性故障
九、元件测量和安装状态检查	注明元器件名称/插接件代码、编号和测量结果，以及元器件安装状态说明：元器件安装状态检查正常，暂不需要测量踏板位置传感器	安装正常
十、电路测量	注明插件代码和编号，ECM针脚代号以及测量结果： （1）电压检查（点火开关置于ON位置） 测量：A3-1（VCP2）与A3-2（EPA2），标准电压值：4.5~5.5V；实际测量值：5V，正常。A3-4（VCPA）与A3-5（EPA），标准电压值：4.5~5.5V；实际测量值：5V，正常。 （2）电阻值检查 测量：A3-2（EPA2）与A3-3（VPA2）间电阻，标准电阻值：36.6~41.6Ω；实际测量值：0Ω，不正常。A3-5（EPA）与A3-6（VPA）间电阻，标准电阻值：36.6~41.6kΩ；实际测量值：0Ω，不正常。由此可确定：A3-5（EPA）与A3-6（VPA），A3-2（EPA2）与A3-3（VPA2）线索短路；线索维修后复测电阻值：均为37.5kΩ，恢复正常。 （3）断路检查 测量各线索连接器间电阻，标准电阻值：<1Ω；实际测量值：<1Ω，正常。 （4）短路检查 互测A3-1与A6线索间以及与车身搭铁的电阻值，标准电阻值：10kΩ或更大；实际测量值：A3-3与A3-6间电阻<1Ω，不正常，其他线索测量数值均正常。由此确定A3-3与A3-6间短路。维修后复测电阻值，恢复正常。	A3-5（EPA）与A3-6（VPA）线索短路 A3-2（EPA2）—A3-3（VPA2）线索短路 A3-3（VCP2）与A3-6（VPA）线索短路；其他测量数据正常
十一、故障点确认和排除	1. 故障点的确认 （1）凸轮轴位置"A"执行器连接器端子脱落。 （2）A3-5（EPA）~A3-6（VPA）线索短路。 （3）A3-3（VPA2）~A3-6（VPA）线索短路并与车身搭铁。 （4）A3-2（EPA2）~A3-3（VPA2）线索短路 2. 故障点的排除说明 （1）正确插入冷却液温度传感器连接器端子，确认连接正常。 （2）维修或更换线索。复测各线索间的短路及断路状态均恢复正常	故障确认已排除

续上表

任　务	作业记录内容	备　注
十二、故障代码再次检查	1. 维修后故障代码读取 无故障码	系统正常
	2. 相关定格数据记录 无相关定格数据记录	系统正常
	3. 与原故障代码相关的动态数据检查结果 踏板放松时： AP No.1　16.1%　0.8V　正常 AP No.2　32.6%　1.6V　正常 踏板踩下时： AP No.1　68.5%　3.5V　正常 AP No.2　83.2%　4.4V　正常	相关的动态数据均正常
	4. 故障代码最终清除结果记录 无故障码（加速正常）	系统正常
十三、四气体尾气测量 注：转速的确定参照本车仪表中发动机转速值；NO_x值不读	正常急速 HC：　60　　ppm CO：　0　　　% CO_2：14.46　% O_2：　1.21　% λ：　1.01 ／ 2500 r/min HC：　30　　ppm CO：　0.0　% CO_2：6.00　% O_2：　0.00　% λ：　1.00	尾气测量符合规定要求值。系统正常
十四、安全文明作业	内　容：正确使用工具及各种诊断仪器，无安全隐患出现，做到文明作业	备　注：作业完成

十八　电路综合故障诊断作业记录表

发动机电控系统故障诊断作业记录表

班级：　　　　姓名：　　　　成绩：　　　　考评员签字：

整车型号	TV7161GL:
车辆识别代码	CFMADE2C480025738
发动机型号	1ZR

任　务	作业记录内容	备　注
一、前期准备	安装座椅套、安装地板垫、安装转向盘套；安装翼子板布,安装前格栅布；工具仪器准备	前期工作准备完成
二、安全检查	安装车轮挡块；检查机油液位、蓄电池电压12.9V、冷却液液位；插排气抽气管；现场安全检查确认	安全确认正常
三、仪器连接内容	确认点火开关已关闭。诊断仪器已正确连接到诊断插座DLC3上（指示灯亮）	连接完成
四、故障代码检查（不起动发动机）	故障代码记录（只记录故障代码，不记代码定义内容） 无法进入诊断系统	存在历史性或永久性故障
五、正确读取数据和清除故障码	1. 定格数据记录（只记录故障发生时的数据帧内容） （1）基本数据 无基本数据 （2）定格数据中除基本数据外的反应故障代码特征的相关数据 无法进入诊断系统，无相关数据。 2. 与故障代码特征相关的静态数据记录（不起动发动机状态） 无法进入相关的静态数据。 3. 清除故障码 无故障码显示	无法进入诊断系统。无基本数据 无相关数据 可能存在永久性故障
六、安装状态检查	目视检查、处理并记录 各安装状态和各连接器均正常	

续上表

任　务	作业记录内容	备　注
七、确认故障症状	确认故障症状并记录症状现象（起动发动机状态） 1. 起动发动机时 发动机无法起动，冷却液风扇高速运转。 2. 发动机不同运行状态时 无 3. 故障灯显示状态 不亮	起动机能转动，但发动机无法运转 存在永久性故障
八、故障代码再次检查	1. 故障代码再次检查记录（只记录故障代码不记代码定义内容） 无故障码，但存在故障。 2. 定格数据记录（只记录故障发生时的数据帧内容） （1）基本数据 无基本数据。 （2）定格中除基本数据外的反应故障代码特征的相关数据 无相关定格数据。 3. 与故障代码特征相关的动态数据记录（起动发动机状态） 无法起动。 4. 清除故障代码 无故障码，但故障存在	存在永久性故障 无相关的定格数据 无相关数据 无动态数据记录 存在永久性故障
九、元件测量和安装状态检查	注明元器件名称/插接件代码、编号和测量结果，以及元器件安装状态说明：各连接器及端子均无杂物，且连接正常	
十、电路测量	注明插件代码和编号，ECM针脚代号以及测量结果： （1）检查（点火开关置于ON位置）：根据维修手册进行操作：当MIL灯不亮的状态下，起动发动机，如无法起动，则转至VC输出电压诊断。 ①检查MIL状态：正常状态：亮起；实际状态：不亮。 ②检查智能检测仪和ECM之间的连接状况：无法进行通信。 ③检查MIL（节气门位置传感器）状态：断开连接器，点火开关置于"ON"位置，MIL灯不亮。 ④查MIL（加速踏板位置传感器）状态：断开连接器，点火开关置于"ON"位置，MIL灯不亮。 ⑤检查MIL（进气凸轮轴位置传感器）状态：断开 连接器，点火开关置于"ON"位置，MIL灯亮；进气凸轮轴位置传感器或VC电源线路存在短路或搭铁现象。 （2）短路检查：测量 ①B21-2（VVI-）与B21-3（VC）或B31-9（G2-）与B31-70（VCV1）线路，标准电阻值：10kΩ或∞；实际测量值：0.65Ω，不正常。 ②EFI NO.1熔断器：标准电阻值：＜1Ω。实际测量值：∞。不正常	进气凸轮轴位置传感器或VC电源线路存在短路或搭铁现象 B21-2（VVI-）与B21-3（VC）或B31-98（G2-）与B31-70（VCV1）线路短路； EFI NO.1熔断器烧断
十一、故障点确认和排除	1. 故障点的确认 （1）凸轮轴位置传感器B21-2（VVI-）-B21-3（VC）线路短路。 （2）EFI NO.1熔断器烧断。 2. 故障点的排除说明 1）维修或更换B21-2（VVI-）-B21-3（VC）线索。修复后复测线索间电阻为∞，正常。 2）更换EFI NO.1熔断器	故障确认排除
十二、故障代码再次检查	1. 维修后故障代码读取 无故障码，系统正常	系统正常
	2. 相关定格数据记录 无相关定格数据记录	系统正常
	3. 与原故障代码相关的动态数据检查结果 MAF　　　　2.22　g/s Intake Air　　33　　℃ Coolant Temp　88　　℃ Air-Fuel Ratio　1.000	相关的动态数据均正常
	4. 故障代码最终清除结果记录 无故障码，系统正常	系统正常
十三、四气体尾气测量 注：转速的确定参照本车仪表中发动机转速值；NO$_x$值不读	正常急速 HC:　125　　ppm CO:　0.80　　% CO$_2$ 14.74　% O$_2$:　0.00　　% λ:　0.96	2500 r/min HC:　408　　ppm CO:　1.64　　% CO$_2$:　0.09　% O$_2$:　0.00　　% λ:　1.00	尾气测量符合规定值。系统正常

人民交通出版社汽车类中职教材部分书目

书 号	书 名	作 者	定 价	出版时间	课 件
一、全国交通运输职业教育教学指导委员会规划教材　教育部中等职业教育汽车专业技能课教材					
978-7-114-12216-3	汽车文化	李青、刘新江	38.00	2017.03	有
978-7-114-12517-1	汽车定期维护	陆松波	39.00	2017.03	有
978-7-114-12170-8	汽车机械基础	何向东	37.00	2017.03	有
978-7-114-12648-2	汽车电工电子基础	陈文均	36.00	2017.03	有
978-7-114-12241-5	汽车发动机械维修	杨建良	25.00	2017.03	有
978-7-114-12383-2	汽车传动系统维修	曾丹	22.00	2017.03	有
978-7-114-12369-6	汽车悬架、转向与制动系统维修	郭碧宝	31.00	2017.03	有
978-7-114-12371-9	汽车发动机电器与控制系统检修	姚秀驰	33.00	2017.03	有
978-7-114-12314-6	汽车车身电气设备检修	占百春	22.00	2017.03	有
978-7-114-12467-9	汽车发动机及底盘常见故障的诊断与排除	杨永先	25.00	2017.03	有
978-7-114-12428-0	汽车自动变速器维修	王健	23.00	2017.03	有
978-7-114-12225-5	汽车网络控制系统检修	毛叔平	29.00	2017.03	有
978-7-114-12193-7	新能源汽车结构与检修	陈社会	38.00	2017.03	有
978-7-114-12209-5	汽车检测与诊断技术	蒋红梅、吴国强	26.00	2017.03	有
978-7-114-12565-2	汽车检测设备的使用与维护	刘宣传、梁钢	27.00	2017.03	有
978-7-114-12374-0	汽车维修接待实务	王彦峰	30.00	2017.06	有
978-7-114-12392-4	汽车保险与理赔	荆叶平	32.00	2017.06	有
978-7-114-12177-7	汽车维修基础	杨承明	26.00	2017.03	有
978-7-114-12538-6	汽车商务礼仪	赵颖	32.00	2017.06	有
978-7-114-12442-6	汽车销售流程	李雪婷	30.00	2017.06	有
978-7-114-12488-4	汽车配件基础知识	杨二杰	20.00	2017.03	有
978-7-114-12546-1	汽车配件管理	吕琪	33.00	2017.03	有
978-7-114-12539-3	客户关系管理	喻媛	30.00	2017.06	有
978-7-114-12446-4	汽车电子商务	李晶	30.00	2017.03	有
978-7-114-13054-0	汽车使用与维护	李春生	28.00	2017.04	有
978-7-114-12382-5	机械识图	林治平	24.00	2017.03	有
978-7-114-12804-2	汽车车身电气系统拆装	张炜	35.00	2017.03	有
978-7-114-12190-6	汽车材料	陈虹	29.00	2017.03	有
978-7-114-12466-2	汽车钣金工艺	林育彬	37.00	2017.03	有
978-7-114-12286-6	汽车车身与附属设备	胡建富、马涛	22.00	2017.03	有
978-7-114-12315-3	汽车美容	赵俊山	20.00	2017.03	有
978-7-114-12144-9	汽车构造	齐忠志	39.00	2017.03	有
978-7-114-12262-0	汽车涂装基础	易建红	30.00	2017.04	有
978-7-114-13290-2	汽车美容与装潢经营	邵伟军	28.00	2017.04	有
二、中等职业教育国家规划教材					
978-7-114-12992-6	机械基础（少学时）（第二版）	刘新江、袁亮	34.00	2016.06	有
978-7-114-12872-1	汽车电控发动机构造与维修（第三版）	王囤	32.00	2016.06	有
978-7-114-12902-5	汽车发动机构造与维修（第三版）	张嫣、苏畅	35.00	2016.05	有
978-7-114-12812-7	汽车底盘构造与维修（第三版）	王家青、孟华霞、陆志琴	39.00	2016.04	有
978-7-114-12903-2	汽车电气设备构造与维修（第三版）	周建平	43.00	2016.05	有
978-7-114-12820-2	汽车自动变速器构造与维修（第三版）	周志伟、韩彦明、顾雯斌	29.00	2016.04	有
978-7-114-12845-5	汽车使用性能与检测（第三版）	杨益明、郭彬	25.00	2016.04	有
978-7-114-12684-0	汽车材料（第三版）	周燕	31.00	2016.01	有
三、教育部职业教育与成人教育司推荐教材（技能型紧缺人才培养培训教材）					
978-7-114-11700-8	汽车文化（第二版）	屠卫星	35.00	2016.05	有
978-7-114-12394-8	汽车认识实训（第二版）	宋麓明	12.00	2015.10	有
978-7-114-11544-8	汽车机械基础（第二版）	凤勇	39.00	2016.05	有
978-7-114-12395-5	钳工实训（第二版）	石德勇	15.00	2016.05	有

书　号	书　名	作者	定价	出版时间	课件
978-7-114-13199-8	汽车电工与电子基础（第二版）	任成尧	25.00	2016.09	有
978-7-114-08546-8	汽车电工电子基础（新编版）	张成利、张智	29.00	2016.04	有
978-7-114-08594-9	汽车发动机构造与维修（新编版）	王会、刘朝红	33.00	2016.05	有
978-7-114-09157-5	汽车发动机构造与维修习题集	邵伟军、李玉明	18.00	2016.05	
978-7-114-08560-4	汽车底盘构造与维修（新编版）	丛树林、张彬	27.00	2016.06	有
978-7-114-09160-5	汽车底盘构造与维修习题集	陈敬渊、刘常俊	25.00	2015.07	
978-7-114-08606-9	汽车电气设备构造与维修（新编版）	高元伟、吕学前	25.00	2016.06	有
978-7-114-09156-8	汽车电气设备构造与维修习题集	杜春盛、席梦轩	18.00	2015.07	
978-7-114-12242-2	汽车典型电路分析与检测	宋波舰	45.00	2015.08	有
978-7-114-11808-1	汽车典型电控系统构造与维修（第二版）	解福泉	38.00	2015.02	
978-7-114-12450-1	汽车车身电气及附属电气设备检修（第二版）	韩飒	36.00	2015.10	有
978-7-114-08603-8	汽车故障诊断技术（新编版）	戈国鹏、赵龙	22.00	2016.01	有
978-7-114-11750-3	汽车安全驾驶技术（第二版）	范立	39.00	2016.05	有
978-7-114-08749-3	汽车实用英语（新编版）	赵金明、林振江	18.00	2015.02	有
978-7-114-12871-4	汽车车身修复技术（第二版）	黄平	26.00	2015.06	
	四、职业院校汽车运用与维修专业实训教材				
978-7-114-08057-9	▲汽车发动机常见维修项目实训教材	中国汽车维修行业协会	29.00	2016.06	有
978-7-114-08030-2	▲汽车底盘常见维修项目实训教材	中国汽车维修行业协会	39.00	2015.12	有
978-7-114-08058-6	▲汽车电器常见维修项目实训教材（黑白版）	中国汽车维修行业协会	18.00	2016.06	有
978-7-114-08224-5	汽车维修常用工量具使用（黑白版）	中国汽车维修行业协会	16.00	2016.06	有
978-7-114-08464-5	汽车维修常用工量具使用（彩色版）	中国汽车维修行业协会	30.00	2016.07	有
978-7-114-09023-3	▲汽车钣金常见维修项目实训教材	中国汽车维修行业协会	38.00	2016.05	
978-7-114-13422-7	汽车喷漆常见维修项目实训教材（第二版）	中国汽车维修行业协会	40.00	2016.12	
	五、国家示范性中等职业学校重点建设专业教材				
978-7-114-13953-6	▲汽车发动机维修实训教材（第二版）	朱军、汪胜国、黄元杰	34.00	2017.07	
978-7-114-14020-4	▲汽车发动机电控系统故障诊断实训教材（第二版）	汪胜国、李东江、陈建惠	33.00	2017.07	
978-7-114-13597-2	▲汽车维护实训教材（第二版）	朱军、汪胜国、王瑞君	34.00	2017.04	有
978-7-114-13508-8	汽车维修基础技能实训教材（第二版）	朱军、汪胜国、陆志琴	32.00	2016.12	有
978-7-114-13854-6	▲汽车底盘和车身电器检测实训教材（第二版）	汪胜国、李东江	19.00	2017.06	
978-7-114-11101-3	汽车电器维修理实一体化教材	王成波、忻状存	32.00	2016.06	
978-7-114-11417-5	汽车底盘维修理实一体化教材	郑军强	43.00	2014.08	
978-7-114-11510-3	汽车自动变速维修理实一体化教材	杨婷	22.00	2014.09	
978-7-114-11420-5	汽车空调系统维修理实一体化教材	方作棋	20.00	2016.05	
978-7-114-11421-2	汽车发动机性能检测理实一体化教材	颜世凯	30.00	2014.09	
978-7-114-12530-0	汽车钣金理实一体化教材	林育彬	30.00	2015.11	有
978-7-114-12525-6	汽车喷漆理实一体化教材	葛建峰、叶诚昕	30.00	2015.11	有
	六、中等职业学校汽车运用与维修专业新课程教学用书				
978-7-114-10793-1	▲汽车发动机构造与拆装工作页（第二版）	武华、武剑飞	32.00	2016.06	
978-7-114-10771-9	▲汽车底盘构造与拆装工作页（第二版）	武华、何才	26.00	2016.06	
978-7-114-10719-1	汽车自动变速器维修工作页（第二版）	巫兴宏、齐忠志	21.00	2016.06	
978-7-114-10768-9	汽车发动机电器维修工作页（第二版）	林文工、李琦	24.00	2016.07	
978-7-114-10837-2	汽车发动机控制系统检测与维修工作页（第二版）	陈高路、蔡北勤	40.00	2015.08	
978-7-114-10776-4	汽车传动系统维修工作页（第二版）	邱志华、张发	24.00	2016.06	
978-7-114-10777-1	汽车制动系统维修工作页（第二版）	庞柳军、曾晖泽	24.00	2016.05	
978-7-114-10739-9	汽车空调系统维修工作页（第二版）	林志伟	28.00	2015.11	
978-7-114-10794-8	汽车悬架与转向系统维修工作页（第二版）	刘付金文、徐正国	24.00	2016.05	
978-7-114-10700-9	汽车车身电器维修工作页（第二版）	蔡北勤	24.00	2016.07	
978-7-114-10699-6	汽车发动机机械维修工作页（第二版）	刘建平、段群	25.00	2016.06	

▲为中等职业教育改革创新示范教材

咨询电话：010-85285962；010-85285977. 咨询QQ：616507284；99735898